OEUVRES
COMPLÈTES
DE PIGAULT-LEBRUN.

TOME X.

THÉATRE.

DE L'IMPRIMERIE DE FIRMIN DIDOT,

IMPRIMEUR DU ROI ET DE L'INSTITUT, RUE JACOB, N° 24.

OEUVRES

COMPLÈTES

DE PIGAULT-LEBRUN.

TOME DIXIÈME.

A PARIS,

CHEZ J.-N. BARBA, LIBRAIRE,

ÉDITEUR DES OEUVRES DE M. PICARD ET DE M. ALEX. DUVAL,
PALAIS-ROYAL, n° 51, DERRIÈRE LE THÉATRE-FRANÇAIS.

1823.

LA MÈRE RIVALE,

COMÉDIE

EN UN ACTE ET EN PROSE.

A MA MÈRE.

Daignez recevoir l'hommage de cette bagatelle, comme une faible marque de mon respect, de ma tendresse et de ma reconnaissance.

PERSONNAGES.	ACTEURS.
M. DUPORT.	MM. Grandmenil.
M. GERMON.	Chatillon.
Madame GERVAL.	Mmes Candeille.
ROSE.	St.-Clair.

La scène est à Paris, chez madame Gerval.

LA MÈRE RIVALE,

COMÉDIE.

SCÈNE I.

M. DUPORT, Madame GERVAL.

DUPORT.

Ma bonne amie, je ne me lasse pas de vous le répéter, vous n'avez que ce parti à prendre.

MADAME GERVAL.

Mon frère, je ne prétends pas vous contredire; mais....

DUPORT.

Ma sœur, vous me contrediriez, que ma façon de voir serait toujours la même. Vous êtes jeune, aimable, opulente et veuve, et il n'y a pas de mal à cela. Vous aimez le plaisir, votre maison est le rendez-vous de la bonne société, et c'est fort bien. Mais une veuve de trente ans est comptable au public de sa conduite, et, quoique la vôtre n'ait rien de répréhensible, au fond, il n'y a qu'un mari qui puisse la rendre excusable.

MADAME GERVAL.

Quoi! monsieur....

DUPORT.

Quoi! madame, prétendez-vous voir mieux que

moi dans vos propres affaires? J'ai cinquante ans, et je vous déclare, avec la fermeté qui naît de mon expérience, qu'une jeune veuve, qui ne tient à rien, est exposée à tout. Je vous aime, votre réputation m'est chère, et il est temps de calmer mes alarmes.

MADAME GERVAL.

Vous me connaissez, mon frère.

DUPORT.

Je vous connais, ma sœur, et voilà pourquoi je veux vous marier.

MADAME GERVAL.

Le compliment n'est pas flatteur.

DUPORT.

Aussi n'est-ce pas un compliment que je veux vous faire. Je vous dois la vérité, et je vous la dis.

MADAME GERVAL.

Mais, monsieur, me croiriez-vous capable?...

DUPORT.

Je ne crois rien, mais je veux que vous vous mariez.

MADAME GERVAL.

Et ma fille? ses intérêts....

DUPORT.

Je suis son curateur, et, dans cette affaire, je m'occupe d'elle et de vous. Votre fille aura un beau-père: choisissez-le bien, vous en serez plus heureuse, et elle n'en souffrira pas. Sa fortune est considérable: votre époux, honnête et sensible, en sera l'économe, et vous gagnerez toutes deux à un mariage prescrit

SCÈNE I.

par la raison. En deux mots, finissons. Je vous ai amené Germon; il a quarante ans; mais il est encore jeune, car il a toujours été sage. Vous l'épouserez, si vous voulez me croire. Si vous le refusez, nous ne nous verrons plus.

MADAME GERVAL.

Je ne le refuse pas, mon frère.

DUPORT.

Vous l'acceptez donc?

MADAME GERVAL.

Je ne dis pas cela.

DUPORT.

Que diable dites-vous donc?

MADAME GERVAL.

Je verrai, je me consulterai.

DUPORT.

Vous verrez, vous vous consulterez! Connaissez-vous un plus aimable homme?

MADAME GERVAL.

Non.

DUPORT.

D'un caractère plus liant?

MADAME GERVAL.

Non, mon frère.

DUPORT.

D'une probité moins équivoque?

MADAME GERVAL.

Hé, non, vous dis-je.

DUPORT.

D'une fortune plus solidement établie?

MADAME GERVAL.

Hé, non, mon frère, non, encore une fois, non.

DUPORT.

En ce cas, vous l'épouserez demain. Je pars après demain pour aller vivre dans mes terres, et je vais donner mes ordres en conséquence. Germon va descendre; arrangez-vous ensemble, et qu'à mon retour je n'entende plus de cas, de si, ni de mais. Tout cela m'ennuie, et l'ennui ne convient pas à ma santé. Serviteur.

SCÈNE II.

Madame DORMON, seule.

Son cœur doit faire oublier sa vivacité. Il m'aime comme un père, et je crois que le mariage qu'il me propose serait parfaitement de mon goût, sans la répugnance que j'éprouve à donner un beau-père à ma fille. Cependant, comment m'en défendre? Mon frère ordonne; Germon est pressant; il m'aime, et je ne le hais pas.... Mais, ma Rose, ma chère, mon aimable petite Rose..., si elle devenait malheureuse, je ne m'en consolerais jamais. Tout ceci est très-embarrassant.

SCÈNE III.

GERMON, Madame GERVAL.

GERMON.

Je vous interromps peut-être?

SCÈNE III.

MADAME GERVAL.

Pas du tout.

GERMON.

Si je prends mal mon temps...

MADAME GERVAL.

Cela ne se peut pas.

GERMON.

C'est quelque chose que la certitude de n'être pas importun.

MADAME GERVAL.

C'est beaucoup, et vous le savez bien, méchant homme que vous êtes.

GERMON, souriant.

Il est vrai.... je conviens....

MADAME GERVAL.

Je n'aime pas ce rire malin, je vous en avertis.

GERMON.

Je ne rirai plus.

MADAME GERVAL.

Il vous donne un petit air triomphant qui me déplaît.

GERMON.

Mon triomphe serait assez flatteur pour que j'osasse en tirer vanité.

MADAME GERVAL.

Cela se peut; mais, pour railler le vaincu, il faut être sûr de la victoire.

GERMON.

Aussi, dussiez-vous vous fâcher, j'ai lieu de croire....

MADAME GERVAL.

Que je vous épouse peut-être?

GERMON.

Précisément, et vous ne pouvez faire le bonheur d'un homme qui vous soit plus sincèrement attaché.

MADAME GERVAL.

Grace au ciel, voilà mon mariage arrangé sans que je m'en sois mêlée encore.

GERMON.

Oh! je ne veux point que vous ayez le moindre embarras.

MADAME GERVAL.

C'est trop honnête, en vérité.

GERMON.

Et quand vous serez à moi, vous n'aurez d'autre soin que celui d'être heureuse.

MADAME GERVAL.

Tout cela est charmant en perspective.

GERMON.

Et la réalité ne démentira pas le tableau.

MADAME GERVAL, avec réflexion.

Monsieur Germon?

GERMON, avec cérémonie.

Madame Gerval?

MADAME GERVAL.

Je vous crois un très-honnête homme.

GERMON.

Je le crois aussi.

MADAME GERVAL.

Je suis persuadée que vous m'aimez sincèrement.

SCÈNE III.

GERMON.

J'aime qu'on me rende justice.

MADAME GERVAL.

J'avoue.... que.... vous ne m'êtes pas indifférent.

GERMON.

Cet aveu me comble de joie.

MADAME GERVAL.

Mais, mon ami, vous ne pensez qu'à votre bonheur personnel, et le mien n'est pas ce qui m'occupe le plus. Je dois être doublement heureuse, ou complètement infortunée.

GERMON, avec sentiment.

Je vous entends, madame, et je vais vous répondre. Vous rendez justice à ma probité; vous connaissez ma tendresse. Un honnête homme qui vous aime doit rendre à l'aimable Rose le digne père qu'elle a perdu. Je remplirai ce devoir sacré, je vous en donne ma parole, et je suis incapable d'y manquer.

MADAME GERVAL.

Puissiez-vous n'oublier jamais ce que vous venez de me dire !

GERMON.

Jamais, femme charmante.

MADAME GERVAL.

Il me serait affreux de vous le rappeler.

GERMON.

Vous ne le craignez pas.

MADAME GERVAL.

Germon, mon estime l'emporte sur mes craintes, et je me donne à vous avec la confiance que vous méritez. (*Germon lui baise la main.*) Allez, mon ami. Rose ne tardera pas à paraître. Elle ignore nos projets, je vais lui en faire part. (*Germon fait une fausse sortie, madame Gerval le ramène.*) Vous l'aimerez, Germon; vous me l'avez promis.... Vous l'aimerez?

GERMON.

Mon cœur se partage entre vous, et les tendres soins de père ajouteront un charme au bonheur de l'époux.

SCÈNE IV.

Madame GERVAL, seule.

Voilà vraiment l'homme qui me convient, et mon frère a raison. Une veuve opulente, jeune.... jolie peut-être.... Le monde est si méchant, et il est si doux de lui imposer silence en se rendant heureuse!

SCÈNE V.

ROSE, Madame GERVAL.

ROSE, embrassant sa mère.

Je me suis levée bien tard, n'est-il pas vrai, maman?

MADAME GERVAL.

Le sommeil est bon à une jeune personne; son teint y gagne, et sa tête se repose.

ROSE.

Ma bonne amie, je n'ai pas dormi du tout.

SCÈNE V.

MADAME GERVAL.

Qu'as-tu fait ?

ROSE.

J'ai pensé.

MADAME GERVAL, souriant.

Tu penses donc ?

ROSE.

Maman, je suis ta fille.

MADAME GERVAL, l'embrassant.

Et à quoi pensais-tu ?

ROSE.

A monsieur Germon. Il n'est pas très-jeune ; mais il est bien aimable.

MADAME GERVAL.

Je suis enchantée que tu t'en sois aperçue.

ROSE.

Je crois qu'il rendrait une femme bien heureuse.

MADAME GERVAL.

Je le pense comme toi.

ROSE.

Depuis que je le connais, je suis fâchée d'être si jeune.

MADAME GERVAL, très-froidement.

Pourquoi, ma fille ?

ROSE.

C'est que mon imagination exaltée lui prête peut-être des qualités qu'il n'a pas, et je serais fâchée qu'il perdît à l'examen de la raison.

X.

MADAME GERVAL.

La raison n'a point d'âge, et l'homme qui plaît à Rose doit plaire à tout le monde.

ROSE.

Il te plaît donc aussi?

MADAME GERVAL, avec sentiment.

Infiniment, ma fille.

ROSE.

J'aurais dû le prévoir : il y a entre nous une sympathie si marquée !

MADAME GERVAL, souriant.

Je ne désire pas cependant que cette sympathie soit sans exception.

ROSE.

Comment donc, maman?

MADAME GERVAL.

C'est qu'il doit y avoir quelque différence dans la manière dont nous aimerons Germon.

ROSE.

Je ne t'entends pas, et cependant tu me fais de la peine.

MADAME GERVAL, avec embarras.

Mon enfant, tu as perdu un bon père.

ROSE.

Je le regrette tous les jours.

MADAME GERVAL.

Ton oncle est exigeant, et je lui ai de grandes obligations.

ROSE.

Oh! oui : tu ne peux rien lui refuser.

SCÈNE V.

MADAME GERVAL.

Germon est son ami.

ROSE.

Leur amitié fait l'éloge de tous deux.

MADAME GERVAL, avec une espèce de timidité.

Ton oncle veut que je me marie.

ROSE, avec effroi.

Ciel! c'est à Germon?...

MADAME GERVAL.

A lui-même. (*Rose tombe dans les bras de sa mère.*) Rose, ma chère Rose.... Malheureuse!.... ma fille est ma rivale!

ROSE, revenant à elle.

Maman, je crois.... que la surprise.... Germon sera ton mari. Épouse-le, je t'en conjure.

MADAME GERVAL.

Ah! ma fille!... ma fille! qu'ai-je appris!... Mon cœur vient de se révolter contre toi, je l'avoue. L'amour l'a surpris un moment. J'expierai ma faiblesse, et je la réparerai.

ROSE, se jetant dans ses bras.

Laisse-moi cacher ma rougeur dans ton sein. Ma bonne mère, je t'afflige, et j'en suis au désespoir. Je venais me confier à toi, et j'étais loin de croire que j'allais troubler ton repos. Pardonne-moi, maman, pardonne-moi; je saurai souffrir et me taire.

MADAME GERVAL.

Mon enfant, ton âge n'est point celui des sacrifices, et à qui en ferai-je, si ce n'est à toi? Germon s'éloignera. Je ne mettrai pas sous tes yeux un tableau que tu ne pourrais supporter. Tu seras ma confidente, je serai la tienne, et nous nous consolerons mutuellement.

ROSE.

Non, ma mère, non, ma bonne amie, tu ne te sacrifieras pas.

MADAME GERVAL.

Un sacrifice est toujours doux, quand on le fait à ce qu'on aime.

ROSE.

Quoi! ma mère, toi, jeune et jolie; toi qui lui as plu, à qui il a su plaire, tu renoncerais au bonheur que tu te promettais! Non, je dois être aussi généreuse que toi; je le serai, et je le jure par.... par la tendresse que tu m'inspires, et que tu justifies si bien.

MADAME GERVAL, d'un ton sérieux.

Rose, écoutez-moi, et ne m'interrompez plus, je l'exige. Votre oncle m'a proposé Germon, et je lui ai promis ma main, après lui avoir reconnu ces mêmes qualités qui vous ont séduite. J'ai pour lui plus que de l'amitié, mais je suis loin du sentiment qui vous subjugue. J'ai étudié votre caractère; je connais votre extrême sensibilité; je serai maîtresse de la mienne. Mon parti est pris, n'en parlons plus.

ROSE.

Le mien l'est également. Pense que je n'ai que quinze ans.

MADAME GERVAL.

Votre cœur en a vingt.

SCÈNE VII.

ROSE.

Que Germon ne pense pas à une enfant.

MADAME GERVAL.

Il y pensera, peut-être.

ROSE, avec force.

Il y penserait en vain.

MADAME GERVAL.

C'est assez, ma fille, laissez-moi, et songez que votre meilleure amie a des droits à votre confiance, et peut-être à votre docilité.

ROSE, à part, lui baisant la main et sortant.

Je serai digne de toi.

SCÈNE VI.

MADAME GERVAL, SEULE.

Que je suis aise qu'elle ait parlé aujourd'hui ! Demain il ne lui restait que les larmes, et à moi, que les regrets ! J'entends mon frère : remettons-nous.

SCÈNE VII.

MADAME GERVAL, DUPORT.

DUPORT.

Je reviens enchanté, ravi, madame Gerval. J'ai rencontré Germon ; il m'a tout appris, et je vous félicite l'un et l'autre.

MADAME GERVAL.

Mon frère, votre joie me rend confuse... m'embarrasse.

DUPORT.

Parbleu, je le crois. C'est une terrible chose que le mariage, n'est-il pas vrai? Allons, allons, ma sœur, à votre âge on dit tout uniment à son frère : Vous avez fait pour le mieux, et je vous en remercie.

MADAME GERVAL.

Et voilà ce que je ne puis dire.

DUPORT.

Comment donc, madame Gerval?

MADAME GERVAL.

Mon frère, vous êtes naturellement bon.

DUPORT.

Selon les circonstances.

MADAME GERVAL.

Mais vous tenez singulièrement à vos idées.

DUPORT.

Surtout quand elles sont raisonnables.

MADAME GERVAL.

Je sens que vous allez vous fâcher.

DUPORT.

A coup sûr ce ne sera pas ma faute.

MADAME GERVAL.

Il faut parler cependant.

DUPORT.

Hé, ventrebleu, parlez donc!

MADAME GERVAL.

Je ne puis épouser monsieur Germon.

SCÈNE VII.

DUPORT.

Voici du nouveau, par exemple. Ma sœur, une femme estimable ne se joue pas d'un honnête homme qui lui fait l'honneur de la rechercher, ni d'un frère à qui elle a quelques obligations.

MADAME GERVAL.

Je fais de tous les deux le plus grand cas. J'avoue même que Germon m'est cher.

DUPORT.

Et vous le refusez? Qui voulez-vous donc épouser? Un homme que vous n'aimerez pas?

MADAME GERVAL.

Écoutez-moi, mon frère.

DUPORT.

Hé, madame, j'en ai trop entendu, et je ne sais ce qui doit m'étonner le plus, de vos procédés, ou de ma patience.

MADAME GERVAL.

J'ai une fille.

DUPORT.

Il y a quinze ans que je le sais.

MADAME GERVAL.

Qui m'est chère.

DUPORT.

C'est fort bien.

MADAME GERVAL.

Que vous aimez vous-même.

DUPORT.

A la bonne heure.

MADAME GERVAL.

Cette enfant....

DUPORT.

Cette enfant?

MADAME GERVAL.

Est sensible au mérite de Germon.

DUPORT.

Il n'y a pas de mal à cela.

MADAME GERVAL.

Vous ne m'entendez pas, mon frère... Elle l'aime.... trop.

DUPORT.

Que voulez-vous dire?

MADAME GERVAL.

Que le mérite de votre ami nous a également frappées; que Rose ne peut supporter l'idée de mon futur mariage, et que je n'aurai pas la cruauté de l'en rendre témoin.

DUPORT.

Madame Gerval, vous ne me proposerez peut-être pas de marier un homme fait à une enfant de quinze ans?

MADAME GERVAL.

Hé, pourquoi pas?

DUPORT.

C'est que ce serait une absurdité que vous ne devez pas vous permettre, et que je ne suis pas fait pour entendre.

SCÈNE VII.

MADAME GERVAL.

Rose n'a que quinze ans, il est vrai; mais son caractère est très-formé.

DUPORT.

C'est vous qui l'assurez? Belle caution!

MADAME GERVAL.

Vous me manquez, mon frère.

DUPORT.

J'en suis fâché, ma sœur. Mais, quand j'ai passé six mois à arranger et à faire réussir un projet raisonnable et solide, il est diabolique de le voir échouer contre la plus pitoyable fantaisie.

MADAME GERVAL.

Vous voulez donc que je devienne l'ennemie de ma fille?

DUPORT.

Qui vous parle de cela?

MADAME GERVAL.

Que je tourmente sa jeunesse?

DUPORT.

Pas du tout.

MADAME GERVAL.

Qu'elle me reproche un jour d'avoir eu moins de fermeté qu'elle?

DUPORT.

Quel éternel verbiage! Vous croyez donc que cette fantaisie d'une enfant peut tirer à conséquence; que son goût pour Germon sera durable? Un amour de quinze ans! voilà quelque chose de bien imposant, en vérité.

MADAME GERVAL.

Mon frère, Rose n'est point une enfant ordinaire, et l'amour jette de profondes racines dans un cœur qui, pour la première fois, s'ouvre au sentiment. Vous ignorez cela, vous qui n'avez jamais aimé.

DUPORT.

Je n'ai jamais aimé? Je n'ai jamais été amoureux, dieu merci; mais je connais l'amitié, vous n'en pouvez douter (*en la fixant*), et je m'y suis quelquefois trop livré pour mon repos.

MADAME GERVAL.

Hé bien, si je vous suis chère, souffrez que je vive pour ma fille, que j'assure sa félicité; je vous en prie, je vous en conjure. Vous voulez que Germon soit à la tête de ma maison? Il y aura les mêmes droits que s'il était mon époux. Je l'aimerai comme mon gendre, et j'aurai pour lui les égards que personne ne peut lui refuser.

DUPORT.

Et vous croyez qu'à votre première invitation il oubliera l'une pour aimer l'autre? Ce n'est pas assez de vous l'être soumis, vous voulez qu'esclave docile, il s'attache à l'instant à l'objet que vous lui indiquerez?

MADAME GERVAL.

Je veux seulement ne pas perdre votre amitié, quand je fais tout pour la conserver.

DUPORT.

Mon amitié? Hé, puis-je vous l'ôter? Suis-je de ces ames glacées qui commandent à leurs inclinations?

Je crie, je tempête, et je suis toujours ton frère......
Mais au moins, je ne me mêlerai pas de cette affaire,
je vous le signifie.

MADAME GERVAL.

Je l'arrangerai seule.

DUPORT.

Elle est tellement extravagante, que je rougirais
d'en parler à mon ami.

MADAME GERVAL.

Je lui parlerai, moi.

DUPORT.

Et gardez-vous de lui dire que vous m'avez confié
vos folies ; je vous démentirais tout net, je vous en
avertis.

(Il sort.)

SCÈNE VIII.

MADAME GERVAL, SEULE.

Voilà le grand coup porté. Il ne me reste qu'à
gagner Germon. Il résistera peut-être; mais du moins
il ne me brusquera pas.

SCÈNE IX.

MADAME GERVAL, GERMON.

GERMON, avec gaîté.

Avez-vous vu mon beau-frère.

MADAME GERVAL, souriant.

Votre beau-frère?

GERMON.

Il est charmant aujourd'hui. Je lui ai rendu notre conversation, et il a oublié sa brusquerie ordinaire, pour partager ma satisfaction.

MADAME GERVAL.

Il faut qu'il vous aime bien.

GERMON.

Oh! c'est incroyable. Il est vrai qu'il doit quelque chose à mon attachement pour lui.

MADAME GERVAL.

Il me doit aussi quelque chose, à moi, et il vient de me traiter avec une cruauté.....

GERMON.

Écoutez donc, vous vous faites quelquefois un malin plaisir de le contredire....

MADAME GERVAL.

Je ne crois pas que vous puissiez vous en plaindre.

GERMON.

Et surtout aujourd'hui, car, dans cette affaire, il a plus fait que moi-même.

MADAME GERVAL.

Qu'en savez-vous?

GERMON.

C'est lui qui me l'a dit.

MADAME GERVAL.

Et vous vous en rapportez plus à sa tête qu'à mon cœur?

SCÈNE IX.

GERMON.

Tenez, ne disputons pas : vous auriez toujours raison.

MADAME GERVAL.

Même si je ne vous épousais pas?

GERMON.

Oh! dans ce cas là, vous auriez tort.

MADAME GERVAL.

C'est un tort auquel il faut vous préparer.

GERMON.

Comment?

MADAME GERVAL.

Mon ami, je vous aime autant que je le puis.

GERMON.

En conscience, vous me devez cela.

MADAME GERVAL.

Et je ne vous épouserai jamais.

GERMON.

Madame Gerval?

MADAME GERVAL.

Je vous dis la vérité en riant.

GERMON.

Savez-vous bien, madame, que toute aimable que vous êtes, vous avez des caprices si bien conditionnés.....

MADAME GERVAL.

Voilà des propos.

GERMON.

Moins piquants peut-être que vos procédés.

MADAME GERVAL.

Mes procédés sont tout simples. Je vous ai promis ma main, je la retire.

GERMON, saisissant sa main.

Et moi, je la garde.

MADAME GERVAL.

C'est ce que nous verrons.

GERMON.

C'est tout vu.

MADAME GERVAL.

Une femme de trente ans n'est pas ce qu'il vous faut.

GERMON.

Au contraire, madame.

MADAME GERVAL.

Vous êtes obstiné; je le suis autant que vous.

GERMON.

La conversation en sera plus animée.

MADAME GERVAL.

Il vous faut une femme jeune, jolie, aimante et docile.

GERMON.

Je ne compte point épouser un être chimérique.

MADAME GERVAL.

Cette femme est toute trouvée.

GERMON.

Je n'en veux point.

MADAME GERVAL.

Monsieur Germon, je ne me consolerais pas d'avoir compromis celle que je vous propose.

SCENE IX.

GERMON.

Elle ne saurait l'être : je ne la connais pas.

MADAME GERVAL.

Elle n'est pas faite pour éprouver un refus.

GERMON.

Cela se peut; mais je vous épouse.

MADAME GERVAL.

Jamais, vous dis-je, jamais. Je vous parle sérieusement, aussi sérieusement que j'aie parlé de ma vie. Vous épouserez celle que je vous destine. J'exige cette preuve de votre amour. Si vous me la refusez, vous ne m'avez jamais aimée.

GERMON.

Pour vous persuader qu'on vous aime, il faut vous être infidèle. Vous avez une façon de voir les choses, qui est un peu extraordinaire, au moins.

MADAME GERVAL.

Vous rendez-vous ?

GERMON.

Non, en vérité. Mais savez-vous que vous m'embarrassez ? Brisons-là, je vous prie, c'est pousser trop loin la plaisanterie.

MADAME GERVAL, avec sentiment.

Mon ami, vous êtes bon, honnête.

GERMON.

Ce n'est pas une raison pour vous moquer de moi.

MADAME GERVAL.

Aussi, n'est-ce pas mon intention.

GERMON.

Vous voulez donc m'éprouver ?

MADAME GERVAL.

Je n'en ai pas besoin.

GERMON.

Que voulez-vous donc? car je m'y perds.

MADAME GERVAL.

Le bonheur de ma fille, le vôtre, et le mien, qui est attaché à celui de deux personnes qui me sont chères..

GERMON, étonné.

Quoi! madame....

MADAME GERVAL.

Ne m'interrompez plus. Je confie à l'honneur le secret de l'innocence. Vous avez fait sur ma fille une impression que j'ignorais, et dont la violence excite mes alarmes. Elle est très-jeune; mais ses sentiments ne sont pas à dédaigner : il est même flatteur, pour un homme qui pense, d'avoir épanoui un cœur qui ne se connaissait pas encore, et de recevoir le premier tribut de sa sensibilité. Il y a entre vous, j'en conviens, une disparité d'âge qui vous effraie peut-être en ce moment; mais avec un peu de réflexion, vous sentirez que ce n'est pas un grand malheur d'épouser une fille de quinze ans, jolie, sage, riche, bien élevée, et dont la raison est assez avancée pour qu'elle ait senti tout ce que vous valez. Pour nous, qui ne sommes plus dans l'âge des grandes passions, nous passerons sans peine d'un sentiment plus vif aux sentiments calmes et doux de la simple amitié. Enfin, mon cher ami, il ne tient qu'à vous de couler des jours heureux entre une épouse qui vous aime, et l'amie la plus tendre. Notre félicité sera inaltérable, car elle dépendra de nous seuls.

GERMON.

Vous peignez à merveille; mais, comme vous dites fort bien, cela demande un peu de réflexion.

MADAME GERVAL.

Je vous donne une heure.

GERMON.

Vous êtes généreuse.

MADAME GERVAL.

Et souvenez-vous, Germon, souvenez-vous bien que je ne puis, que je ne veux être que votre amie.

SCÈNE X.

GERMON, seul.

Voilà des choses auxquelles on ne s'attend pas, et qui sont faites pour embarrasser l'homme le plus sûr de lui. Voyons, calculons le pour et le contre, et ne faisons pas de sottises, s'il est possible. J'aime la mère; elle ne m'épousera pas. Elle s'est déclarée, et je ne la ferai pas revenir : elle chérit sa fille, et il n'y a rien de si naturel. Sa fille me fait l'honneur de m'aimer, et je sens que je ne n'aurai pas de peine à l'aimer aussi (*en souriant*), pour peu que je me prête à la nécessité. Mais j'ai quarante ans; elle n'en a que quinze, et jamais je n'ai rien donné au hasard. Cependant, pour avoir trop réfléchi, je suis garçon encore, et Rose ne ressemble pas mal à l'épouse que j'ai toujours désirée..... Mais, sa jeunesse..... sa jeunesse.... Ma foi, en amour comme en guerre, il faut risquer quelque chose, et le plus téméraire n'est pas toujours le plus malheureux.

SCÈNE XI.

GERMON, ROSE.

ROSE, avec embarras.

Ma mère vous quitte, monsieur Germon?

GERMON.

Oui, mademoiselle.

ROSE.

C'est une bonne mère.

GERMON.

Comme on en voit peu.

ROSE.

Il a été question de moi, monsieur Germon?

GERMON.

Il est vrai, mademoiselle.

ROSE, à part.

Je ne sais que dire, et j'ai un besoin de parler!...

GERMON.

Vous ne paraissez pas à votre aise, mademoiselle?

ROSE.

J'avoue que je suis embarrassée.

GERMON.

Vous ne devez pas l'être avec moi.

SCÈNE XI.

ROSE.

Tenez, monsieur Germon, je ne sais pas dissimuler, et je le pourrais, que je ne le voudrais pas. Vous inspirez la confiance, ou peut-être on aime à se confier à l'homme qu'on préfère. Eh, à qui ouvrirait-on son cœur, si ce n'est à celui qui lui fait sentir son existence?

GERMON.

Croyez, mademoiselle, que je sens tout le prix des choses flatteuses que vous me faites entendre, et de celles que madame Gerval m'a déja dites de votre part.

ROSE.

Je ne l'avais chargée de rien, de rien, en vérité, monsieur Germon. Elle a surpris mon secret, et n'a consulté que l'intérêt de sa fille. Je vous aime, monsieur Germon, je vous aime bien tendrement, je vous l'assure; mais ma mère vous aimait avant moi, et vous devez l'aimer aussi, car elle est si aimable! Ne souffrez pas qu'elle me sacrifie son bonheur. Germon, honnête et sensible Germon, refusez-moi, je vous en prie; sauvez-moi du danger de me préférer à ma mère. Dites-lui que je ne suis qu'un enfant sans caractère; dites-le à mon oncle; dites-le à tout l'univers. Soyez mon père; ce titre me forcera au respect, et imposera silence à l'amour. J'en mourrai peut-être, monsieur Germon; mais ma mère, ma bonne mère sera heureuse. J'emporterai ses regrets, et sans doute les vôtres.

GERMON.

Mademoiselle, il est difficile de vous refuser; il est plus difficile encore de vous chercher des défauts, quand vous n'avez que des vertus.

ROSE, d'un ton timide.

Il faudra donc que je vous refuse moi-même; que je sois plus délicate que vous; que je vous donne l'exemple d'une fermeté que vous deviez m'inspirer.

GERMON.

Mademoiselle, madame Gerval n'est pas aussi faible que vous le supposez, et le bonheur de son aimable fille ne coûtera rien à son cœur.

ROSE.

Elle vous l'a dit.... Elle vous l'a dit, n'est-il pas vrai? Eh bien, mon ami, elle vous a trompé; elle a voulu se tromper elle-même. Elle a failli se trouver mal, quand elle a su.... Quand elle a su ce que vous savez, monsieur Germon. Il faut que vous soyez bien cruel, pour ne pas vous rendre à mes prières. Songez donc que je ne puis être comparée à une femme qui unit encore les graces touchantes de la jeunesse à tous les charmes d'un esprit mûr; songez qu'il y a entre vous une conformité d'âge, de goûts et de caractère qui rend votre mariage indispensable; songez....

GERMON.

Je ne dois plus songer qu'à vous, mademoiselle; c'est le vœu de madame votre mère, (*avec gaîté*) et vous êtes bien faite pour justifier une infidélité.

ROSE.

Et de quel droit, monsieur, prétendez-vous me

SCÈNE XI.

contraindre? Depuis quand ma mère me rend-elle victime de ses volontés?

GERMON.

Vous me connaissez bien peu, si vous me croyez capable d'abuser de son aveu.

ROSE.

Vous le voudriez en vain; c'est moi qui vous l'assure.

GERMON, dissimulant.

Mademoiselle, il est inutile de feindre davantage. Madame Gerval a craint de vous imposer un sacrifice au-dessus de vos forces, et elle sera enchantée de l'empire que vous avez sur vous.

ROSE.

Quoi, monsieur, vous m'éprouviez?

GERMON.

J'en conviens, mademoiselle, et je vois avec plaisir combien cette épreuve était superflue.

ROSE, piquée.

Ah, vous m'éprouviez, monsieur; vous m'éprouviez!

GERMON.

Oui, mademoiselle, et je vais jouir sans regrets d'un bonheur que vous désirez si sincèrement.

ROSE, les larmes aux yeux.

Vous ferez bien, monsieur. Je vous proteste que je suis au comble de la joie.

GERMON.

Je m'en aperçois, mademoiselle. Elle brille dans vos

yeux. Rien n'empêche plus que la noce se fasse demain.

ROSE, sanglotant.

Non, sans doute..... Et j'y serai..... J'y serai aussi gaie.....

GERMON.

Que dans ce moment-ci, mademoiselle?

DUPORT, en dehors.

Portez tout cela dans mon appartement.

ROSE, avec effroi.

Ciel! c'est mon oncle! S'il me voit dans l'état où je suis.....

SCÈNE XII.

GERMON, DUPORT, ROSE.

DUPORT.

Te voilà tête à tête avec ma nièce? Tu jouis déja des prérogatives de la paternité? Mais qu'a-t-elle donc? Aurais-tu fait usage de ton autorité? Ma nièce est triste; (*la fixant*) ma nièce pleure?

ROSE, s'efforçant de rire.

Au contraire, mon oncle.

DUPORT.

Rose, chacun s'égaie à sa manière. La tienne ne serait pas de mon goût; mais si elle te convient, il n'y a rien à dire. Va faire un tour dans le parc, va, mon enfant, le grand air ne te fera pas de mal.

(Rose sort en regardant Germon avec expression.)

SCÈNE XIII.

GERMON, DUPORT.

DUPORT.

Germon, que signifient les larmes de cette petite fille? Ces femmes-là te tourmentent, je m'en aperçois.

GERMON.

Leurs persécutions ne sont pas sans agréments. J'avoue cependant que je suis très-malheureux. Je suis aimé de deux femmes charmantes, et elles ne veulent de moi ni l'une ni l'autre.

DUPORT.

Ah! ma sœur t'a parlé?

GERMON.

Très-intelligiblement.

DUPORT.

Et elle aura joué les grands principes?

GERMON.

Elle sent beaucoup, et ne joue rien.

DUPORT.

Rose, de son côté, s'est montrée la digne fille de sa mère?

GERMON.

Je te jure que cette enfant ne ressemble à personne. Mais il me semble que tu es aussi du secret?

DUPORT.

Je suis du secret; mais je ne suis de rien dans leurs extravagances.

GERMON.

Prends garde que ta raison ne vaille pas la leur.

DUPORT.

Vas-tu me tourmenter aussi? Sœur, nièce et ami j'enverrais tout au diable, je t'en avertis.

GERMON.

Mon ami, vous êtes d'une vivacité.....

DUPORT.

C'est que vous paraissez ligués tous trois pour me faire enrager.

GERMON.

Au contraire, car nous n'avons pu être d'accord un seul instant ce matin. La mère veut que j'épouse sa fille; la fille veut que j'épouse sa mère, et je n'épouse personne.

DUPORT.

Et nous serions ainsi ballottés par ces deux étourdies? Je ne le souffrirai parbleu pas, et je vais leur parler d'un style....

GERMON.

Il serait dangereux, peut-être, d'y mettre trop de chaleur. Les femmes ne veulent pas être brusquées.

DUPORT.

Vous êtes leur chevalier.

GERMON.

Je le suis de toutes celles à qui on ne rend pas justice.

DUPORT.

Veux-tu m'écouter et me laisser faire? Ne sens-tu pas que mon amour-propre est intéressé à tout ceci;

que je suis le chef de la famille; que je ne peux pas, raisonnablement, céder aux caprices de ma sœur et de ma nièce? J'ai arrangé ton mariage, et tu te marieras. Si ce n'est avec la mère, ce sera avec la fille. Tu seras mon frère ou mon neveu. Voyons, laquelle veux-tu épouser.

GERMON.

Ma foi, mon ami, celle qui voudra recevoir ma main.

DUPORT.

C'est-à-dire, que vous n'aimez ni l'une ni l'autre?

GERMON.

Au contraire, je crois que je les aime toutes les deux. L'une est ta sœur; l'autre est ta nièce. Toutes deux sont adorables; je n'ai jamais eu de passions violentes, et je serai trop heureux avec celle qui voudra bien se donner à moi.

DUPORT.

Voilà de la résignation, par exemple. Mais j'aperçois ces dames.

SCÈNE XIV.

GERMON, DUPORT, Madame GERVAL, ROSE.

MADAME GERVAL, en entrant.

Non, ma fille, non, monsieur ne m'épouse pas.

ROSE, tristement.

Il s'y dispose, cependant.

MADAME GERVAL.

Je ne crois pas qu'il fasse rien sans moi.

DUPORT.

Mesdames, je suis très-mécontent de vous, je vous le signifie. Je me suis prêté, ma sœur, à ce que vous appelez votre délicatesse. Germon suit vos lois avec une docilité qui tient de la bonhomie; mais il est des bornes à tout, et je veux, j'entends que vous lui fassiez épouser votre fille, ou que vous l'épousiez vous-même.

MADAME GERVAL.

Eh, mon frère, il ne tient pas à moi que Rose ne soit heureuse.

DUPORT.

Et mademoiselle vous résiste? (*A Rose.*) Corbleu! quand votre mère et votre oncle ont prononcé, vous devez accepter celui qu'on vous propose, eussiez-vous de l'aversion pour lui.

ROSE.

Quoi, mon oncle !....

DUPORT.

Oui, mademoiselle, eussiez-vous de l'aversion pour lui; mais vous l'aimez, vous le lui avez dit, vous l'avez dit à votre mère, vous n'osez me le nier, à moi, et vous vous faites prier? Savez-vous que votre père, en mourant, m'a remis tous ses droits, et que l'obéissance est la première vertu de votre âge? (*A Germon.*) Veux-tu bien prendre la peine de me seconder un peu? Te voilà seul dans ton coin, à pousser des soupirs sentimentaux.....

GERMON.

C'est que nous jouons une scène de situation qui embarrasse ma modestie.

SCÈNE XIV.

DUPORT, à madame Gerval.

Épousez-vous Germon ?

MADAME GERVAL.

Monsieur sait bien que je ne le puis pas.

DUPORT, à Rose.

Et toi, te décides-tu ?

ROSE, avec timidité.

Si j'aimais moins ma mère, peut-être....

DUPORT.

Vous avez juré toutes deux de faire le malheur de ma vie. Hé bien, puisqu'il est ainsi, Germon partira, et vous oubliera l'une et l'autre.

MADAME GERVAL.

Ma fille, vous perdez votre amant, et vous n'aurez rien fait pour votre mère.

ROSE, avec attendrissement.

J'aurai fait ce que j'ai pu.

DUPORT, prenant Germon par la main.

Prends congé de ces dames, et qu'elles s'arrangent comme elles l'entendront.

GERMON, avec effort.

Madame, je vous salue. Mademoiselle, je pars.

(Madame Gerval et Rose saisissent chacune une de ses mains.)

ROSE.

Germon, arrêtez. Ma bonne maman, souffriras-tu qu'il s'éloigne ?

MADAME GERVAL.

Je ne regretterai, moi, que mon ami.

ROSE.

Et tu te consoleras de son absence ?

MADAME GERVAL.

Il le faudra bien, puisque tu ne veux pas le retenir.

ROSE, avec sentiment, et d'une voix éteinte.

Ah! Germon, Germon!

DUPORT.

Parlez donc, madame Gerval; parlez en mère, ou je me fâche.

MADAME GERVAL.

Puisqu'on le veut, Rose, pour la première fois, je vous ordonne d'obéir.

ROSE, se jetant dans les bras de sa mère.

Ah! ma mère, ma digne mère!

DUPORT.

Que de façons! Ta mère le veut; (*montrant Germon*) son cœur t'attend; tu brûles de te rendre. Donne-moi ta main (*il la met dans celle de Germon*), et embrasse ton mari.

(Germon l'embrasse.)

ROSE.

C'est par pure obéissance.

DUPORT.

Eh! je le vois bien. Ma sœur, un jour perdu pour le bonheur ne se retrouve jamais. Nous terminerons ce soir, et vous conviendrez qu'un homme de tête comme moi est un bienfait du sort, pour des femmes telles que vous.

FIN DE LA MÈRE RIVALE.

CONTRE-TEMPS

SUR

CONTRE-TEMPS,

COMÉDIE EN TROIS ACTES ET EN PROSE.

PERSONNAGES. ACTEURS.

DUPRÉ.	MM. Genest.
DUPRÉ, son neveu, sous le nom de Dercourt.	Saint-Clair.
CHAMPAGNE, valet du jeune Dupré.	Pélicier.
DUFOUR, vieil usurier.	Beaulieu.
Un COMMISSAIRE.	Roseval.
Un HORLOGER.	Laporte.
Un PORTIER.	Baroteau.
Un HUISSIER.	Fleury.
Un LAQUAIS.	
VERVAL, jeune veuve.	Mmes Lecoutre.
ROSE, femme de chambre de madame Verval.	Pélicier.

La scène est à Paris, dans un vestibule qui communique d'un côté à l'appartement de madame Verval, et de l'autre à celui du jeune Dupré.

Cette pièce a été représentée pour la première fois, à Paris, sur le théâtre des Variétés, le 23 octobre 1792.

CONTRE-TEMPS
SUR
CONTRE-TEMPS.

ACTE PREMIER.

SCÈNE Ière.

ROSE, Madame VERVAL.

ROSE.

Vous sortez, madame?

MADAME VERVAL.

Oui, mon enfant; je m'ennuie.

ROSE.

Votre absence ne plaira pas à tout le monde.

MADAME VERVAL.

Cela se peut.

ROSE.

Cela est clair. Ce jeune homme qui occupe cet appartement, et qui vous aime, mais qui vous aime....

MADAME VERVAL, d'un ton badin.

Comme on m'a toujours aimée.

ROSE.

Et qui ne peut être un moment sans vous voir.

MADAME VERVAL.

Ce n'est pas une raison pour lui sacrifier mes plaisirs.

ROSE.

Je le crois riche.

MADAME VERVAL.

Cela m'est assez indifférent.

ROSE.

Il est bien tourné.

MADAME VERVAL.

C'est ce que j'ai cru voir.

ROSE.

D'une figure séduisante.

MADAME VERVAL.

Mais, oui.

ROSE.

Allons, madame, convenez que ses soins vous l'avaient fait remarquer, et qu'en venant habiter cet hôtel, vous n'avez pas été fâchée de le trouver près de vous.

MADAME VERVAL.

J'ai quelque idée de tout cela.

ROSE.

Il faudrait faire quelque chose pour lui.

MADAME VERVAL.

Oh, rien ne presse.

ROSE.

Il est certain qu'une jolie femme ne perd jamais ses droits sur les cœurs sensibles ; mais la jeunesse se passe, la beauté s'évanouit.

MADAME VERVAL, gaiment.

Cet avenir est si loin de moi, qu'il serait ridicule de m'en occuper.

ROSE.

Je me résume. Vous arrivez d'Amérique. Veuve d'un riche colon, vous rapportez des trésors; mais vous vous ennuyez; vous êtes née sensible, et vous avez besoin d'aimer. Un jeune homme charmant, tendre, empressé se présente; et ce que vous pouvez faire de mieux....

MADAME VERVAL.

C'est de l'épouser?

ROSE.

Précisément.

MADAME VERVAL.

Vous allez un peu vite; à peine le connaissons-nous.

ROSE.

Je voudrais vous voir heureuse; d'ailleurs, votre bonheur assurerait le mien.

MADAME VERVAL.

Comment cela?

ROSE.

Dercourt a un valet. Je suis jolie aussi, et je lui tourne la tête. Champagne m'adore, madame, et je me laisse adorer.

MADAME VERVAL.

Il n'y a pas de mal à cela.

ROSE.

A propos, monsieur Dufour, votre oncle....

MADAME VERVAL, avec humeur.

Monsieur Dufour, mon oncle...... Je connais ses qualités. Après?

ROSE.

Il est venu ce matin à l'hôtel.

MADAME VERVAL.

Tant pis.

ROSE.

Il se disputait avec le portier! il criait, mais il criait!...

MADAME VERVAL.

Ne m'en parlez pas davantage.

ROSE.

Quoi, madame.....

MADAME VERVAL.

Non, mademoiselle, ne m'en parlez jamais. Gardez-vous même de dire, à qui que ce soit, que cet homme m'appartient.

ROSE.

Ménagez-le davantage. Monsieur Dufour est un usurier, est un sot, est tout ce qu'il vous plaira; mais vous êtes sa nièce, et, ce qui vaut mieux, son unique héritière.

MADAME VERVAL.

Toujours la même! l'argent seul vous occupe.

ROSE.

C'est qu'on ne fait rien sans cela.

MADAME VERVAL.

A la bonne heure. Ayez vos spéculations, suivez-les, et ne m'en rompez pas la tête. Je suis riche, assez riche pour ne rien vouloir de monsieur Dufour, et surtout pour ne pas ménager un parent dont les principes s'accordent si peu avec les miens. Il ignore que j'habite cet hôtel.

ROSE.

Vraisemblablement.

MADAME VERVAL.

Tant mieux; au reste, s'il se présentait, je ne suis pas visible pour lui. (*Légèrement.*) Mes nègres, mes chevaux, tout cela est-il prêt?

ROSE.

Tout cela vous attend.

MADAME VERVAL.

Je pars, je fais dix fois le tour de Paris, et je reviens.

(Elle sort.)

SCÈNE II.

ROSE, SEULE.

Elle est difficile à gouverner. Son veuvage l'excède, quoiqu'elle n'en veuille pas convenir tout-à-fait. Elle ne résistera pas à Dercourt : je me le suis mis en tête, et elle l'épousera. Plus l'entreprise est difficile, plus elle me fera honneur. Je marierai ma maîtresse, j'assurerai le bonheur de ma maîtresse, qui ne m'en saura pas gré, comme cela se pratique, parce que j'aurai été trop heureuse de lui être utile; mais son mariage décide le mien, et voilà ce qui me détermine. J'ai fait le tour du monde avec madame Verval; j'ai vu des hommes de tous les climats et de toutes les couleurs, et je n'en ai trouvé aucun qui me convînt comme ce Champagne. Bon, confiant et sot, quel trésor pour une femme!

SCÈNE III.

ROSE, CHAMPAGNE.

CHAMPAGNE, d'un air niais.

Ah! voilà mademoiselle Rose.

ROSE, à part.

Le drôle m'a entendue.

CHAMPAGNE.

Que je suis aise de vous voir!

ROSE.

Que faisiez-vous là?

CHAMPAGNE.

J'arrive.

ROSE.

Et vous écoutiez?

CHAMPAGNE.

Dès que je vous aperçois, mon ame toute entière passe dans mes yeux.

ROSE.

J'ai trouvé peu d'hommes aussi galants que vous.

CHAMPAGNE.

Et moi, peu de femmes qui vous ressemblent.

ROSE.

Charmant, en vérité!

CHAMPAGNE.

C'est à vous qu'appartient tout l'honneur de ma métamorphose.

ROSE.

Ah! ah!

CHAMPAGNE.

J'étais sot, timide, embarrassé près d'une jolie femme ; j'en ai trouvé une qui, en deux ou trois entretiens, m'a changé au point d'oser tout penser, et de pouvoir dire tout ce que je pense.

ROSE.

En effet, monsieur Champagne se forme tous les jours, et je dois m'applaudir de ce changement.

CHAMPAGNE.

Vous seule pouviez l'opérer. Mais, mademoiselle Rose, ce n'est pas tout de tourner une tête, il faut faire quelque chose de plus.

ROSE.

Et quoi, mon bon ami?

CHAMPAGNE.

M'épouser, mademoiselle Rose, m'épouser.

ROSE.

Vous êtes pressant, monsieur Champagne.

CHAMPAGNE.

L'amour et l'impatience marchent toujours de compagnie. D'ailleurs, je ne suis pas un parti à dédaigner.

ROSE.

Je le crois.

CHAMPAGNE.

J'ai des économies. (*A part.*) Il faut mentir.

ROSE.

Vous avez des économies?

CHAMPAGNE.

Deux cents louis, mademoiselle Rose, deux cents louis, au moins.

ROSE.

C'est quelque chose.

CHAMPAGNE.

N'est-il pas vrai? Mais je n'en resterai pas là. Avec un maître généreux comme le mien.... (*A part.*) Il n'a pas le sou. (*Haut.*) Avec un maître généreux comme le mien, on avance toujours ses petites affaires, sans blesser la probité.

ROSE.

J'ai aussi quelque argent, moi, monsieur Champagne.

CHAMPAGNE, à part.

A la bonne heure.

ROSE.

Ma maîtresse est magnifique, et je la sers depuis long-temps.

CHAMPAGNE.

C'est-à-dire, que vous êtes un peu plus avancée que moi.

ROSE.

De trois cents louis, à peu près.

CHAMPAGNE.

Savez-vous que nous avons, à nous deux, de quoi commencer une excellente maison? (*A part.*) Elle donne dedans. (*Haut.*) Et puis, si vous amenez ma-

ACTE I, SCÈNE III.

dame Verval à conclure avec monsieur Dercourt, par reconnaissance il établira entre nous une égalité de fortune.....

ROSE.

Vous croyez cela, monsieur Champagne?

CHAMPAGNE.

Comment, si je le crois! Mais ce pauvre monsieur Dercourt, que deviendra-t-il? Madame Verval se laissera-t-elle attendrir?

ROSE.

Monsieur Dercourt lui paraît aimable. Elle est sa maîtresse; mais il faudrait se connaître un peu davantage, avant que de prendre un parti.

CHAMPAGNE.

(*A part.*) Ah, diable! (*Haut.*) Et voilà ce que mon maître désire. Je vous réponds que plus madame le verra, plus elle s'attachera à lui.

ROSE.

Vous ne me trahirez pas, monsieur Champagne?

CHAMPAGNE.

Incapable, mademoiselle.

ROSE.

J'ai remarqué qu'il ne voit pas madame aussi souvent qu'il le pourrait.

CHAMPAGNE.

C'est qu'il aime d'un amour respectueux.

ROSE.

Qu'il a près d'elle un air préoccupé.

CHAMPAGNE.

Timidité d'un jeune homme qui aime pour la première fois.

ROSE.

Quand on a des vues honnêtes, on peut s'expliquer librement, et avec une figure aussi intéressante, on ne doit pas craindre d'être importun.

CHAMPAGNE.

D'ailleurs, il est très-occupé dans ce moment. Depuis qu'il pense à s'établir, il projette des embellissements dans son château du Languedoc. Il en fait tracer les plans, et, comme il est plein de goût, il dirige le travail de l'artiste.

ROSE.

Ah! fort bien.

UN LAQUAIS, à Rose.

Madame est rentrée. Elle a changé d'avis; elle veut faire des emplettes, et elle désire que vous l'accompagniez.

(Il sort.)

ROSE.

Je vous suis. Au revoir, monsieur Champagne.

CHAMPAGNE.

Le plus tôt sera le mieux, mademoiselle Rose.

SCÈNE IV.

CHAMPAGNE, seul.

Elles sont bien heureuses de pouvoir faire des emplettes! Pour nous, loin de rien acheter, je ne sais s'il nous reste quelque chose à vendre..... C'est une bonne fille, cette Rose, simple, sans artifice. J'avais d'abord joué l'imbécille avec elle, pour éloigner tout soupçon sur ma véracité; mais il est, je crois, inutile de me contraindre davantage : elle donnera dans tous les piéges que je voudrai lui tendre.

SCÈNE V.

DERCOURT, CHAMPAGNE.

DERCOURT.
Ah, te voilà! Hé bien, nos affaires?

CHAMPAGNE.
Cahin, caha.

DERCOURT.
Ce n'est pas ma faute.

CHAMPAGNE.
Je le sais bien.

DERCOURT.
Je fais ce que je peux pour captiver la fortune.

CHAMPAGNE.
Et moi aussi.

DERCOURT.
Jusqu'ici, elle a trompé mon espoir.

CHAMPAGNE.
Je vous en livre autant.

DERCOURT.
Mais je ne me rebute pas.

CHAMPAGNE.
Ni moi non plus.

DERCOURT.
Les difficultés m'irritent.

CHAMPAGNE.

Cela ne suffit pas.

DERCOURT.

Je les surmonterai.

CHAMPAGNE.

C'est ce qu'il faudra voir.

DERCOURT.

J'en suis certain.

CHAMPAGNE.

Je vous en félicite.

DERCOURT.

Je n'ai au monde qu'une figure, et des dettes.

CHAMPAGNE.

Pauvre avoir que cela !

DERCOURT.

Mais c'en est assez, avec de l'imagination et du courage. J'ai fait des sottises, cela ne déshonore pas.

CHAMPAGNE.

C'est convenu.

DERCOURT.

Et puis, que risqué-je? Je n'ai rien à perdre.

CHAMPAGNE.

C'est comme chez nous.

DERCOURT.

Mes créanciers m'aideront, s'ils veulent être payés.

CHAMPAGNE.

Jusqu'ici, ils ont eu du savoir-vivre ; mais ce qui me déplaît, c'est que vous vous êtes permis de me charger de certaines dettes....

DERCOURT.

Des misères!

CHAMPAGNE.

Qui ne laissent pas de m'inquiéter. Ces drôles-là me tourmentent, m'excèdent, et il n'y a pas de jour où je n'aie besoin de tout mon génie pour les éconduire. Ce matin encore, n'ai-je pas rencontré ce malheureux bijoutier dont vous avez arrêté le mémoire? Il m'a forcé à en prendre le double que voici, et je n'ai pu m'en débarrasser qu'en lui tournant les talons, et en gagnant cette nouvelle demeure qu'il ne connaît pas, dieu merci.

DERCOURT.

Quelque jour je te récompenserai.

CHAMPAGNE.

Mais, en attendant, je suis en butte aux attaques de ces gens-là. Aujourd'hui même j'attends un huissier qui a contrainte contre moi, et par corps.

DERCOURT.

Comment cela?

CHAMPAGNE.

C'est votre parfumeur, à qui vous devez six cents francs. Six cents francs à un parfumeur! Et vous m'avez forcé à prendre des engagements, sous le prétexte que j'avais perdu au jeu le montant du mémoire.

DERCOURT.

Puis-je, sans me dégrader, demander du temps pour de semblables vétilles?

CHAMPAGNE.

Puis-je, sans me déclarer mon ennemi juré, aller en prison pour vous?

DERCOURT.

Tu n'iras pas en prison, imbécille.

CHAMPAGNE.

Je serai donc bien adroit. Vous êtes toujours confiant; mais aujourd'hui il est si difficile de faire quelque chose avec rien!

DERCOURT.

Te voilà : tantôt espérant sans motif; tantôt rejetant les espérances le mieux fondées.

CHAMPAGNE.

Mais quelles ressources aurons-nous, si....

DERCOURT.

J'ai un oncle en Amérique.

CHAMPAGNE.

Qui ne vous a jamais vu, et qui ne vous connaît que par vos extravagances?

DERCOURT.

Cet oncle est riche.

CHAMPAGNE.

Oui; mais il vous a déshérité.

DERCOURT.

Son amitié m'était plus chère que sa fortune. Au reste, je ferai ma paix avec lui.

CHAMPAGNE.

J'en doute.

DERCOURT.

Il m'aime. D'ailleurs, madame Verval est charmante.

CHAMPAGNE.

Après?

DERCOURT.

Elle est veuve, opulente.

CHAMPAGNE.

Hé, je le sais, de par tous les diables.

DERCOURT.

Et je t'ai dit que je l'épousais pour rétablir ma fortune.

CHAMPAGNE.

Nous ne sommes pas heureux.

DERCOURT.

Rose m'a dit de sa part des choses bien consolantes.

CHAMPAGNE.

Elle est aussi très-jolie, cette Rose, et, si vous épousez la maîtresse, je m'accommoderai de la suivante.

DERCOURT.

Oui-da?

CHAMPAGNE.

Sans doute. Madame Verval, veuve d'un riche colon, a donné sa confiance à Rose; Rose en a su profiter; Rose a des épargnes, et je les mangerai avec elle.

DERCOURT.

Voilà qui s'appelle parler. J'aime à te voir raisonnable. Allons, mon ami, fortune et malheur, tout nous sera commun.

CHAMPAGNE.

Ah çà, dites-moi un peu pourquoi vous avez changé de nom, en entrant dans cet hôtel?

DERCOURT.

Pour dérouter mes créanciers.

CHAMPAGNE.

C'est-à-dire quelques-uns. Le parfumeur sait qu'à présent vous vous nommez Dercourt.

DERCOURT.

Je n'ai pu le lui cacher.

CHAMPAGNE.

Et Dufour, le corsaire Dufour, à qui vous vous êtes adressé depuis que nous logeons ici....

DERCOURT.

A qui voulais-tu que je m'adressasse? A d'honnêtes gens? Ils n'ont pas pitié d'un jeune homme dans l'embarras.

CHAMPAGNE.

Je vois que tout est pour le mieux. Mais madame Verval, logeant ici, sera-t-elle long-temps dupe du stratagème?

DERCOURT.

J'ai gagné le portier.

CHAMPAGNE.

A la bonne heure.

DERCOURT.

Je suis Dupré pour qui bon me semble, et Dercourt pour ceux que je veux éviter.

CHAMPAGNE.

Et si, par un malheur possible, tout cela vient à se découvrir?

DERCOURT.

Le portier sera un faquin sans intelligence, qui aura pris un nom pour un autre, et quelques louis le consoleront des injures que je serai obligé de lui dire.

CHAMPAGNE.

Je crois, monsieur, que nous ferons prudemment de nous marier ou de partir. Quand nos créanciers nous talonnent, nous leur parlons mariage. Affamés et prudents, ils se taisent; mais cela ne peut durer. D'ailleurs, on n'a qu'un moment avec les femmes, et l'occasion perdue ne se retrouve jamais.

DERCOURT.

Je suis de ton avis.

CHAMPAGNE.

Et puis, on parle de prendre des informations, et elles ne seraient pas à notre avantage. Il faut prévenir le coup en arrachant la signature. Madame Verval vous voit rarement; vos visites sont courtes; vous n'êtes pas à la conversation. Rose m'a dit tout cela sous le secret; mais son intention était bien que je vous le répétasse. Allons, morbleu, montrez-vous amoureux, très-amoureux; priez, suppliez, conjurez; faites toutes les grimaces d'usage, et ayez toujours présent à l'esprit que rien n'est plus désagréable pour un galant homme, que deux ou trois sentences par corps, et qu'au contraire, rien n'est plus doux que de devoir à femme opulente et jolie la sécurité de l'ame et les plaisirs du cœur.

DERCOURT.

Je serais plus flatté de devoir ces avantages à madame de Verval qu'à toute autre. Intérêt à part, je l'aime, et, si je l'épouse, je la rendrai heureuse.

CHAMPAGNE.

Monsieur, jusqu'à présent, nous n'avons pas valu grand'chose; mais nous avons des dispositions à devenir honnêtes gens.

DERCOURT.

Des dispositions! Mieux que cela, mon ami. Je suis décidé. Madame Verval, cédant à l'amour, et se donnant à moi, acquerra des droits à ma reconnaissance, et fixera à jamais mon cœur. Eh! quelle femme est plus digne d'être aimée? J'ai été jusqu'ici un assez mauvais sujet; mais la beauté confiante et sensible sera payée, de ses sacrifices, par tous les sentiments qu'elle sera en droit d'attendre, et que je me plairai à lui prodiguer.

DUFOUR, en dehors.

Je vous dis que j'entrerai.

DERCOURT.

Quel bruit entends-je?

CHAMPAGNE.

C'est Dufour, rentrez, je vais le recevoir.

(Dercourt rentre.)

SCÈNE VI.

DUFOUR, CHAMPAGNE assis, et comptant sur ses doigts.

DUFOUR, en grondant.

Parbleu, ce n'est pas sans peine!....

ACTE I, SCÈNE VI.

CHAMPAGNE.

Payé, hier, cinq, dix, quinze, vingt, vingt-cinq mille livres. Trente-deux à toucher dans un mois, sur lesquelles il est dû à Dufour environ quatre mille francs : c'est une bagatelle. Cette vétille payée, nous ne devons rien ; nos quatre-vingt mille livres de rente nous appartiennent, et nous apprendrons à vivre aux créanciers malhonnêtes. Hé, vous voilà, monsieur Dufour? Je parlais de vous.

DUFOUR.

C'est trop honnête de votre part.

CHAMPAGNE.

Je pensais que monsieur Dercourt vous doit une misère.

DUFOUR.

Hé, hé, quatre mille francs!

CHAMPAGNE.

Oui, quatre mille francs.

DUFOUR.

Les tems sont durs.

CHAMPAGNE.

Seriez-vous gêné? Que n'avez-vous parlé plus tôt?

DUFOUR.

Je suis venu vingt fois.....

CHAMPAGNE.

Hé, quand, mon bon ami?

DUFOUR.

Votre chien de portier m'a toujours arrêté impitoyablement.

CHAMPAGNE.

Ces gens-là sont d'une grossièreté....

X. 5

DUFOUR.

J'aurais parié qu'on lui avait ordonné d'en agir ainsi.

CHAMPAGNE.

Depuis quelques jours, mon maître, occupé d'affaires sérieuses, s'est renfermé chez lui, et n'a été visible que pour ses créanciers. Nous avons payé hier vingt-cinq mille livres, et si vous fussiez venu....

DUFOUR.

On m'eût soldé, monsieur Champagne?

CHAMPAGNE.

Des premiers, mon ami, des premiers. Vous vendez bon marché, vous savez vivre. Monsieur fait de vous un cas particulier. On lui a rapporté cependant que vous aviez conçu des projets peu honnêtes; mais il n'en a rien voulu croire. On lui a dit que vous parliez de faire assigner, d'obtenir une sentence contre lui, et même par corps.

DUFOUR.

C'est ma femme, monsieur Champagne, c'est ma femme qui a tout fait : elle est laide....

CHAMPAGNE.

Et méchante?

DUFOUR.

L'un ne va guère sans l'autre; mais je lui laverai la tête.

CHAMPAGNE.

Vous ferez bien.

DUFOUR.

Je n'y manquerai pas. Ah ça, pourrais-je parler à monsieur Dercourt.

CHAMPAGNE.

Pourquoi faire?

DUFOUR.

Pour savoir définitivement.....

CHAMPAGNE.

Quand vous serez payé?

DUFOUR.

Hé, sans doute, monsieur Champagne.

CHAMPAGNE.

Le mois prochain.

DUFOUR.

Mais au moins puis-je compter là-dessus?

CHAMPAGNE.

Foi d'honnête homme. D'ailleurs, mon maître se marie.

DUFOUR.

Richement?

CHAMPAGNE.

Il épouse une mine.

DUFOUR.

Quand?

CHAMPAGNE.

Demain, peut-être. Mais si vous nous barrez, si vous vous permettez des criailleries, des éclats..... on vous paierait toujours..... mais vous feriez perdre à mon maître l'établissement le plus brillant, et vous en seriez fâché, mon cher Dufour, car enfin, faire le mal sans intérêt....

DUFOUR.

C'est le plaisir des sots.

CHAMPAGNE.

Et vous ne l'êtes pas, Dufour, il s'en faut de tout.

DUFOUR.

Mais non, monsieur Champagne; je n'ai jamais passé pour tel.

SCÈNE VII.

DUFOUR, CHAMPAGNE, Un HUISSIER.

L'HUISSIER, à Champagne.

A la fin, on vous trouve.

DUFOUR, à Champagne.

Quel est cet homme-là ?

CHAMPAGNE.

Celui-ci ne vient point pour mon maître. C'est à moi qu'il en veut. (*A part.*) O maudit portier!

L'HUISSIER.

Si vous ne me satisfaites en ce moment, je vous attends à la porte, et quand vous mettrez le pied dehors.....

CHAMPAGNE.

Obtenir une sentence pour six misérables cents livres!

L'HUISSIER.

On en obtient à moins.

CHAMPAGNE.

Et la mettre à exécution! Quelle cruauté!

L'HUISSIER.

Chansons que tout cela.

CHAMPAGNE.

Malheureux ! tu n'as donc pas d'entrailles ?

L'HUISSIER.

Je n'en ai que pour moi.

CHAMPAGNE, à Dufour.

C'est un égoïste.

DUFOUR, à Champagne.

Mais, qu'est-ce donc que tout cela ?

CHAMPAGNE.

(*A l'huissier.*) Je vous paie à l'instant. (*A Dufour.*) Je me confesse à vous, père Dufour. Il y a quelques mois, j'ai fait une étourderie.

DUFOUR, froidement.

Hé quoi donc, monsieur Champagne ?

CHAMPAGNE.

J'ai joué au biribi.

DUFOUR, avec importance.

Jeu de dupe, monsieur.

CHAMPAGNE.

J'étais banquier.

DUFOUR.

Et vous avez perdu ?

CHAMPAGNE.

C'est malheureux, n'est-il pas vrai ?

DUFOUR.

C'est incroyable.

CHAMPAGNE.

Il n'en est pas moins vrai que j'ai tout perdu, tout, jusqu'aux six cents livres que je destinais à l'acquit de ce billet.

DUFOUR.

Vous avez eu tort, mon bon ami.

CHAMPAGNE, avec aménité.

Vous avez raison, monsieur Dufour; mais le mal est fait, me voilà dans l'embarras.

DUFOUR.

Hé bien, Champagne, tâchez de vous en tirer.

L'HUISSIER.

Finissons-nous?

CHAMPAGNE.

Un moment donc. Quel diable d'homme! Monsieur Dufour, si vous veniez à mon aide....

DUFOUR.

Oui, je vais lui parler.

CHAMPAGNE.

Il n'entendra rien.

DUFOUR.

Que voulez-vous donc que je fasse?

CHAMPAGNE, suppliant.

Prêtez-moi vingt-cinq louis.

DUFOUR.

Non, le diable m'emporte!

CHAMPAGNE.

Il me traînera en prison.

DUFOUR.

Ce sont vos affaires, monsieur; ce sont vos affaires.

CHAMPAGNE.

Mon maître n'a jamais joué : il m'ôtera mon état.

DUFOUR.

Tant pis pour vous.

ACTE I, SCÈNE VII.

CHAMPAGNE.

A la veille d'acheter les présents de noces, des bijoux pour des sommes....

DUFOUR, avec intérêt.

Comment cela ?

CHAMPAGNE, tirant le mémoire du bijoutier.

Voyez mon calepin.

DUFOUR, après avoir lu.

Diable! monsieur Dércourt a donc de l'argent?

CHAMPAGNE.

Pardon, mille pardons, monsieur Dufour, de vous avoir trompé. Oui, mon maître a de l'argent; mais on en a besoin, la veille d'un mariage. Vous voyez à quel usage il le destine; à des présents de noces : c'est sacré. Marié demain, il palpe la dot, et vous solde. Rien de plus aisé pour moi que d'enfler ce mémoire de six cents livres, et avec un peu de complaisance, vous masquez mon inconduite, et je vous aurai une obligation éternelle.

L'HUISSIER.

Savez-vous que je me fatigue d'attendre?

CHAMPAGNE.

(*A l'huissier.*) Je paierai la vacation. (*A Dufour.*) Allons, monsieur Dufour, mon cher monsieur Dufour....

DUFOUR.

Écoutez, mon ami, l'argent...

CHAMPAGNE.

Oui, je le sais, l'argent est rare.

DUFOUR.

Et à un prix fou : je le paie dix et demi.

CHAMPAGNE.

Je vous entends, monsieur Dufour. Je vous fais mon billet de trente louis.

DUFOUR.

Payable à vue?

CHAMPAGNE.

A vue.

DUFOUR.

Et vous prendrez cela sur les bijoux?

CHAMPAGNE.

Sur les bijoux.

DUFOUR.

Sans que votre maître s'en aperçoive?

CHAMPAGNE.

Il ne compte jamais après moi.

DUFOUR.

Faites votre effet. (*A l'huissier, pendant que Champagne écrit.*) Approchez, monsieur, approchez. Voyons le titre. (*Après avoir lu.*) N'êtes-vous pas honteux de traiter un honnête homme avec cette dureté? En vous donnant vingt louis, vous gagnez cent pour cent.

L'HUISSIER.

Et les frais?

DUFOUR.

C'est bien la peine de parler de cela.

ACTE I, SCÈNE VIII. 73

L'HUISSIER.

En vérité ? D'ailleurs le marchand m'a juré que c'était en conscience.

DUFOUR.

Vingt louis. Rendez-moi les pièces, ou allez attendre votre homme.

L'HUISSIER.

En passerai-je par là ?

DUFOUR.

Que gagnerez-vous à le mettre en prison ?

L'HUISSIER.

Eh! rien du tout, je le sais bien.

DUFOUR.

Rendez donc les pièces.

L'HUISSIER.

Les voilà.

DUFOUR, payant.

Bonjour.

(L'huissier sort.)

SCÈNE VIII.

DUFOUR, CHAMPAGNE.

CHAMPAGNE.

Voilà mon billet.

DUFOUR.

Il est en règle. Voilà vos papiers. Ah ça, mon ami, je vous ai tiré d'un bien mauvais pas.

CHAMPAGNE.

J'en conviens, monsieur Dufour, et j'en aurai une reconnaissance....

DUFOUR.

Point de phrases, je ne les aime pas. D'après l'état que vous m'avez fait voir, votre maître compte acheter....

CHAMPAGNE.

Girandoles, rivière, brasselets, bagues, etc. etc.

DUFOUR.

Un écrin complet?

CHAMPAGNE.

Ah! tout ce qu'il y a de plus complet.

DUFOUR.

Sur le prix duquel vous prélèverez trente louis.

CHAMPAGNE.

Ce sera mon premier soin.

DUFOUR.

Et monsieur Dercourt paie agent comptant?

CHAMPAGNE.

A la minute.

DUFOUR.

J'ai son affaire.

CHAMPAGNE, stupéfait.

Bah!

DUFOUR.

Un écrin magnifique.

CHAMPAGNE.

(*A part.*) En voici bien d'une autre! (*Haut.*) Il sera trop cher.

DUFOUR.

Je me laisse aller quand je vois de l'argent.

CHAMPAGNE.

Mais, monsieur Dufour....

DUFOUR.

Mais, monsieur, j'entends qu'on achète mon écrin. D'ailleurs votre maître ne compte jamais après vous.

CHAMPAGNE.

A la bonne heure; mais, ma conscience....

DUFOUR.

Je n'y crois pas. De la docilité, ou j'éclate.

CHAMPAGNE.

(*A part.*) Quel diable d'homme! (*D'un ton suppliant.*) Monsieur Dufour....

DUFOUR.

Mons Champagne, monsieur Dercourt me doit, vous me devez; tous deux m'avez fait des lettres de change. Les unes sont échues, les autres vont écheoir; j'aime l'argent, et je ne ménage pas les ingrats.

CHAMPAGNE.

Vous prenez les choses au tragique. Vous n'aimez pas les phrases, dites-vous, et vous m'en faites d'une longueur....

DUFOUR.

Je reviens tantôt, mon écrin dans la poche : il est de trente mille livres. Que le portier m'ouvre, que la somme soit prête, et qu'on ne marchande pas.

(Il sort.)

SCÈNE IX.

CHAMPAGNE, SEUL.

Ah! coquin, double coquin, tu crois m'en imposer; mais tu te joues à ton maître. Tu me paieras les courbettes que tu m'as arrachées. Je t'ai laissé le plaisir de m'impertinencer; mais, à coup sûr, tu n'auras que celui-là. Cependant, nous marchons de la ressource à l'expédient, d'une victoire à une défaite. Ah! si monsieur Dupré, notre oncle d'Amérique, se fût laissé attendrir, il nous eût épargné bien des chagrins, et à lui aussi.

SCÈNE X.

ROSE, CHAMPAGNE.

ROSE.

Madame rentre à l'hôtel.

CHAMPAGNE.

Vous y rentrez avec elle; voilà l'intéressant.

ROSE.

Elle voulait acheter quelques bagatelles; mais elle a rencontré un ami....

CHAMPAGNE, avec finesse.

Rien que cela?

ROSE.

Pas davantage; une connaissance d'Amérique.

CHAMPAGNE.

Jeune?

ROSE.

Au contraire; un vieillard d'humeur atrabilaire... A propos, je viens de trouver sur les degrés un individu.... Sortait-il d'avec vous?

ACTE I, SCÈNE X.

CHAMPAGNE.

Serait-il de votre connaissance?

ROSE, avec indifférence.

Un peu. J'ai détourné la tête, et il ne m'a pas reconnue.

CHAMPAGNE, froidement.

Ah! tant mieux. Je l'ai rencontré aussi; il a l'air d'un fripon.

ROSE.

Ce n'est rien que l'air.

CHAMPAGNE.

C'est-à-dire, qu'il a l'air de ce qu'il est.

ROSE.

Je le crois.

CHAMPAGNE, avec intérêt.

Madame Verval a-t-elle fait des affaires avec lui?

ROSE, vivement.

Et d'où savez-vous qu'il fait des affaires?

CHAMPAGNE.

(*A part.*) Je me livre. (*Haut.*) Il a su que monsieur Dercourt loge ici, et il est venu lui offrir ses services; mais mon maître ne donne pas là-dedans. L'ordre, mademoiselle Rose, l'ordre, c'est notre unique boussole.

ROSE.

C'est le moyen d'être à l'abri des tempêtes. Voici madame et son ami.

SCÈNE XI.

Madame VERVAL, DUPRÉ, ROSE et CHAMPAGNE *dans le fond.*

MADAME VERVAL.

Je suis enchantée de vous avoir rencontré. Je mène une vie assez monotone, et je vous prie de me voir souvent pendant le séjour que vous ferez à Paris.

DUPRÉ.

Vous m'obligerez en me permettant de vous offrir les moments dont mes affaires me laisseront disposer.

MADAME VERVAL.

Comment, vous le permettre! je vous y invite, mon cher Dupré.

(Ils s'asseyent.)

CHAMPAGNE, à part.

Dupré!.... notre oncle!.... écoutons.

MADAME VERVAL.

Mais quelles affaires si pressantes vous appellent à Paris?

DUPRÉ.

Rien de personnel. Un coquin de neveu qui a fait cent sottises, et que je veux empêcher de se déshonorer tout-à-fait, s'il en est temps encore.

MADAME VERVAL.

Il est peut-être bien jeune?

DUPRÉ.

Vingt-quatre ans, madame. A cet âge-là, on n'est

pas encore très-raisonnable ; mais on annonce au moins des dispositions à le devenir.

MADAME VERVAL.

Dans ce siècle-ci, les jeunes gens ne sont pas précoces sur l'article de la raison.

DUPRÉ.

Je me moque du siècle, moi, et je ne veux pas que mon neveu soit un jeune homme à la mode, parce que je sais que ces gens-là ne sont bons à rien.

MADAME VERVAL.

Vous avez de l'humeur, mon ami?

DUPRÉ.

Et j'ai tort? A la mort de son père, mon neveu est demeuré sans ressources, et je l'ai soutenu. Le drôle mangeait en trois mois sa pension d'un an. Je lui ai fait des remontrances ; il y a répondu en se moquant de moi. Je lui ai fait dire que je le déshériterais, et je l'ai déshérité en effet. Je lui ai envoyé copie de l'acte d'exhérédation, pour qu'il n'en prétendît pas cause d'ignorance : il a continué son genre de vie. Dupant le matin d'honnêtes marchands, pour se laisser duper le soir par ces intrigants dont Paris fourmille, voilà, madame, voilà la conduite de mon neveu ; mais j'y mettrai bon ordre, et je ne repartirai pour l'Amérique qu'après l'avoir logé entre quatre murailles.

CHAMPAGNE, à part.

Malgré notre adresse, il faudra donc en passer par là.

MADAME VERVAL.

Il me semble que la douceur serait préférable....

DUPRÉ.

Vous auriez raison, s'il s'agissait de l'étourderie d'un moment; mais une inconduite aussi soutenue bannit toute idée d'indulgence.... Un malheureux que je ne connais pas, que je n'ai jamais vu, et à qui je ne me suis attaché que par considération pour la mémoire de mon frère....

MADAME VERVAL.

Souvent une liaison dangereuse nous égare, et un jeune homme honnête, mais facile, se laisse aller aux insinuations....

DUPRÉ.

C'est cela en partie, madame; vous avez deviné. Mon correspondant m'écrit qu'un malheureux valet est la cause de sa perte.

CHAMPAGNE, à part.

On s'est aussi occupé de moi.

DUPRÉ.

Un fripon que je lui ai cent fois ordonné de chasser, et dont il préfère les services intéressés à l'attachement que j'avais pour lui. Ils sauront tous deux ce qu'on gagne à m'offenser.

ROSE, à Champagne.

Il ne plaisante pas.

CHAMPAGNE, à Rose.

Je le vois bien.

DUPRÉ.

Oh! je me vengerai, je me vengerai. Je ferai enfermer le maître; bien décidément, je le ferai enfermer, et j'armerai les lois contre son coquin de Champagne.

ROSE, s'écriant.

Champagne!

CHAMPAGNE, à part.

Il sait mon nom.

DUPRÉ.

Oui, Champagne.

MADAME VERVAL.

Hé! le voilà.

CHAMPAGNE, d'un ton mielleux.

Que veut madame?

DUPRÉ, se levant.

Fripon, où est mon neveu?

CHAMPAGNE, jouant l'étonnement.

Votre neveu, monsieur?

DUPRÉ.

Ah! il ne s'agit pas ici de jouer l'étonnement. J'ai de l'expérience, et je ne serai pas ta dupe. Où est Dupré?

CHAMPAGNE.

Monsieur Dupré! Il a effectivement un oncle dont il m'a souvent parlé, un homme respectable à tous égards, et à qui je suis trop heureux de faire agréer mon hommage.

DUPRÉ, avec plus de force.

Où est Dupré?

CHAMPAGNE.

Je l'ignore, monsieur.

DUPRÉ.

Comment, pendard !

CHAMPAGNE.

Oui, monsieur. Je suis actuellement au service de monsieur Dercourt, jeune homme aimable, de mœurs pures, qui a l'honneur d'être voisin de madame, et d'en être connu.

DUPRÉ.

Vous connaissez ce Dercourt, madame ?

MADAME VERVAL.

Oui, monsieur : Champagne ne vous en impose pas.

DUPRÉ.

Et pourquoi as-tu quitté mon neveu ?

CHAMPAGNE, embarrassé.

C'est que.... c'est que.... Je crains de m'expliquer devant madame.

DUPRÉ.

Madame te le permet.

MADAME VERVAL.

Oh ! très-volontiers.

DUPRÉ.

Hé bien ?

CHAMPAGNE.

Hé bien, c'est que votre neveu est véritablement un homme sans principes, et qui exigeait de moi des services que je ne pouvais lui rendre sans blesser ma délicatesse.

DUPRÉ.

Tu n'es donc pas un aussi mauvais sujet qu'on me l'a écrit ?

ACTE I, SCÈNE XI.

CHAMPAGNE, montrant Rose.

Demandez plutôt.

ROSE.

Je suis sa caution.

DUPRÉ, à madame Verval.

Et vous cautionnez mademoiselle ?

MADAME VERVAL.

Je crois pouvoir en répondre.

DUPRÉ.

Mais, il est étonnant qu'on se soit trompé au point....

CHAMPAGNE.

Il n'y a rien là que de très-simple, monsieur. Votre correspondant tançait votre neveu; votre neveu me chargeait de ses extravagances ; votre correspondant vous écrivait en conséquence : voilà tout le mystère.

DUPRÉ, à madame Verval.

Il y a une apparence de vérité dans ce qu'il me dit là.

CHAMPAGNE, s'attendrissant.

Ah, monsieur, la terrible chose que la calomnie, et quels effets elle entraîne après elle! On me perd dans votre esprit, à dix-huit cents lieues de Paris, moi qui n'ai rien à me reprocher, et qui ne possède au monde que ma probité.... Avec quelle cruauté vous venez de me traiter! Ah! monsieur!..... monsieur!

DUPRÉ.

Le pauvre garçon s'attendrit. Il a raison : c'est une terrible chose que la prévention! Tiens, mon ami, voilà ma bourse.

CHAMPAGNE.

Je n'en ai pas besoin, monsieur, et je ne la prends que comme un gage de votre estime.

DUPRÉ.

Oublions ce qui vient de se passer, mon ami, et dis-moi où je m'adresserai pour trouver ce coquin de Dupré.

CHAMPAGNE.

Quand je l'ai quitté, monsieur, il logeait rue du Mail, hôtel de Flandres.

DUPRÉ.

Et il devait à son hôtel?...

CHAMPAGNE.

Considérablement : voilà pourquoi il pourrait bien y être encore.

DUPRÉ.

Au contraire. Son hôte, aisé et sensible, s'est contenté de le chasser de chez lui.

CHAMPAGNE.

(*A part.*) Il sait tout. (*Haut.*) Monsieur, je vous remettrai peut-être sur la voie. Votre neveu doit à son tailleur, à son horloger, à son bijoutier, à son....

DUPRÉ.

Doucement, doucement : il finirait par devoir à tout Paris.

CHAMPAGNE.

S'il ne doit pas davantage, monsieur, ce n'est pas sa faute; mais rarement les créanciers perdent de vue leurs débiteurs. Quelqu'un de ces messieurs vous en rendra bon compte. Voici leurs adresses. (*Avec*

ACTE I, SCÈNE XI.

sentiment.) Vous voyez, monsieur, quelle est ma bonne foi, et que votre correspondant me rendait bien peu de justice. Ne perdez pas de temps; trouvez-le, ce jeune homme infortuné, et empêchez-le de consommer sa ruine.

DUPRÉ, à madame Verval.

Il est vraiment honnête homme.

MADAME VERVAL.

Rose vous le disait bien.

DUPRÉ.

Je cours chez tous les fournisseurs.

CHAMPAGNE.

Et vous les paierez?

DUPRÉ.

Non, parbleu!

CHAMPAGNE.

En ce cas, vous pouvez vous dispenser de faire enfermer votre neveu. Ces messieurs, que vous tenez dans votre poche, vous en éviteront la peine.

UN LAQUAIS.

Madame est servie.

MADAME VERVAL.

Vous dînez avec moi, monsieur Dupré?

DUPRÉ.

Hâtons-nous donc, car je grille d'avoir le cœur net de tout ceci.

(Il sort avec madame Verval.)

ROSE, à Champagne.

Je suis contente de toi, tu es vraiment un honnête garçon.

(Elle sort.)

CHAMPAGNE.

Vous êtes connaisseuse, et je vous en félicite.

SCÈNE XII.

CHAMPAGNE, seul.

Voilà une matinée qui promet. Que le reste de la journée aille de même, et je prierai mes amis de m'attendre aux filets de Saint-Cloud.

FIN DU PREMIER ACTE.

ACTE SECOND.

SCÈNE I.
CHAMPAGNE, DERCOURT

CHAMPAGNE.

Prenez votre parti, et allons-nous-en.

DERCOURT.

Nous en aller?

CHAMPAGNE.

Il n'y a pas un moment à perdre. Dufour a payé le parfumeur; c'est fort bien. Mais Dufour veut impérieusement vous vendre des bijoux; vous refuserez, il éclatera; madame Verval le saura. Elle est riche et haute, cela va de suite. Elle vous traitera comme un aventurier. Il faut prévenir le coup, et céder de bonne grace aux circonstances.

DERCOURT.

Tu trouveras quelques moyens d'apaiser ce Dufour.

CHAMPAGNE.

Cela me paraît très-difficile; mais ce n'est rien encore que le danger que je viens de vous mettre sous les yeux. Je vous répète que votre oncle vous cherche, que votre oncle ne respire que vengeance, et votre oncle se vengera.

DERCOURT.

Il n'aurait donc pas de sensibilité?

CHAMPAGNE.

De la sensibilité! vous connaissez bien peu le cœur humain! vous ne savez donc pas qu'un oncle riche est enchanté de trouver un prétexte pour abandonner un neveu indigent? Allons-nous-en, monsieur, je vous en prie, je vous en conjure.

DERCOURT.

Abandonner une femme charmante!

CHAMPAGNE.

Il y a des femmes partout.

DERCOURT.

Il n'en est pas de comparable à madame Verval.

CHAMPAGNE.

Voilà la tête perdue. Il ne vous manquait plus que cela pour être tout-à-fait joli garçon.

DERCOURT.

D'ailleurs, où irions-nous, si....

CHAMPAGNE.

Partout où nous allions, nous serions plus en sûreté qu'ici.

DERCOURT.

Tu veux m'arracher de cet hôtel, et nous n'avons ni argent, ni asile. Je dois dans cette maison, et on ne s'en va pas sans payer. J'y ai du crédit, et je n'en aurai pas ailleurs. Mon oncle me poursuit; mais il est loin de me croire si près, et en voulant l'éviter, je me livre à mes créanciers, qui seront encore plus impitoyables que mon oncle. Danger pour danger, je crois qu'il faut choisir le moindre.

ACTE II, SCÈNE I.

CHAMPAGNE.

Voilà des raisons qui me paraissent convaincantes.

DERCOURT.

Et puis j'aime, j'aime, mon cher Champagne, et jamais je ne l'ai éprouvé comme à l'instant cruel de m'éloigner à jamais de madame Verval. Je veux me jeter à ses pieds, lui dire mon nom, lui avouer mes fautes, et en solliciter le pardon.

CHAMPAGNE.

Si vous lui dites votre nom, vous pourrez vous dispenser de lui apprendre le reste.

DERCOURT.

Comment?

CHAMPAGNE.

Vous découvrir, c'est la mettre dans l'impossibilité de vous épouser, à moins qu'elle ne soit aussi folle que vous, et il est permis d'en douter. Votre nom en valait un autre avant l'arrivée de votre oncle; mais depuis qu'il a pris la peine de faire à madame Verval le tableau touchant de votre conduite, il faut renoncer à toute idée de mariage jusqu'à ce que vous ayez trouvé le secret d'épouser, sans dire qui vous êtes à la future ni au notaire.

DERCOURT.

Je vois avec frayeur les obstacles presque insurmontables qui me séparent de madame Verval; cependant, je veux la voir, je veux lui parler, je le veux absolument.

CHAMPAGNE.

Puisque, décidément, vous le voulez, j'y consens.

Pénétrez adroitement ses dispositions; dites-lui, sans entrer dans aucun détail, qu'elle seule pouvait vous ramener aux sentiments dont une jeunesse effervescente vous a quelque temps écarté (confidence préparatoire). Elle vous croira, car l'amour-propre est le premier sentiment qui s'allume dans le cœur féminin, et le dernier qui s'éteigne dans un sexe.... Enfin, suffit : il ne faut pas médire des absents. Si elle vous aime, à la bonne heure. Peu à peu nous passerons d'un aveu à un autre ; mais, pour aujourd'hui, pas un mot qui puisse vous faire connaître, pas un mot de vos dettes.

DERCOURT.

Il faudra bien qu'elle en soit instruite.

CHAMPAGNE.

Hé! sans doute; mais ce sont de ces choses qu'on avoue à sa femme, et qu'on ne confie jamais à sa maîtresse. Voici madame Verval. Du sang-froid, et surtout point d'indiscrétion ; ou je me brouille avec vous.

DERCOURT.

Tu seras content de moi.

CHAMPAGNE.

Votre parole d'honneur.

DERCOURT.

Je te la donne.

SCÈNE II.

DERCOURT, CHAMPAGNE, Madame VERVAL, ROSE.

MADAME VERVAL, à Rose.

Monsieur Dupré écrit, monsieur Dupré veut trouver son neveu.

ROSE.

Et monsieur Dupré le trouvera.

CHAMPAGNE.

J'en doute.

MADAME VERVAL.

Et pourquoi ?

CHAMPAGNE.

C'est qu'il a plus d'intérêt encore à se cacher, que son oncle à le découvrir. Madame, voilà monsieur Dercourt, mon maître, que j'ai l'honneur de vous présenter.

MADAME VERVAL, souriant.

Je ne crois pas que monsieur ait compté sur la protection de Champagne, et je suis bien aise de lui dire qu'il n'a besoin de celle de personne.

DERCOURT.

Ce que vous me dites de flatteur, madame, encouragerait un jeune homme comme il en est tant aujourd'hui ; mais une timidité, dont je ne suis pas maître auprès de vous....

MADAME VERVAL.

Je vous sais bon gré d'être timide, cela prouve votre

honnêteté et vos principes. Je suis fâchée seulement que cette timidité semble vous éloigner d'une voisine qui vous voit avec plaisir, et qui, sans avoir eu avec vous de conversation bien suivie, croit cependant pouvoir vous estimer.

ROSE, à Champagne.

Voilà le combat engagé.

CHAMPAGNE, à Rose.

La victoire est douteuse.

MADAME VERVAL.

Rose, votre conversation peut être très-agréable, pour vous; mais vous m'obligerez en la continuant plus loin.

DERCOURT, avec embarras.

Ah! madame, quel délicieux moment je dois à vos bontés!

MADAME VERVAL.

Que vous deviez cet entretien à mes bontés, ou au hasard, je ne vois pas, monsieur, ce qui peut causer votre embarras.

DERCOURT.

La crainte de vous déplaire, madame...

MADAME VERVAL.

Quand vous me déplairez, monsieur, je prendrai la liberté de vous le dire.

DERCOURT.

C'est ce qui m'arriverait peut-être, si vous connaissiez bien l'état de mon cœur.

MADAME VERVAL.

Je crois que vous m'avez laissé peu de chose à deviner à cet égard.

DERCOURT.

Et vous faites grace à ma témérité?

MADAME VERVAL.

Monsieur Dercourt, vous m'embarrassez. Moins jeune, vos procédés seraient désobligeants..... Il me semblait que vous aviez quelque chose de positif à me confier.

DERCOURT.

Ah! madame, tout homme qui vous connaît a sans doute un aveu à vous faire.

MADAME VERVAL, souriant.

Il en est qui, pour me servir de votre expression, seraient en effet téméraires, et dont la témérité me déplairait infiniment.

DERCOURT.

Je suis le mortel le plus heureux, si je ne suis pas compris dans la proscription que vous venez de prononcer.

MADAME VERVAL.

Les saillies piquantes d'une jolie femme tombent toujours sur les absents : c'est convenu.

DERCOURT.

Hé bien! madame, je cède aux transports que vous m'inspirez. En vous avouant que je vous adore, je ne fais que répéter ce que Rose vous a déja dit de ma part. Puisse l'hommage de mes sentiments être payé du retour que vous m'accorderez, si vous réservez le prix à celui qui sait le mieux vous connaître et vous aimer !

MADAME VERVAL, avec tendresse.

Si je n'étais disposée à vous écouter favorablement, j'aurais déja déployé cette fierté qui nous défait d'un importun, ou qui le réduit au silence.

DERCOURT.

Achevez, madame; vous comblez tous mes vœux.

MADAME VERVAL, avec bonté.

Monsieur, on peut aimer sans le vouloir, on peut se vaincre quand on s'est trompé dans son choix; mais, à coup sûr, on n'épouse jamais un homme qu'on ne connaît pas. Mettez la raison de mon côté, et vous n'aurez pas à vous plaindre.

DERCOURT.

Madame vous m'embarrassez à mon tour. J'ai des confidences pénibles à vous faire, et cela me coûte infiniment.

MADAME VERVAL, après l'avoir fixé.

Parlez, monsieur.

DERCOURT.

Accablé de la distance qu'une prodigieuse différence de fortune établit entre nous, j'ai voulu.....

MADAME VERVAL.

La cacher sous des apparences qui pussent m'en imposer?

DERCOURT.

Je vous avoue de la meilleure foi du monde que je n'ai rien, absolument rien.

ACTE II, SCÈNE II.

MADAME VERVAL, *se refroidissant par degrés.*

Je vous en crois sur votre parole.

ROSE, à Champagne.

Et le château de Languedoc?

CHAMPAGNE, à Rose.

Nous l'avons vendu ce matin.

MADAME VERVAL.

Poursuivez, monsieur.

DERCOURT.

Mes parens jouissent d'une certaine considération.

MADAME VERVAL.

Cela ne prouve qu'en faveur de vos parents.

DERCOURT.

Ah! madame, il est si difficile à un jeune homme, abandonné à lui-même, de se posséder, et d'être sage......

MADAME VERVAL.

Que vous ne l'avez jamais été.

DERCOURT.

Il est vrai que je me suis permis bien des folies...

MADAME VERVAL.

Et que vous allez me promettre d'être l'homme du monde le plus rangé.

DERCOURT.

Je vous le promets, et je vous le jure par....

MADAME VERVAL.

Ne jurez pas ce que peut-être vous ne pourriez tenir. Il est flatteur pour moi de vous avoir inspiré le désir de la réforme; mais il ne serait pas prudent de m'exposer aux suites d'une conversion momentanée, dont le retour pourrait être dangereux.

DERCOURT.

Quoi! vous croyez, madame....

MADAME VERVAL.

Je crois monsieur Dercourt très-aimable; je le crois même sincère en ce moment; mais je doute que monsieur Dercourt me convienne. Au reste, j'ai ici un ami véritable, un ami sage et prudent, je le consulterai, monsieur, et son jugement décidera le mien. Rose?

ROSE.

Madame?

MADAME VERVAL, feignant.

Ma marchande de modes est venue?

ROSE, la devinant.

Elle vous attend.

DERCOURT.

Madame, je m'aperçois qu'il est temps de me retirer, et je prends congé de vous.

MADAME VERVAL, très-froidement.

Monsieur, je vous salue.

(Dercourt sort avec Champagne.)

SCÈNE III.

ROSE, Madame VERVAL.

MADAME VERVAL.

Vous m'avez compromise avec ce jeune homme, et

le défaut de convenance m'expose à des combats dont je vous aurai toute l'obligation.

ROSE.

J'ai cru, madame, que monsieur Dercourt vous convenait; il est si aimable!

MADAME VERVAL.

Je ne conteste point ses agréments; mais certainement je ne l'épouserai pas que monsieur Dupré ne me rassure, ou que la tête ne me tourne tout-à-fait.

ROSE.

Voici monsieur Dupré.

SCÈNE IV.

ROSE, MADAME VERVAL; DUPRÉ, tenant un paquet de lettres.

DUPRÉ.

Mes dépêches sont finies. J'écris à tous les gens en place; je cours chez tous les créanciers de mon neveu, et certainement j'en aurai des nouvelles.

MADAME VERVAL.

Vous reviendrez?

DUPRÉ.

Je n'y manquerai pas.

ROSE.

Madame veut vous faire une confidence. Elle a confiance en vos lumières.

DUPRÉ.

Une confidence? Quelqu'affaire de cœur, hem?

plaît-il ? Avec sa figure et ses graces, elle n'est pas faite pour rester veuve.

ROSE.

Vous l'entendez, madame, tout le monde vous le dit.

MADAME VERVAL.

Quoi qu'il en soit, revenez; revenez, je vous en prie.

DUPRÉ.

Je me hâte de vous quitter, pour être plus tôt de retour.

(Il sort.)

SCÈNE V.

ROSE, Madame VERVAL.

MADAME VERVAL.

Ce jeune homme m'intéressait; il m'en a coûté pour l'éconduire.... Je rentre chez moi. La solitude a ses agréments quand l'ame est préoccupée..... Je vais attendre Dupré....

ROSE.

En pensant à Dercourt.

MADAME VERVAL.

Il faut bien penser à quelque chose.

ROSE.

Moi, je penserai à Champagne.

MADAME VERVAL.

Tu auras peut-être tort; mais ce n'est pas à moi à te le reprocher.

(Elle sort.)

SCÈNE VI.

ROSE, seule.

Ce coquin de Champagne, avec sa bonhomie apparente, s'est joué de ma crédulité; il me le paiera, le fripon.

SCÈNE VII.

CHAMPAGNE, ROSE.

CHAMPAGNE.

Hé bien, mademoiselle Rose?

ROSE.

Mademoiselle Rose, aussi sensible et aussi fière que sa maîtresse, a pu, comme elle, laisser parler son cœur, et sait, comme elle, se repentir et se posséder.
(Elle sort.)

SCÈNE VIII.

CHAMPAGNE, seul.

Jamais congé d'antichambre n'a été signifié avec plus de dignité. Ces femmes-là se donnent des airs.... Diable m'emporte, il y a de quoi mourir de rire.

SCÈNE IX.

DERCOURT, CHAMPAGNE.

DERCOURT.

Que dis-tu de ce qui vient de se passer?

CHAMPAGNE.

Qu'avec un peu de confiance en moi vous vous seriez épargné le désagrément d'un refus.

DERCOURT.

Mon cœur m'entraînait.

CHAMPAGNE.

Votre cœur et votre tête sont aussi faibles l'un que l'autre, et je vous jure que, sans moi, vous seriez bien peu de chose.

DERCOURT.

Tu ne manques pas d'amour-propre.

CHAMPAGNE.

Mais..... je le crois fondé. Enfin, qu'allons-nous faire?

DERCOURT.

Ma foi, je n'en sais rien.

CHAMPAGNE.

Il faut pourtant se déterminer.

SCÈNE X.

DERCOURT, CHAMPAGNE, LE PORTIER, DUFOUR.

LE PORTIER, voulant empêcher Dufour d'entrer.

Respectez ma consigne, monsieur.

DUFOUR.

Je ne respecte rien, quand il s'agit de mes intérêts.

CHAMPAGNE.

De mieux en mieux : voilà l'autre, à présent.

LE PORTIER.

Un portier est responsable....

DUFOUR.

Des sottises de ses locataires.

LE PORTIER.

Vous le prenez sur un ton bien haut, monsieur.

CHAMPAGNE.

Hé! voilà mon ami monsieur Dufour!

DUFOUR.

Mon ami n'est pas celui qui m'accueille; c'est celui qui me paie.

DERCOURT.

Monsieur le portier, voilà plusieurs fois que j'ai à me plaindre de votre mal-adresse.....

DUFOUR.

Je vous conseille de vous en prendre à lui des impertinences que vous lui payez à tant la douzaine.....

CHAMPAGNE.

Quoi! monsieur Dufour, vous supposez....

DUFOUR.

Je ne suppose rien; je sais à quoi m'en tenir. Renvoyez cet homme, et parlons d'affaires.

DERCOURT, au portier.

Retirez-vous.

LE PORTIER, à Champagne.

Ce n'est pas ma faute, si.....

CHAMPAGNE.

C'est la mienne, n'est-ce pas? Nous te paierons comme tu nous sers. Va-t'en, animal.

(Le portier sort.)

SCÈNE XI.

DERCOURT, DUFOUR, CHAMPAGNE.

DUFOUR.

En deux mots, finissons. Vous vous mariez, vous achetez des bijoux, je vous en apporte, les voilà, examinez, et soldez.

DERCOURT, embarrassé.

Oui, je sais que vous avez des bijoux à vendre.

DUFOUR.

Et je sais, moi, que vous me devez la préférence.

DERCOURT.

Champagne!

CHAMPAGNE.

Monsieur?

DERCOURT.

Arrangez cela avec monsieur Dufour.

CHAMPAGNE.

Cela vous regarde, monsieur.

DUFOUR.

Point de mauvaises défaites, s'il vous plaît, messieurs. Je ne suis pas dupe, je vous prie de le croire : je ne suis palsambleu pas dupe. Finissons, croyez-moi. J'ai des billets consulaires, monsieur, et vous savez où cela mène.

DERCOURT.

Vous faites un tapage infernal, monsieur Dufour.

ACTE II, SCÈNE XI.

CHAMPAGNE.

Prenez garde à vous, prenez donc garde; la future demeure là.

DUFOUR.

Oui! je vais crier plus haut.

CHAMPAGNE.

Achetons, monsieur, achetons. (*A part.*) Je n'ai pas eu le temps de l'instruire des détails.

DERCOURT.

Achetons, soit. A quels termes?

DUFOUR.

Comptant.

DERCOURT.

Je n'ai pas le sou.

DUFOUR.

Chansons.

DERCOURT.

En honneur.

CHAMPAGNE.

Hé! pourquoi le nier? Monsieur Dufour sait tout.

DERCOURT.

Il sait.... quoi?

CHAMPAGNE.

Que vous êtes en fonds; que vous les destinez à des présens de noces. Je lui ai tout avoué avec une ingénuité.... N'est-il pas vrai, monsieur Dufour?...

DERCOURT.

Si tu as tout avoué, il faut que j'avoue aussi.

CHAMPAGNE.

C'est un bijoutier qui est venu ce matin, qui n'est

pas tout-à-fait aussi honnête homme que vous, monsieur Dufour, mais qui ne vend pas tout-à-fait aussi cher; et monsieur, qui devient prodigieusement économe, avait envie de faire marché avec lui.

DUFOUR.

Ah! monsieur Dercourt, trahir ainsi une amitié si sincère!

DERCOURT.

Et qui m'est si profitable.

CHAMPAGNE, à Dercourt.

Allons, monsieur, faisons les choses de bonne grace.

DERCOURT.

J'approuve tout ce que tu feras.

CHAMPAGNE, lui remettant un porte-feuille.

Voici votre porte-feuille; il est garni d'assigna.... (à part.) tions, d'exploits, de sentences par corps; (haut.) et cent louis de plus ou de moins ne font rien, quand il s'agit de prouver sa reconnaissance.

DUFOUR.

Savez-vous que votre valet est plus traitable que vous?

DERCOURT.

C'est que cet argent ne lui coûte pas grand'chose, et puis, votre début m'avait donné de l'humeur. Vous nous avez traités....

CHAMPAGNE.

Comme des gens sans ressources.

DUFOUR.

C'est l'effet de l'habitude. Pardon; mais nous

sommes si souvent trompés, nous autres honnêtes marchands!

CHAMPAGNE.

A la bonne heure; mais sachez que nous ne ressemblons pas aux gens que vous avez habitude de rudoyer.

DUFOUR.

Je le crois, monsieur Champagne.

CHAMPAGNE.

On vous le prouvera, monsieur Dufour.

DUFOUR.

J'en suis convaincu.

CHAMPAGNE.

Voyons cet écrin. (*Il l'ouvre.*) Que signifient ces antiquailles? Des pierres ternes, sans effet, et perdues dans un tas de vaisselle....

DUFOUR.

Elles résisteront davantage.

CHAMPAGNE.

Et vous demandez de cela?

DUFOUR.

Trente mille francs, je vous l'ai dit.

DERCOURT.

Si on vous en montrait moitié?

DUFOUR.

Un écu de moins, je ne puis les laisser; c'est en conscience.

CHAMPAGNE.

Oh! votre conscience! Et quand on en douterait un peu, que diriez-vous, monsieur Dufour, vous qui croyez si difficilement à celle d'autrui?.... Nous ne sommes pas lapidaires, nous ne sommes pas marchands.... Qui nous garantira la valeur de ces pierres?

DUFOUR.

Faites-les voir.

CHAMPAGNE.

J'y manquerai, n'est-ce pas? Je vais chez le bijoutier du coin.

DUFOUR.

Nous irons ensemble, monsieur Champagne.

CHAMPAGNE.

Je serais désespéré d'y aller seul. Qui sait? je suis peut-être homme à disparaître avec l'écrin?

DUFOUR.

Je ne dis pas cela.

CHAMPAGNE.

Non, je veux vous mettre à votre aise. La franchise, monsieur Dufour, la loyauté, je ne connais que cela. Êtes-vous prêt?

DUFOUR.

Je vous suis.

CHAMPAGNE.

Monsieur Dercourt, je vous ai remis votre portefeuille.

DERCOURT.

Le voilà.

CHAMPAGNE.

Partons. Vous ne doutez pas de la délicatesse de monsieur. Tous les bijoutiers du monde viendraient pendant notre absence, qu'il aimerait mieux vous tenir parole que de finir avec aucun, quelqu'avantage qu'il y trouvât, et vous le connaissez assez pour ne pas craindre qu'il se dérobe avec son argent.

DUFOUR, à part, après avoir réfléchi.

C'est ce qui pourrait arriver.

CHAMPAGNE.

Allons donc, monsieur Dufour, allons donc, je vous attends.

DUFOUR, après un temps.

Je reste, monsieur Champagne; je ne puis vous accompagner sans marquer une défiance que vous ne méritez pas.

CHAMPAGNE.

Suivez-moi, je vous en prie.

DUFOUR.

Bien sûrement, je n'en ferai rien.

CHAMPAGNE.

Votre estime me confond, en vérité.

DUFOUR.

D'ailleurs, vous seriez un fripon, ce que je suis très-éloigné de penser, monsieur Champagne; vous seriez un fripon, que je ne courrais pas le moindre risque. C'est à monsieur que je confie mon écrin: c'est monsieur qui en est responsable. (*A part.*) Je ne m'éloigne pas du porte-feuille.

CHAMPAGNE.

Vous êtes à présent d'une amabilité incroyable. Je sors donc seul?

DUFOUR.

Sans difficulté.

CHAMPAGNE.

Je reviens à l'instant.

DUFOUR.

A la bonne heure.

DERCOURT, à part.

Que diable va-t-il faire ?

SCÈNE XII.

DERCOURT, DUFOUR.

DUFOUR.

Vous avez là un valet intelligent.

DERCOURT.

Et d'une fidélité !

DUFOUR.

Je le crois. C'est votre trésorier, votre économe...

DERCOURT.

C'est mon meilleur ami.

DUFOUR, d'un ton doucereux.

Voilà le mot que je cherchais. Vous êtes d'une précision, monsieur Dercourt !

DERCOURT.

Cela tient à l'usage du monde.

DUFOUR.

A l'éducation, monsieur, à l'éducation. On voit bien que la vôtre a été soignée.

DERCOURT.

J'en conviens.

DUFOUR.

Et la confiance que vous avez en Champagne, an-

ACTE II, SCÈNE XII.

nonce un homme qui ne s'occupe que d'objets majeurs. Ce porte-feuille, qu'il avait entre les mains, est une misère pour vous, et je parierais qu'il renferme des sommes....

DERCOURT.

Assez considérables. (*A part.*) Me voilà pris.

DUFOUR.

Cinquante mille francs au moins?

DERCOURT.

Mais, je le crois.

DUFOUR.

Ce que c'est qu'une ame désintéressée! Ne pas connaître précisément vos richesses!

DERCOURT.

A mon âge on ne calcule pas.

DUFOUR.

Vous vous mariez cependant.

DERCOURT.

On doit quelque chose à la société.

DUFOUR.

Et vous vous donnez à une douairière?

DERCOURT.

Il est vrai, c'est une veuve.

DUFOUR.

Vieille, selon l'usage?

DERCOURT.

Jeune, belle et riche.

DUFOUR.

La fortune vous traite en enfant gâté. (*Il veut prendre le porte-feuille, Dercourt le retire.*) Savez-vous qu'à votre âge, il y a du mérite à avoir cinquante mille francs en porte-feuille?

DERCOURT.

Ce n'est point un mérite quand on est sans passions.

DUFOUR, recommençant le même jeu.

C'est un joli meuble qu'un porte-feuille; on a sa fortune dans sa poche; on la voit s'accroître sans la perdre de vue : à peine a-t-on conçu une spéculation, qu'on l'exécute....

DERCOURT, continuant le même jeu.

Oui, cela est fort agréable.

DUFOUR.

Je suis persuadé que vous ne savez pas tirer parti de vos avantages. Si j'avais vos fonds entre les mains...

(Même jeu.)

DERCOURT.

Vous feriez d'excellentes affaires....

(Même jeu.)

DUFOUR, même jeu.

Voyons donc, monsieur Dercourt. C'est toujours une jouissance de palper de bons effets, même quoiqu'ils ne nous appartiennent pas.

DERCOURT, même jeu.

C'est un plaisir bien froid.

DUFOUR.

Vous pourriez m'en procurer un plus vif. En attendant le retour de Champagne, vous devriez me payer ces malheureux quatre mille francs.

ACTE II, SCÈNE XII.

DERCOURT.

(*A part.*) Ahie, ahie. (*Haut.*) Nous finirons tout à la fois.

DUFOUR.

Pourquoi? vous vous amuserez à compter, moi à recevoir, cela fait passer un moment.

DERCOURT, à part.

Son acharnement m'embarrasse à un point....

DUFOUR, à part.

Sa résistance ne me paraît pas naturelle.

DERCOURT.

Vous tenez furieusement au métal, mon cher Dufour.

DUFOUR, avec inquiétude.

C'est à peu près le seul plaisir qui reste à un homme de mon âge.

DERCOURT, voulant détourner la conversation.

Et l'hymen? vous en connaissez les douceurs?

DUFOUR, avec humeur et inquiétude.

Il y a vingt ans que je n'en connais que les dégoûts.

DERCOURT.

Vous êtes père, et cela vous dédommage....

DUFOUR, de même.

Pas du tout. Je n'ai qu'une nièce qui ne veut pas me voir.

DERCOURT.

Cela est affreux.

DUFOUR, de même.

Et qui croit valoir mieux que moi, parce que son mari avait en Amérique une habitation considérable.

DERCOURT, avec plus d'attention.

En Amérique!

DUFOUR, de même.

Elle a changé de domicile, sans doute pour m'éviter; mais je la trouverais si je voulais.

DERCOURT.

Facilement : elle doit être connue.

DUFOUR, de même.

Parbleu, je le crois bien, madame Verval!

DERCOURT, s'écriant.

Madame Verval!

DUFOUR, de même.

Je possède deux cent mille écus, et je ne lui laisserai pas seulement la valeur de ce porte-feuille.

(Il veut s'en saisir.)

DERCOURT, retirant le porte-feuille.

Vous ferez bien.

DUFOUR, très-inquiet.

Monsieur Champagne tarde bien à rentrer.

DERCOURT.

Effectivement.

DUFOUR, riant d'un rire forcé.

Je pense..... je pense..... je pense.....

DERCOURT.

Qu'avez-vous donc, monsieur Dufour?

DUFOUR.

Je ris d'une petite espièglerie qui me passe par la tête. Il serait plaisant que Champagne eût vidé le porte-feuille avant de vous le rendre, et qu'il fût décampé avec votre argent et mes bijoux.

ACTE II, SCÈNE XII.

DERCOURT.

Oui, cela serait très-plaisant. (*A part.*) Je suis sur les épines.

DUFOUR.

Il serait prudent de s'assurer du contraire.

DERCOURT.

Oh! je ne suis pas inquiet.

DUFOUR.

Vous voyez bien que je le suis, moi, monsieur, et l'honnêteté vous prescrit de calmer mes alarmes.

DERCOURT, mettant le porte-feuille dans sa poche.

Monsieur Dufour, je n'aime pas les gens qui doutent de tout.

DUFOUR.

Monsieur Dercourt, je ne doute plus de rien. Vous ouvrirez le porte-feuille, si vous n'êtes pas de connivence avec le valet.

DERCOURT.

Faquin!

DUFOUR.

Ouvrez, monsieur.

DERCOURT.

Je n'ouvrirai pas.

DUFOUR.

O réflexion trop tardive!.... Je suis trahi, volé.... Au meurtre!.....

SCÈNE XIII.

DERCOURT, DUFOUR, CHAMPAGNE.

CHAMPAGNE.

Hé bien, hé bien! que signifie ce vacarme?

DUFOUR.

Ah! vous voilà donc? Il y a des commissaires dans le quartier, monsieur; il y en a.

CHAMPAGNE.

Voulez-vous que je vous y conduise?

DUFOUR.

Mes diamants, où sont-ils?

CHAMPAGNE, tirant l'écrin.

Les voilà.

DUFOUR.

Et l'argent de votre maître?

CHAMPAGNE.

Dans ma poche.

DUFOUR, étonné.

Dans votre poche?

CHAMPAGNE.

Oui, dans ma poche. (*Tirant des assignats.*) Savez-vous lire?

DUFOUR, stupéfait.

Ah, ah!

DERCOURT, à part.

Je m'y perds.

ACTE II, SCÈNE XIII.

DUFOUR.

Ah! monsieur Dercourt, que j'ai de torts avec vous!

DERCOURT.

Pas du tout. Vous êtes un homme sans conséquence.

DUFOUR.

Vous êtes bien bon, en vérité; mais que diable aussi, monsieur Champagne, vous disiez que les fonds étaient dans le porte-feuille.....

CHAMPAGNE.

Je me suis moqué de vous; j'ai laissé à monsieur une occasion de s'égayer à vos dépens. En a-t-il profité?

DUFOUR.

Il m'a mis dans une inquiétude mortelle.

CHAMPAGNE.

Fi! qu'il est affreux d'être ainsi défiant!

DERCOURT.

Intéressé!

CHAMPAGNE.

Usurier!

DERCOURT.

Fripon!

CHAMPAGNE.

Fesse-Mathieu!

DUFOUR.

Ah! finissez donc, messieurs, finissez donc. Vous ne tarissez pas sur mes qualités.

8.

DERCOURT.

Vous méritez cette humiliation. Les tons que vous prenez conviennent bien à un être de votre espèce! (*A Champagne.*) Je ne manquerai pas de parole à cet homme : qu'on finisse avec lui, et qu'on m'en débarrasse.

CHAMPAGNE.

Les diamants sont fins, mais on les trouve exorbitamment chers.

DUFOUR.

Encore une fois, je ne saurais les laisser à moins.

CHAMPAGNE.

Qu'en pense monsieur?

DERCOURT.

Je ne suis pas fait pour marchander avec Dufour.

CHAMPAGNE.

Finissons donc. Voilà quinze mille francs : le reste payable dans deux jours.

DUFOUR.

Je ne le puis, en vérité.

CHAMPAGNE, lui présentant l'écrin.

Reprenez votre écrin.

DUFOUR.

Mais, monsieur Champagne, vous êtes d'une vivacité.....

(Pendant les couplets suivants, Dercourt remplit une lettre de change.)

CHAMPAGNE.

Je suis comme cela; nous ne regardons pas à l'argent, mais nous ne voulons pas qu'on nous ennuie.

ACTE II, SCÈNE XIII.

DUFOUR.

Mais, monsieur Champagne, vous avez là plus de quinze mille francs?

CHAMPAGNE.

Eh! ne faut-il pas se dégarnir pour monsieur? N'a-t-on que des bijoux à acheter quand on se marie?

DERCOURT.

Monsieur voudrait nous tirer jusqu'au dernier écu, et nous prêter ensuite à vingt-cinq pour cent.

CHAMPAGNE.

Et par jour.

DERCOURT.

Champagne?

CHAMPAGNE.

Monsieur?

DERCOURT.

Voilà un effet de quinze mille francs, à deux jours de date. Voyez si monsieur veut s'en accommoder.

DUFOUR.

Le profond respect que j'ai pour vous, monsieur....

DERCOURT.

S'il refuse, qu'on lui paie ses quatre mille francs, qu'on le congédie, et qu'on m'aille chercher le bijoutier de ce matin.

DUFOUR.

J'accepte, monsieur Champagne, j'accepte.

CHAMPAGNE.

Voilà votre argent, voilà le billet; bonjour.

DUFOUR, à part, serrant les assignats.

Mes déboursés sont dans ma poche, je puis attendre

le reste. (*Haut, d'un ton suppliant.*) Monsieur Dercourt ne m'en veut pas?

CHAMPAGNE.

Au contraire, monsieur vous en veut beaucoup.

DUFOUR.

Je ne sortirai pas qu'il ne m'ait pardonné.

DERCOURT.

Je vous pardonne donc, pour me défaire de vous.

DUFOUR.

Vous me conserverez votre pratique?

CHAMPAGNE, le poussant dehors.

Nous verrons cela.

DUFOUR.

Parlez pour moi, monsieur Champagne, j'en serai reconnaissant.

CHAMPAGNE, le poussant.

Je parlerai! Mon billet, fripon.

DUFOUR.

Quel billet!

CHAMPAGNE, le poussant.

Celui que je t'ai fait aujourd'hui.

DUFOUR.

Quand je toucherai ce qui me reste dû.

CHAMPAGNE, le jetant dehors.

Que le diable t'emporte!

SCÈNE XIV.

CHAMPAGNE, DERCOURT.

(Ils se regardent en riant aux éclats.)

CHAMPAGNE.

Riez, monsieur, riez, le dénoûment ne vous coûte pas cher.

DERCOURT.

Ni à toi non plus.

CHAMPAGNE.

Et mon industrie, la comptez-vous pour rien?

DERCOURT.

Et ma reconnaissance, est-ce une bagatelle?

CHAMPAGNE.

C'est quelque chose de très-restaurant. Au fait, voilà cinq mille livres dont vous pouvez disposer : c'est le reste intéressant du produit de ma course.

DERCOURT.

Mais cet argent, où l'as-tu trouvé?

CHAMPAGNE.

Chez un brocanteur de ma connaissance.

DERCOURT.

Qui te l'a prêté sur ton billet?

CHAMPAGNE.

Pas du tout.

DERCOURT.

Sur ta parole?

CHAMPAGNE.

Encore moins.

DERCOURT.

Sur quoi donc?

CHAMPAGNE.

Sur les diamants de Dufour.

DERCOURT.

Ils sont engagés?

CHAMPAGNE.

Vendus.

DERCOURT.

Mais l'écrin?

CHAMPAGNE, le renversant.

Il est vide.

DERCOURT.

Monsieur Champagne!

CHAMPAGNE.

Monsieur!

DERCOURT.

Le trait est malhonnête.

CHAMPAGNE.

J'ai travaillé pour votre compte, et vous devez m'en savoir gré.

DERCOURT.

Si vous m'aviez consulté....

CHAMPAGNE.

Je n'en avais pas le temps.

DERCOURT.

Je suis tout-à-fait mécontent de vous.

CHAMPAGNE.

J'ai cependant fait pour le mieux.

DERCOURT.

Si madame Verval savait cette affaire..... si mon oncle en était instruit....

CHAMPAGNE.

Madame Verval ne vous épouse pas; son opinion doit vous être indifférente : votre oncle veut vous enfermer, et je le défie de faire pis.

DERCOURT.

Vous me faites rougir de moi-même. C'est du moins une consolation de n'être entré pour rien dans vos manœuvres.

SCÈNE XV.

DERCOURT, CHAMPAGNE, LE PORTIER.

LE PORTIER, avec précipitation.

Hé! vite, hé! vite.... Ce monsieur qui a dîné là, (*montrant l'appartement de madame Verval*) entre à l'hôtel avec un horloger.

DERCOURT, effrayé.

Avec un horloger?

LE PORTIER.

A qui son neveu doit deux mille écus.

DERCOURT.

Champagne!

CHAMPAGNE.

Hé bien! qu'ils entrent. Retirons-nous.

LE PORTIER, à Champagne.

Mais, c'est à vous à qui ils en veulent.

CHAMPAGNE.

Bah!

LE PORTIER.

L'horloger soutient que vous êtes un fripon.

CHAMPAGNE.

Après?

LE PORTIER.

Le vieillard en doute; mais il veut vous parler.

DERCOURT, entrant chez lui.

Je me sauve.

LE PORTIER.

Ils ne m'ont pas vu. Ma femme les amuse, et je suis vite accouru.

CHAMPAGNE, le poussant chez Dercourt.

Eh! entre donc, malheureux, n'ayons pas au moins l'air d'intelligence.

SCÈNE XVI.

CHAMPAGNE, SEUL.

Je crois faire un coup d'état, et gagner la confiance de l'oncle, en lui donnant la note des dettes de son neveu : il court chez les créanciers; en leur parlant du maître, il les entretient du valet.... Voilà de ces choses qu'il est impossible de prévoir : je paierai d'effronterie; mais, ma foi, mon imagination est à bout.

SCÈNE XVII.

CHAMPAGNE, DUPRÉ, Un HORLOGER.

L'HORLOGER.

Je vous le répète, monsieur Champagne sait où est votre neveu.

DUPRÉ.

Il m'a juré le contraire.

L'HORLOGER.

C'est le plus effronté coquin....

CHAMPAGNE.

Cela vous plaît à dire.

L'HORLOGER.

Où est monsieur Dupré?

CHAMPAGNE.

Cherchez-le, monsieur. Quand je quitte un maître, je ne m'informe pas de ce qu'il devient.

L'HORLOGER.

Tu l'as quitté? et tu sers, dis-tu, monsieur.... monsieur....

DUPRÉ.

Dercourt!

L'HORLOGER.

Oui, Dercourt. Où est-il, ce Dercourt? Il est sorti, n'est-il pas vrai? Où est son appartement?

DUPRÉ.

Le voilà.

L'HORLOGER.

J'entre.

CHAMPAGNE.

De quel droit?

L'HORLOGER.

Du droit qu'a un marchand dupé de courir après son débiteur.

CHAMPAGNE.

Monsieur Dercourt ne vous doit rien.

L'HORLOGER.

Non, mais Dupré me doit, bourreau, et vous vous conveniez trop bien pour vous être ainsi quittés.

CHAMPAGNE, montrant Dupré.

Monsieur vous dira....

L'HORLOGER.

Monsieur arrive de l'Amérique, et ne connaît pas les intrigants de Paris.

DUPRÉ.

Je vous prie de croire, monsieur, qu'on ne me trompe pas aisément.

L'HORLOGER.

Hé! monsieur, je vois bien que vous n'avez jamais fait d'affaires avec les jeunes gens à la mode. Ici on change de nom comme on change d'hôtel.

CHAMPAGNE, à part.

Ah! corsaire!

L'HORLOGER.

Qu'on m'annonce, ou j'entre d'autorité.

CHAMPAGNE.

Monsieur Dercourt n'est pas homme à souffrir une impertinence, je vous en avertis.

L'HORLOGER.

Dupré, Dercourt et votre neveu, tout cela ne fait qu'un.

DUPRÉ, à Champagne.

Si tu avais eu la témérité....

L'HORLOGER.

Si je m'étais trompé, ce coquin eût déja mis son maître en évidence, et j'en serais quitte pour des excuses.

CHAMPAGNE, à part.

Que la peste te serre!

DUPRÉ, à Champagne.

Sais-tu qu'il est temps de te justifier, et que ta conduite devient diablement équivoque?

CHAMPAGNE, à part.

J'ai la tête perdue... j'ai la tête perdue. (*Haut.*) Je vais avertir monsieur Dercourt... je vais vous confondre. (*A part.*) En sautant avec lui par la fenêtre, c'est le seul parti qui nous reste.

SCÈNE XVIII.

DUPRÉ, L'HORLOGER.

L'HORLOGER.

Voyez-vous, voyez-vous le trouble du valet?

DUPRÉ.

En effet, il paraît très-embarrassé.... Il serait cependant fort désagréable que votre obstination m'exposât à des désagréments de la part de monsieur Dercourt.

L'HORLOGER.

Les honnêtes gens croient tout, monsieur, et votre confiance fait votre éloge. Mais j'ai trop appris à connaître les ruses du maître et du valet. Votre neveu est ici, vous dis-je, et je vais vous en convaincre.

SCÈNE XIX.

DUPRÉ, L'HORLOGER, CHAMPAGNE, LE PORTIER, en robe de chambre superbe et en bonnet de nuit.

CHAMPAGNE.

Messieurs, mon maître, indigné des violences que vous osez vous permettre.... (*A part, au portier.*) Quand on te parlera, salue, et ne dis mot. (*Haut.*) Mon maître consent à paraître pour justifier un serviteur fidèle contre qui tout semble conspirer aujourd'hui.

L'HORLOGER, confondu.

Ce n'est pas lui.

DUPRÉ.

Hé! parbleu! non, ce n'est pas lui. Mon neveu est un jeune homme... Pardon, mille pardons, monsieur, de vous avoir dérangé. (*Le portier salue.*) Je cherche un neveu qui fait le malheur de ma vie, et s'il vous était connu, vous excuseriez ma précipitation, et des procédés qui doivent vous paraître tout-à-fait déplacés. (*Le portier salue. — A l'horloger.*) Il est très-poli ce monsieur-là!

LE PORTIER, entre ses dents.

Monsieur.... c'est mon devoir de....

ACTE II, SCÈNE XIX.

CHAMPAGNE, à voix basse, au portier.

Veux-tu te taire!

L'HORLOGER, au portier.

Je vous supplie, monsieur, de ne pas nous en vouloir. C'est moi qui ai dit et persuadé à monsieur (*montrant Dupré*) que son neveu pourrait être ici. C'est qu'il est si difficile de supposer de la probité où l'on rencontre Champagne!

CHAMPAGNE.

Finissez donc, monsieur, je vous en prie. Prétendez-vous me rendre suspect à mon maître, m'ôter sa confiance, m'arracher mon pain?

DUPRÉ.

Ce garçon a lieu de se plaindre de vous, et moi aussi. C'est votre entêtement, monsieur, qui a causé le plus désagréable quiproquo. (*Au portier.*) Je suis confus de ce qui vient de se passer. (*Le portier salue.— A part.*) Je ne sais quelles excuses lui faire. (*Le portier salue.— A Champagne.*) Dis donc, Champagne, ton maître est bien silencieux.

CHAMPAGNE.

C'est qu'il est très-violent, et il se contraint.

DUPRÉ, à l'horloger.

Voyez à quoi vous m'exposez.

CHAMPAGNE, au portier.

Rentrez, monsieur, rentrez. Ces messieurs savent maintenant à quoi s'en tenir, et je vous remercie de ce que vous avez fait pour ma justification.

DUPRÉ.

Non, monsieur, c'est nous qui nous retirons; trop

heureux que vous vouliez bien oublier ce que notre conduite a d'irrégulier!

(Le portier salue.—Ils rentrent chez madame Verval.)

SCÈNE XX.

CHAMPAGNE, Le PORTIER.

LE PORTIER, les suivant.

Monsieur, certainement que....

CHAMPAGNE, le contrefaisant et le retenant.

Monsieur, certainement que... Tu vois que l'habit fait tout, et que l'homme n'est rien. Viens déposer ta fastueuse enveloppe, recevoir ce qui t'est dû dans la maison, et nous aider à déménager.

(Jeu muet. Ils vont pour entrer dans l'appartement de Dercourt; le portier retient Champagne, qui veut entrer le premier, et lui fait observer que, représentant son maître, cet honneur lui appartient. Champagne le salue profondément, et le laisse passer.)

FIN DU SECOND ACTE.

ACTE TROISIÈME.

SCÈNE I.

DUPRÉ, Madame VERVAL, ROSE.

DUPRÉ.

J'ai, ma foi, cru que je le tenais. Ce diable d'horloger m'avait bercé d'un espoir....

MADAME VERVAL.

Qui ne s'est pas réalisé.

DUPRÉ.

Je me suis trouvé dans un embarras incroyable quand Dercourt a paru. La confusion de l'horloger m'a convaincu de son erreur; et mon neveu, s'il eût en effet paru devant moi, eût été moins sot que je l'étais moi-même en ce moment.

MADAME VERVAL.

Et vous vous êtes tiré de là....

DUPRÉ.

Avec des excuses, des politesses d'usage.

MADAME VERVAL.

Que fait à présent votre horloger?

DUPRÉ.

Il réfléchit aux moyens de trouver mon neveu, et je ne désespère pas qu'il n'y réussisse : je lui ai promis de le payer, s'il m'en donnait des nouvelles positives.

MADAME VERVAL.

Vous avez pris là le plus sûr de tous les moyens. A propos, vous savez que je vous dois une confidence.

DUPRÉ.

Je m'en souviens, belle dame : de quoi s'agit-il ?

MADAME VERVAL.

Je suis jeune encore.

DUPRÉ.

Et charmante.

MADAME VERVAL.

Le veuvage....

DUPRÉ.

Vous ennuie ?

MADAME VERVAL.

Cet état n'est pas gai. Un jeune homme aimable me propose de m'épouser.

DUPRÉ.

Et vous n'en voulez pas ?

MADAME VERVAL.

C'est selon.

DUPRÉ.

Comment ?

MADAME VERVAL.

J'ai en vous la plus entière confiance, et je vous demande des conseils.

DUPRÉ.

Les suivrez-vous ?

MADAME VERVAL.

Mais, je le crois.

DUPRÉ.

N'épousez pas un jeune homme : ces messieurs s'imaginent qu'une femme est trop heureuse de les posséder, qu'elle leur doit tout, qu'ils ne lui doivent rien. De là, le dégoût, l'humeur et la séparation, s'il n'arrive pis encore. Prenez un homme mûr, sensé, réfléchi, qui vous saura gré de la préférence, et qui justifiera par ses procédés....

MADAME VERVAL.

Cessons de plaisanter.

DUPRÉ.

Je ne plaisante parbleu pas.

MADAME VERVAL.

Revenons. Que pensez-vous de monsieur Dercourt?

DUPRÉ.

Hé!... rien d'extraordinaire.

MADAME VERVAL.

Figure heureuse, cependant.

DUPRÉ.

Commune.

MADAME VERVAL, avec étonnement.

Ah! ah! Taille svelte.

DUPRÉ.

Je l'ai vu en robe de chambre.

MADAME VERVAL.

De la jeunesse.

DUPRÉ.

Pas du tout.

MADAME VERVAL.

Quel homme....! De l'esprit, au moins?

DUPRÉ.

Pour cela, il ne m'a pas mis dans le cas d'en juger. Revenons à mon neveu.

MADAME VERVAL.

Laissons votre neveu, et parlons de monsieur Dercourt.

DUPRÉ.

Allons, soit, parlons de monsieur Dercourt. Vous lui trouvez de la figure, des graces, de l'esprit; je n'ai rien vu de tout cela, c'est moi qui ai tort : voilà une affaire arrangée.

MADAME VERVAL, avec humeur.

Sans doute, vous avez tort.

DUPRÉ.

J'en conviens; qu'exigez-vous de plus? Passons au solide : connaissez-vous ses mœurs, sa fortune, ses parents?

MADAME VERVAL.

Ses mœurs jusqu'aujourd'hui ont été.... ont été.....

DUPRÉ.

Équivoques. Mais vous les corrigerez?

MADAME VERVAL, avec hauteur.

Je me crois faite à tous égards pour opérer une conversion.

DUPRÉ.

Sans difficulté.... Sa fortune?

MADAME VERVAL.

Nulle.

ACTE III, SCÈNE I.

DUPRÉ.

Au moins ceci n'est point douteux. Sa famille?

MADAME VERVAL.

Honnête.

DUPRÉ.

A ce qu'il dit. D'après cet exposé, monsieur Dercourt n'a à vous offrir que les vertus de ses parents, si toutefois ils en ont. Cet homme-là ne vous convient pas du tout.

MADAME VERVAL.

Vous ne le flattez pas.

DUPRÉ.

C'est que je ne suis pas amoureux.

MADAME VERVAL.

Quoi, vraiment, vous croyez que monsieur Dercourt ne me convient pas?

DUPRÉ.

Comment, si je le crois! convenez franchement, madame, que vous m'avez demandé des conseils, bien déterminée à n'écouter que votre cœur. Je vais savoir si mon horloger a imaginé quelque chose. (*Après une fausse sortie.*) Quoique je vous aie contrariée, vous ne m'en voulez pas?

MADAME VERVAL.

Pas du tout; et vous?

DUPRÉ.

Au contraire. Je vous salue.

SCÈNE II.

Madame VERVAL, ROSE.

MADAME VERVAL.

Dupré paraît prévenu contre Dercourt. Peut-être aussi l'a-t-il bien jugé. Je crains même de m'être donné un ridicule en lui parlant de cette affaire. Ma pauvre Rose, je vois qu'il faut prendre mon parti : je ne penserai plus à Dercourt.

ROSE.

J'oublierai donc Champagne?

MADAME VERVAL.

L'effort me coûtera.

ROSE.

Et à moi aussi.

MADAME VERVAL.

Mais j'y suis résolue.

ROSE.

Moi de même.

MADAME VERVAL.

Voici Champagne; rentrons.

CHAMPAGNE, à part.

Toujours quelqu'un ici.

ROSE.

Non, je veux lui donner dans les règles le congé que je n'ai fait qu'ébaucher tantôt, me brouiller avec lui de manière à ce qu'il ne me parle jamais, car je ne répondrais pas de moi.

MADAME VERVAL, sortant.

Tu n'es pas aussi forte que tu veux te le persuader.

SCÈNE III.

ROSE, CHAMPAGNE.

ROSE.

Tu me cherches, et je t'évite.

CHAMPAGNE.

Vous me feriez croire que je suis dangereux.

ROSE.

Toi? pas du tout.

CHAMPAGNE.

Vous vous défiez donc de vous-même?

ROSE.

Encore moins.

CHAMPAGNE.

Et vous prenez la fuite pour vous dispenser de cet aveu.

ROSE.

J'ai toujours craint de dire des choses désobligeantes.

CHAMPAGNE.

Je suis plus brave que vous.

ROSE.

Comment?

CHAMPAGNE.

Je vous déclare de pied ferme que nous ne pensons plus à vous, et que nous nous soucions fort peu de la manière dont vous prendrez la chose. (*A part.*) Tu me céderas la place.

ROSE.

Tout de bon ?

CHAMPAGNE.

Je suis fâché que madame Verval se soit retirée avec tant de précipitation. Je lui aurais déclaré avec le plus beau sang-froid que nous rompons sans retour avec la maîtresse et la suivante.

ROSE.

Faquin !

CHAMPAGNE.

Nous sommes comme cela. Nous avons fait nos réflexions; le mariage ne nous convient pas. Ce n'est point dans l'âge des plaisirs qu'on se lie : des hommes tels que nous se doivent à la société. Allez, allez dire à madame Verval que nous sommes pour elle de la plus belle indifférence.

ROSE, avec dépit.

Vous vous souviendrez de ce que vous me dites là.

CHAMPAGNE.

Je m'en souviendrai? Si vous l'exigez, nous renoncerons à vous par-devant notaire.

ROSE, avec une colère concentrée.

L'aimable petit homme à qui je voulais me donner!

CHAMPAGNE.

N'y mettez donc pas d'humeur : vous feriez croire que vous me regrettez.

ROSE.

Te regretter, toi ?

ACTE III, SCÈNE V.

CHAMPAGNE, avec ironie.

Non, tout ceci vous est indifférent. Une fille comme vous n'est pas embarrassée : il pleut des maris.

ROSE.

Tu es le monstre le plus détestable.....

CHAMPAGNE.

Des injures? vous m'adorez.

ROSE.

Je t'adore? en voici la preuve. (*Elle lui donne un soufflet.*) Adieu, monsieur Champagne.

SCÈNE IV.

CHAMPAGNE, SEUL.

Me voilà maître du champ de bataille : décampons au plus vite. (*A la porte de Dercourt.*) Le salon est libre, hâtons-nous.

SCÈNE V.

CHAMPAGNE, DERCOURT, LE PORTIER,
portant une valise.

CHAMPAGNE.

L'autre valise?

LE PORTIER.

Elle est prête.

CHAMPAGNE.

Je m'en charge.

(Il sort, et rentre avec l'autre valise.)

DERCOURT, regardant l'appartement de madame Verval.

C'en est donc fait?

CHAMPAGNE.

Oui, c'en est fait. Imitez-moi; je me résigne, résignez-vous. Nous gémirons quand nous serons en sûreté.

SCÈNE VI.

DERCOURT, DUFOUR, Un COMMISSAIRE, CHAMPAGNE, LE PORTIER, SUITE.

DUFOUR, au commissaire.

Vous en ai-je imposé? les voilà qui déménagent.

CHAMPAGNE, laissant tomber la valise.

C'est le diable!

DUFOUR.

Ah! messieurs, vous laissez protester vos lettres de change, vous achetez des bijoux que vous vendez à quarante pour cent de perte, et vous vous échappez clandestinement!

DERCOURT, à part.

Que je souffre!

CHAMPAGNE.

Qu'appelez-vous nous échapper!

DUFOUR.

Prétendez-vous le nier?

CHAMPAGNE, au portier.

Devons-nous quelque chose ici?

LE PORTIER.

Pas le sou.

CHAMPAGNE, à Dufour.

Où est-il le décret qui nous ôte la liberté de changer de domicile?

DUFOUR.

Où est celui qui vous autorise à me voler mes diamants?

CHAMPAGNE, au commissaire.

Je vous prends à témoins, messieurs. Ah! nous sommes des voleurs! Dommages et intérêts. Monsieur Dufour, nous avons acheté malgré nous, parce que vous nous y avez contraints.

DUFOUR.

Vous osez.....

CHAMPAGNE.

Osez-vous me démentir? Nous avons acheté pour trente mille francs, payé moitié comptant, fait pour le reste de bons effets, que vous avez acceptés, et qui ne sont pas échus, et nous sommes des fripons!

LE COMMISSAIRE.

En effet, monsieur Dufour, ceci n'est pas clair.

DUFOUR.

Ce qu'il dit ne l'est pas; mais ma plainte est fondée.

LE COMMISSAIRE.

Avez-vous vendu?

DUFOUR.

Que trop.

LE COMMISSAIRE.

Reçu moitié.

DUFOUR.

Hé, sans doute.

LE COMMISSAIRE.

Accepté des effets pour ce qui reste dû?

DUFOUR.

Hé! oui, cent fois oui.

LE COMMISSAIRE.

De quoi vous plaignez-vous donc?

DUFOUR.

De quoi je me plains? Vend-on à moitié perte, quand on veut faire honneur à ses affaires?

CHAMPAGNE.

Nous voulons nous ruiner : qu'avez-vous à dire?

DERCOURT, à part.

Que je suis humilié!

LE COMMISSAIRE.

Monsieur Dufour, vous ne deviez pas déranger un magistrat, ayant la forme contre vous.

DUFOUR.

J'ai la forme contre moi....... j'ai la forme contre moi, dans cette affaire, peut-être; mais la forme est en ma faveur pour les quatre mille livres en lettres de change échues. Vous êtes fins, messieurs, mais je le suis autant que vous. Depuis deux jours j'ai sentence en poche, et (*au commissaire*) je vous interpelle, monsieur; arrêtez-moi ces gens-là.

LE COMMISSAIRE.

Adressez-vous à un autre : j'ai l'honneur d'être commissaire.

ACTE III, SCÈNE VI.

DUFOUR.

Et, parce que vous êtes commissaire, vous leur donnerez le temps de s'évader, vous me laisserez dévaliser, et vous me citerez la forme? Corbleu! savez-vous que mon argent est ce que j'ai de plus précieux; que celui qui me ruine est mon plus cruel ennemi; que je vous accuse de prévarication, d'oppression, de déni de justice!

LE COMMISSAIRE.

Qu'on s'assure de cet homme.

(On environne Dufour.)

DUFOUR.

S'assurer de moi, quand je suis volé! Vous êtes leur complice.

LE COMMISSAIRE.

Qu'on le mène en prison.

CHAMPAGNE, appuyant.

En prison.

DUFOUR, se débattant.

Madame, qui demeurez-là, ou qui peut-être n'y demeurez pas; madame, madame, si vous existez en effet, venez, voyez comme on agit avec moi, et tremblez pour vous-même. (*Criant à tue-tête.*) Madame, madame, madame!

SCÈNE VII.

CHAMPAGNE, DERCOURT, Le PORTIER, DUFOUR, Madame VERVAL, ROSE, Un COMMISSAIRE, Suite.

MADAME VERVAL.

Quels sont les insolents qui se permettent....
(Elle s'arrête, apercevant Dufour.)

DERCOURT, rentrant chez lui.

Je suis anéanti.

DUFOUR.

Ma nièce!

MADAME VERVAL.

Monsieur Dufour!

LE COMMISSAIRE.

Madame Verval!

CHAMPAGNE.

Une reconnaissance.

SCÈNE VIII.

Madame VERVAL, DUFOUR, DUPRÉ, ROSE, CHAMPAGNE, Le PORTIER, Un COMMISSAIRE, Suite.

DUPRÉ.

Quel tapage infernal fait-on dans cet hôtel! Un commissaire, des gardes, madame Verval interdite, monsieur Dercourt déguisé, une valise sur l'épaule!

ACTE III, SCÈNE VIII.

DUFOUR.

Monsieur Dercourt?

MADAME VERVAL.

Où donc?

DUPRÉ.

Hé! parbleu, le voilà.

DUFOUR.

Lui? c'est le portier de la maison.

DUPRÉ.

Le portier! (*Au commissaire, en prenant Champagne par le collet.*) Monsieur, ce drôle est le plus effronté coquin..... Arrêtez-le, je vous en prie.

MADAME VERVAL, au commissaire.

Monsieur, expliquez-moi, avant tout.....

CHAMPAGNE, au commissaire.

Monsieur, on me calomnie.

DUFOUR, au commissaire.

Monsieur, je suis désespéré des propos....

LE COMMISSAIRE.

Paix, paix, paix; suis-je ici aux petites-maisons?

MADAME VERVAL.

Je me flatte que monsieur m'écoutera.

LE COMMISSAIRE.

Hé! madame, avec un sensible plaisir.

DUPRÉ.

J'espère que monsieur me fera justice de ce fripon.

LE COMMISSAIRE.

Je ne demande pas mieux.

####### CHAMPAGNE.

Monsieur, faites-moi lâcher : on m'étouffe provisoirement.

####### DUFOUR.

Monsieur, gardez-vous-en bien : il nous échapperait encore.

####### LE COMMISSAIRE.

Taisez-vous, taisez-vous donc! Puis-je vous répondre à tous en même temps? (*A madame Verval.*) Daignez me dire, madame, si je vous suis bon à quelque chose?

####### MADAME VERVAL.

Je vous prie, monsieur, de m'expliquer vos procédés envers mon parent, et....

####### LE COMMISSAIRE.

Madame, votre parent est un.....

####### MADAME VERVAL.

Je le connais, monsieur. Point de portrait, je vous en fais grace.

####### LE COMMISSAIRE.

Hé bien, madame, monsieur Dufour a vendu des diamants, on les a revendus; l'acheteur les lui a présentés; monsieur Dufour les a reconnus, a requis mon ministère contre les premiers acquéreurs, qu'il accuse d'escroquerie : je suis venu, j'ai vu, j'ai prononcé; mon jugement a déplu à monsieur Dufour; il m'a injurié, je l'ai fait arrêter; vous vous intéressez à lui, je vous le rends : vous savez tout.

####### DUFOUR.

C'est fort bien, mais mon argent?

ACTE III, SCÈNE VIII.

LE COMMISSAIRE.

Silence. (*A M. Dupré.*) A vous, monsieur.

DUPRÉ.

Je m'appelle Dupré, j'arrive d'Amérique.....

LE COMMISSAIRE.

Et vous cherchez votre neveu. J'ai déja reçu des instructions en conséquence, et je ne négligerai rien pour le découvrir.

DUPRÉ.

Ce malheureux l'a servi, et l'a quitté, à ce qu'il m'a dit. Pour m'en assurer, j'ai voulu voir son nouveau maître, et il m'a présenté ce faquin, enveloppé d'une magnifique robe de chambre.

(Le portier s'esquive.)

MADAME VERVAL.

Je ne suis plus étonnée de la manière dont vous avez jugé monsieur Dercourt.

DUFOUR.

Il est rentré chez lui.

LE COMMISSAIRE.

Qu'il paraisse.

CHAMPAGNE.

Je vais vous le chercher.

DUPRÉ.

Non, maraud, non. Je n'y serai pas pris une seconde fois.

LE COMMISSAIRE, à sa suite.

Entrez dans cet appartement, et amenez monsieur Dercourt.

SCÈNE IX.

Madame VERVAL, DUFOUR, DUPRÉ, ROSE, CHAMPAGNE, DERCOURT, L'HORLOGER, Un COMMISSAIRE, Suite.

DERCOURT.

Il vient de lui-même, monsieur, subir le sort qu'il a mérité.

L'HORLOGER.

Voilà votre neveu.

MADAME VERVAL, à part, et avec sentiment.

Je respire!

DUFOUR, à M. Dupré.

Vous me paierez ce qu'il me doit.

DUPRÉ, ouvrant les bras à son neveu.

Ah! je suis trop heureux (*reprenant le ton de colère*) de vous rencontrer, monsieur, et de vous prouver que mon indignation n'est pas impuissante! (*A madame Verval.*) Il est vraiment joli garçon.

DERCOURT.

Je me jette à vos pieds, monsieur....

DUPRÉ.

Pour m'attendrir?

DERCOURT.

Pour vous supplier d'entendre au moins ma justification.

DUPRÉ.

Vous vous justifierez? Oh! parbleu, je vous en défie.

DERCOURT.

J'étais bien jeune quand je me suis écarté des bonnes mœurs, que j'ai négligé vos conseils. Votre abandon, mon indigence, m'ont conduit, de faute en faute, à perdre sans retour votre confiance et votre amitié.

DUPRÉ.

Vous verrez que c'est moi qui suis coupable des écarts de ce monsieur-là.

MADAME VERVAL.

Mon ami, vous avez une austérité de principes....

DUPRÉ.

Joignez-vous à lui, madame, je vous en prie. Tout aimable que vous êtes, vous ne me persuaderez jamais qu'il ait raison et que j'aie tort.

DERCOURT.

Non, monsieur, je suis coupable, et je ne veux pas le dissimuler; mais je croyais avoir quelques droits à votre indulgence.....

DUPRÉ.

Des droits, dites-vous?

DERCOURT.

J'en ai peut-être, si la résolution la plus ferme, la plus inébranlable de tenir une conduite sans reproche.....

DUPRÉ.

Vous cherchez à me tromper encore.

DERCOURT.

Si vous le croyez, monsieur, n'écoutez que votre ressentiment. Accablez-moi, ôtez-moi la liberté....

DUPRÉ.

Je ne veux pas que vous en abusiez davantage.

DERCOURT.

Vous serez satisfait. Indiquez-moi le lieu que vous voulez que j'habite. Je vole vous y prouver ma docilité, mon repentir, et je parviendrai peut-être, à force de soumission, de tendresse et de patience, à mériter ma grace, et à recouvrer vos bontés.

DUPRÉ, à madame Verval.

Fâchez-vous donc un peu à votre tour : je n'ai plus la force d'être en colère.

LE COMMISSAIRE.

Je vois avec plaisir que mon ministère devient inutile ici. Monsieur Dufour a trouvé l'oncle de son débiteur; l'oncle est furieux, mais le neveu est repentant, et je crois plus à la nature qu'à tous les commissaires du monde.

(Il sort avec sa suite.)

L'HORLOGER.

Vous savez, monsieur, ce que vous m'avez promis?

DUPRÉ.

Oui, monsieur, demain je vous tiendrai parole.

(L'horloger sort.)

SCÈNE X.

Madame VERVAL, DUPRÉ, DUFOUR, ROSE, DERCOURT, CHAMPAGNE.

DUFOUR.

Tout ceci est fort bien ; mais qui est-ce qui me paiera?

MADAME VERVAL.

Moi, monsieur.

TOUS.

Vous, madame?

DUFOUR.

Ah! je vois ce que c'est. Vous allez épouser ce jeune homme, lui jeter votre fortune à la tête, réparer les sottises d'un libertin que son oncle a été forcé d'exhéréder.

DUPRÉ.

Souvenez-vous, monsieur, que moi seul ici suis fondé à lui faire des reproches.

DUFOUR.

C'est en payant ses dettes que vous en acquerrez le droit.

DUPRÉ.

Savez-vous ce que je veux faire? Puisque madame s'intéresse à mon neveu, oui, je paierai, et je paierai avec plaisir. (*A son neveu.*) Si ton retour n'est pas sincère, tu es l'être le plus vil qu'ait produit la nature; mais je te crois vrai en ce moment. Je serais trop à plaindre si je doutais de ta sincérité.

(Ils s'embrassent.)

DUFOUR.

Il est très-clair à présent que madame, en proie à sa démence.....

MADAME VERVAL.

Finissez, monsieur, et retirez-vous. Je ne dépens que de moi.

DUFOUR.

Oui, je me retire. Non-seulement je ne vous verrai plus, mais je vous déshérite à mon tour, et je continuerai à gagner de l'argent pour vous faire enrager.

SCÈNE XI.

DUPRÉ, Madame VERVAL, DERCOURT, ROSE, CHAMPAGNE.

DUPRÉ.

Ah ça, ma bonne amie, Dercourt avait de la figure, des graces, de l'esprit : mon neveu n'a changé que de nom....

MADAME VERVAL.

Ne précipitons rien. Votre neveu est fort aimable, je le sais; mais je sais aussi....

DUPRÉ.

Vous êtes bien faite pour opérer une conversion, vous l'avez dit, et j'en suis persuadé.

MADAME VERVAL.

Ah! Dercourt..... Dercourt!

DERCOURT.

Je ne vous mérite pas. Mais une épouse estimable et adorée remplira seule mon cœur, me rendra ma propre estime, assurera le bonheur de mon digne oncle, et doublera le sien, peut-être, en jouissant de la tendresse et de la réforme de son époux.

MADAME VERVAL, à Dercourt.

Voilà ma main.

DUPRÉ, à Dercourt.

Si tu oublies jamais ce que tu viens de promettre à ta femme......

DERCOURT.

Je la regarderai, mon oncle.

FIN DE CONTRE-TEMPS SUR CONTRE-TEMPS.

LES DRAGONS
ET
LES BÉNÉDICTINES,
COMÉDIE
EN UN ACTE ET EN PROSE.

PERSONNAGES.   ACTEURS.

Un COLONEL DE DRAGONS. MM. Duval,
Un CAPITAINE. Saint-Clair.
Un Vieux MARÉCHAL-DES-LOGIS. Frogère.
Un LIEUTENANT. Le Maire.

Personnages muets.

Un LIEUTENANT-COLONEL.
Un CAPITAINE.
Un SOUS-LIEUTENANT.
Huit ou dix DRAGONS.

L'ABBESSE. Mmes Laurent.
Madame SAINTE-CLAIRE. Saint-Clair.
Madame SAINTE-AGNÈS. La Caille.
Madame SAINTE-SCHOLASTIQUE. Mautouchet
Soeur GERTRUDE. Pélicier.
RELIGIEUSES muettes.

La scène est à Furnes, dans l'enclos d'un couvent.

Cette pièce a été représentée pour la première fois sur le théâtre de la Cité, le dix-huit pluviôse, an deux de la république.

LES DRAGONS
ET
LES BÉNÉDICTINES,
COMÉDIE.

A la gauche du spectateur, près l'avant-scène, est un pavillon avec une porte en face du public. A la partie qui fait face à l'intérieur du théâtre, est une croisée à grands carreaux, et celui d'en bas est monté sur un store; de sorte qu'au moment où on entend le bruit du verre cassé, on lâche le ressort, et l'étoffe qui forme le carreau se roule et monte rapidement. — A la droite du spectateur, est un mur qui prend depuis l'avant-scène jusqu'au fond du théâtre. Ce mur sépare le couvent de la rue, et il est garni extérieurement des châssis de la place publique. — Un autre mur traverse le théâtre sur toute sa largeur; à ce mur est adossée une vieille chapelle gothique, sous laquelle sont saint Martin et le diable : saint Martin est à cheval, placé en profil, la tête du cheval tournée à la droite du spectateur; le diable est à la croupe du cheval, un peu en avant.

SCÈNE I.

SAINTE-SCHOLASTIQUE, SAINTE-AGNÈS.

SAINTE-SCHOLASTIQUE.

Ah! madame Sainte-Agnès!

SAINTE-AGNÈS.

Ah! chère Scholastique!

SAINTE-SCHOLASTIQUE.

Quelle perversité!

SAINTE-AGNÈS.

Quelle irréligion!

SAINTE-SCHOLASTIQUE.

Vous ne céderez pas?

SAINTE-AGNÈS.

Ni vous non plus?

SAINTE-SCOLASTIQUE.

Je suis à l'abri de la séduction.

SAINTE-AGNÈS.

Ma vocation est éprouvée.

SAINTE-SCHOLASTIQUE.

Les hommes ont beau faire.

SAINTE-AGNÈS.

Ils n'éloigneront pas la brebis du bercail.

SAINTE-SCHOLASTIQUE.

Le piége est adroit : le monde a des attraits.

SAINTE-AGNÈS.

Dites qu'il est dangereux.

SAINTE-SCHOLASTIQUE.

Qui le sait mieux que moi? Je m'en souviens, ma sœur.

SAINTE-AGNÈS.

Et moi, ma sœur, et moi?

SAINTE-SCHOLASTIQUE.

Ainsi, l'appât qu'on nous présente ne nous dérangera pas de la bonne voie?

SAINTE-AGNÈS.

Jamais, ma sœur, jamais. Quoi! parce que les

Français sont entrés à Furnes, il faudra adopter leurs principes, il sera permis de quitter ce lieu? Et c'est aux épouses du Seigneur que l'on tient ce langage!

SCÈNE II.

SAINTE-SCHOLASTIQUE, SAINTE-AGNÈS, SAINTE-CLAIRE.

SAINTE-CLAIRE.

Ah! je suis enchantée de vous rencontrer! je viens d'apprendre des nouvelles délicieuses.

SAINTE-AGNÈS, à scholastique.

Comme elle est dissipée!

SAINTE-SCHOLASTIQUE.

Elle a encore les airs mondains.

SAINTE-CLAIRE.

Vous savez, mesdames, vous savez, les portes sont ouvertes.

SAINTE-SCHOLASTIQUE.

Et personne n'en sortira.

SAINTE-CLAIRE.

Pardonnez-moi, madame. Je pars, j'y suis déterminée.

SAINTE-AGNÈS.

Et vos vœux, madame?

SAINTE-CLAIRE.

Je les ai faits à seize ans.

SAINTE-SCHOLASTIQUE.

En sont-ils moins indissolubles?

SAINTE-CLAIRE.

Tenez, je suis entrée ici sans trop savoir comment; depuis deux ans je m'y ennuie, et je suis bien aise d'aller respirer le grand air.

SAINTE-AGNÈS.

Elle est pleine des maximes du siècle.

SAINTE-SCHOLASTIQUE.

Vous vous perdez, vous vous perdez, madame Sainte-Claire.

SAINTE-CLAIRE.

Cela me regarde.

SAINTE-AGNÈS.

Notre charité....

SAINTE-CLAIRE.

Va trop loin.

SAINTE-SCHOLASTIQUE.

Que dira madame l'abbesse?

SAINTE-CLAIRE.

Tout ce qu'il lui plaira.

SAINTE-AGNÈS.

Quelle insubordination!

SAINTE-SCHOLASTIQUE.

C'est l'esprit malin qui l'égare.

SAINTE-CLAIRE.

C'est tout ce que vous voudrez; mais je m'en vas.

SAINTE-AGNÈS.

Que la jeunesse est à plaindre!

SAINTE-CLAIRE.

Pas tant, mesdames, pas tant.

SCÈNE II.

SAINTE-SCHOLASTIQUE.

Sa carrière est hérissée d'épines.

SAINTE-CLAIRE.

Avec un peu de raison on les écarte, et on ne cueille que les fleurs.

SAINTE-AGNÈS.

La raison... la raison qui quitte un couvent...

SAINTE-CLAIRE.

Où tout la blesse à chaque instant, où le plus ridicule esclavage....

SAINTE-SCHOLASTIQUE.

Que dites-vous, madame? Depuis quarante ans que madame Sainte-Agnès et moi l'habitons....

SAINTE-CLAIRE.

Hé bien! mesdames, restez-y.

SAINTE-AGNÈS.

C'est bien notre intention, madame; nous ne sommes pas légères.

SAINTE-CLAIRE.

Je le crois.

SAINTE-SCHOLASTIQUE.

Mais vous, orpheline et sans fortune, que ferez-vous dans le monde?

SAINTE-CLAIRE.

Le bonheur d'un galant homme.

SAINTE-SCHOLASTIQUE.

Quelle horreur!

SAINTE-AGNÈS.

Quel scandale!

SAINTE-CLAIRE.

Vieux contes que tout cela.

SAINTE-SCHOLASTIQUE.

Vous le prenez sur un ton bien haut, madame.

SAINTE-CLAIRE.

Pardon, mesdames, mais c'est qu'en vérité ma tête n'est plus à moi; c'est que je suis ravie d'être libre; c'est que mon ame s'ouvre à l'espoir d'une existence que je ne connais pas encore, mais que j'embellis des charmes que lui prête mon imagination; c'est que.... c'est que....

SAINTE-AGNÈS.

C'est que monsieur notre évêque vous mettra à la raison.

SAINTE-CLAIRE.

Qu'il prenne garde que les Français ne l'y mettent lui-même.

SAINTE-SCHOLASTIQUE.

On vous fera connaître la règle.

SAINTE-CLAIRE.

Je ne connais que la loi.

SAINTE-AGNÈS.

Mais, voyez donc cette petite audacieuse! si on la laissait faire, elle pervertirait toutes nos dames.

SAINTE-SCHOLASTIQUE.

Allons la dénoncer à madame l'abbesse.

SAINTE-AGNÈS.

L'esprit de l'ordre nous y oblige.

SAINTE-CLAIRE, avec enthousiasme.

Je vous précède, mesdames, le bonnet de la liberté sur la tête, et le décret à la main.

(Elle sort.)

SCÈNE III.

SAINTE-SCHOLASTIQUE, SAINTE-AGNÈS.

SAINTE-AGNÈS.

Il n'y a plus de piété, madame, il n'y en a plus.

SAINTE-SCHOLASTIQUE.

On avait bien raison de nous dire sans cesse : Défiez-vous de la philosophie.

SAINTE-AGNÈS.

Les philosophes sont un fléau du ciel.

SCÈNE IV.

SAINTE-SCHOLASTIQUE, SAINTE-AGNÈS,
Soeur GERTRUDE.

GERTRUDE, prenant le milieu.

Mesdames, mesdames, je suis scandalisée, anéantie. On remplace monseigneur ; on va procéder à l'élection d'un nouveau prélat, et on nous laisse un régiment de dragons..... un régiment de dragons, mesdames, pour contenir ce qu'on appelle les mutins.

SAINTE-SCHOLASTIQUE.

Un régiment de dragons, Sainte-Agnès !

SAINTE-AGNÈS.

Un régiment de dragons, Sainte-Scholastique !

GERTRUDE.

Oui, mesdames, des dragons d'un côté, des gardes nationales de l'autre...

SAINTE-SCHOLASTIQUE.

Et comment notre directeur veut-il qu'au milieu de tout cela de pauvres filles....

GERTRUDE.

Il est au mieux avec les mécréants. Il lève une compagnie.

SAINTE-AGNÈS.

Une compagnie! c'est incroyable.

GERTRUDE.

Depuis hier, et nous n'en savions rien!

SAINTE-SCHOLASTIQUE.

J'avais toujours douté de cet homme-là.

SAINTE-AGNÈS.

Et moi aussi. Quoiqu'il ait des vertus, il a toujours tenu au tolérantisme.

SAINTE-SCHOLASTIQUE.

A la liberté des cultes.

SAINTE-AGNÈS.

Et ce sont bien là des sentiments de réprouvé.

SAINTE-SCHOLASTIQUE.

Sans doute. Il faut avoir d'abord l'esprit de son état.

SAINTE-AGNÈS.

Soutenir les priviléges de l'église.

SAINTE-SCHOLASTIQUE.

Et ceux de ses ministres, Sainte-Agnès.

SAINTE-AGNÈS.

C'est ce que je voulais dire, Sainte-Scholastique. (*A Gertrude.*) Et madame l'abbesse sait-elle ce que va consommer l'impiété?

SCÈNE V.

GERTRUDE.

J'allais tout lui apprendre, quand je vous ai rencontrées.

SAINTE-SCHOLASTIQUE.

Le danger est pressant. Allons instruire madame.

SAINTE-AGNÈS.

Elle contiendra ces jeunes têtes égarées par l'esprit malin. Allons, madame, allons.

SAINTE-SCHOLASTIQUE.

Défendons saint Benoît.

SAINTE-AGNÈS.

Et maintenons la règle.

(Elles sortent.)

SCÈNE V.

GERTRUDE, SEULE.

(A la fin du monologue, le capitaine et le maréchal-des-logis paraissent au haut de la muraille.)

Oh, les dignes dames que ces dames! Les vanités mondaines ne les touchent pas; elles aiment leur état, elles y persévéreront, et je les imiterai; car enfin, où irais-je pour être mieux, moi, pauvre sœur converse, sans talents et sans ressources? Je suis tombée dans une sainte maison, où je ne manque de rien, et où l'impiété n'amènera pas la famine. Mais, allons voir un peu ce que tout ceci deviendra.

(Elle sort.)

SCÈNE VI.

Le CAPITAINE, Le MARÉCHAL-DES-LOGIS.

LE MARÉCHAL-DES-LOGIS, sur le mur.

Vous voyez bien, mon capitaine, qu'il n'y a rien là d'extraordinaire.

LE CAPITAINE.

D'extraordinaire, non; mais voilà des bosquets qui promettent.

(Il descend.)

LE MARÉCHAL-DES-LOGIS.

Comment, morbleu, vous descendez?

LE CAPITAINE.

Les dragons ne reculent jamais. (*Au maréchal-des-logis qui hésite.*) Allons donc, mon vieux camarade, cette expédition serait la première où nous aurions été l'un sans l'autre.

LE MARÉCHAL-DES-LOGIS.

Mon capitaine, vous ne savez pas ce que vous faites, ou le diable m'emporte.

LE CAPITAINE.

Ne t'inquiète de rien.

LE MARÉCHAL-DES-LOGIS, descendant.

Escalader un couvent de filles!

LE CAPITAINE.

C'est sans mauvaise intention.

LE MARÉCHAL-DES-LOGIS.

S'exposer à des poursuites....

SCÈNE VI.

LE CAPITAINE.

De la part de qui? Les difficultés m'irritent, le danger m'amuse. J'ai quelques heures à perdre, et je viens les passer ici.

LE MARÉCHAL-DES-LOGIS.

Vos étourderies finiront mal.

LE CAPITAINE.

Tu sermones sans cesse.

LE MARÉCHAL-DES-LOGIS.

Ce sont bien paroles perdues.

LE CAPITAINE.

En ce cas, fais-moi grace de tes réflexions.

LE MARÉCHAL-DES-LOGIS.

Vous en parlez bien à votre aise. Je vous connais depuis votre enfance; je m'intéresse à vous. Vous faites des folies; je vous suis pour vous empêcher d'en faire de plus graves : malgré mes remontrances, nous voilà ici; qu'allons-nous y faire?

LE CAPITAINE.

L'amour, mon vieux camarade, l'amour.

LE MARÉCHAL-DES-LOGIS.

Il faut que je sois amoureux aussi?

LE CAPITAINE.

Hé, sans doute. Je vais rencontrer une belle indolente, bien lasse de sa clôture; elle me verra, m'aimera et me suivra. Tu trouveras quelque vénérable, à qui tu rappelleras le souvenir de sa jeunesse, et nous serons heureux tous quatre.

LE MARÉCHAL-DES-LOGIS.

Et si on résiste?

LE CAPITAINE.

Nous ferons la petite guerre.

LE MARÉCHAL-DES-LOGIS.

Alors l'alarme se répandra, les nonnes crieront, les cloches sonneront, les dragons arriveront, nous saisiront, nous emprisonneront......

LE CAPITAINE.

Et ensuite nous sortirons.

LE MARÉCHAL-DES-LOGIS.

Votre oncle vous pardonne toutes vos fredaines, et vous abusez de ses bontés. Jamais on n'a vu un capitaine respecter moins son colonel.

LE CAPITAINE.

Les neveux sont faits pour faire des sottises, et les oncles pour les pardonner.

LE MARÉCHAL-DES-LOGIS.

Enfin, vous voulez ?.....

LE CAPITAINE.

Je ne sais ni ce que je veux, ni ce que je ferai; les circonstances me détermineront.

SCÈNE VII.

Le CAPITAINE, Le MARÉCHAL-DES-LOGIS; Madame SAINTE-AGNÈS, Madame SAINTE-SCHOLASTIQUE, descendant la scène en causant avec feu et sans voir les dragons.

LE MARÉCHAL-DES-LOGIS.

Hé bien, déterminez-vous. Voilà deux de ces dames, abordez-les, dites-leur des douceurs.

LE CAPITAINE, après les avoir regardées.

Mon camarade, jamais je ne me suis senti moins éloquent.

LE MARÉCHAL-DES-LOGIS.

Ces vieilles têtes-là vont vous rendre raisonnable.

LE CAPITAINE.

Non, parbleu. Le vin est tiré, il faut le boire : allons, ferme, ne fût-ce que pour l'honneur du corps.

LE MARÉCHAL-DES-LOGIS.

Quoi! sérieusement, vous allez leur en conter?

LE CAPITAINE.

Très-sérieusement.

LE MARÉCHAL-DES-LOGIS.

Comme il vous plaira. Moi, je vais faire un tour dans ces bosquets. Si je rencontre sœur appétissante, et lasse du froc, je lui ferai faire du chemin en peu de temps.

(Il sort par le bosquet, à gauche.)

SCÈNE VIII.

Madame SAINTE-SCHOLASTIQUE, Madame SAINTE-AGNÈS, Le CAPITAINE.

LE CAPITAINE.

Prenons le ton grave et mystique nécessaire pour nous faire écouter.

SAINTE-SCHOLASTIQUE, apercevant le capitaine.

Miséricorde!

SAINTE-AGNÈS.

Un homme!

SAINTE-SCHOLASTIQUE.

Un officier! à quels dangers on est exposé dans ce siècle maudit!

SAINTE-AGNÈS.

Cependant il a l'air réservé.

LE CAPITAINE.

De grace, mesdames....

SAINTE-SCHOLASTIQUE, s'adoucissant.

Quel son de voix flatteur!

SAINTE-AGNÈS, de même.

Quelle figure intéressante! quel dommage que ce beau jeune homme ne soit pas ecclésiastique!

SAINTE-SCHOLASTIQUE.

Appellerons-nous, Sainte-Agnès?

SAINTE-AGNÈS.

Je n'en ai pas la force.

SAINTE-SCHOLASTIQUE.

Ni moi, ma sœur.

LE CAPITAINE, passant entre elles deux.

Qu'avez-vous, mesdames? Aurais-je le malheur de vous effrayer?

SAINTE-SCHOLASTIQUE.

Mais, monsieur.... votre entrée ici....

LE CAPITAINE.

Vous étonne, à ce qu'il me paraît?

SAINTE-AGNÈS.

Nous étonne? nous confond.

LE CAPITAINE.

Elle n'a pourtant rien que de très-naturel. Les

SCÈNE VIII.

portes étaient fermées, il a fallu sauter par-dessus les murailles.

SAINTE-SCHOLASTIQUE.

Oh, le petit impie! N'avez-vous été vu de personne?

LE CAPITAINE.

De personne absolument.

SAINTE-AGNÈS.

Il est prudent au moins.

SAINTE-SCHOLASTIQUE.

Mais, monsieur, quel est votre dessein?

LE CAPITAINE.

De vous admirer de plus près.

SAINTE-AGNÈS.

De nous admirer! Monsieur avait donc entendu parler de nous?

LE CAPITAINE.

Hé! mesdames, votre vertu fait un bruit dans le monde....

SAINTE-SCHOLASTIQUE.

Notre vertu fait du bruit, ma sœur.

SAINTE-AGNÈS.

Et dans le monde, encore! Quel honneur pour la maison!

LE CAPITAINE.

Oui, mesdames, votre vertu est connue à vingt lieues à la ronde, et je me plais à lui rendre hommage.

SAINTE-SCHOLASTIQUE.

C'est un élu, ma sœur.

SAINTE-AGNÈS.

Il a en effet un air de béatitude.

LE CAPITAINE, se composant.

Je n'ai jamais aimé la jeunesse : elle est si pervertie aujourd'hui.....

SAINTE-AGNÈS.

Vous avez bien raison, mon fils.

LE CAPITAINE, les fixant alternativement.

Si jamais je prends une compagne, je veux qu'elle soit raisonnable, et d'un âge mûr.

SAINTE-SCHOLASTIQUE.

Quel jugement!

SAINTE-AGNÈS.

Quelle sagesse!

LE CAPITAINE.

Ce n'est plus que dans les monastères qu'il faut chercher le mérite sans orgueil, la modestie sans apprêt, la tendresse sans perfidie.

SAINTE-AGNÈS.

Quel homme!

SAINTE-SCHOLASTIQUE.

Chacune de ses paroles va droit à l'ame.

SAINTE-AGNÈS.

Oui, à l'ame, ma sœur.

LE CAPITAINE.

Depuis que les cloîtres sont ouverts, rien ne m'empêche plus de poursuivre un projet que je crus long-temps une chimère, et si un engagement solide....

SAINTE-SCHOLASTIQUE, à part.

Un engagement solide!

SCÈNE VIII.

SAINTE-AGNÈS.

L'aimable petit enfant!

LE CAPITAINE.

Si un engagement solide pouvait intéresser quelqu'un....

SAINTE-AGNÈS, bas.

Défiez-vous de Sainte-Scholastique.

SAINTE-SCHOLASTIQUE, bas.

Craignez Sainte-Agnès.

SAINTE-AGNÈS, bas.

Elle est acariâtre.

SAINTE-SCHOLASTIQUE, bas.

Elle est méchante.

SAINTE-AGNÈS, bas.

Ce n'est pas à Sainte-Scholastique que vos discours s'adressent?

LE CAPITAINE, bas.

Non, sans doute.

SAINTE-SCHOLASTIQUE, bas.

Ce n'est pas de Sainte-Agnès que vous avez entendu parler?

LE CAPITAINE, bas.

Je n'ai garde.

SAINTE-AGNÈS.

Ma sœur, nous avons eu tort de parler à madame, comme nous venons de le faire. La philosophie pourrait n'avoir pas tant de torts.

SAINTE-SCHOLASTIQUE.

Et ce jeune philosophe est bien fait pour nous le persuader.

SAINTE-AGNÈS.

C'en est fait. Je crois que je suis déterminée.

SAINTE-SCHOLASTIQUE.

Et moi aussi.

SAINTE-AGNÈS.

Je veux me rétracter.

SAINTE-SCHOLASTIQUE.

Moi de même.

SAINTE-AGNÈS.

Allons, ma sœur, retournez près de madame.

SAINTE-SCHOLASTIQUE.

Que j'y retourne, madame? Nos intérêts sont communs.

SAINTE-AGNÈS.

Hé bien, allons-y ensemble.

SAINTE-SCHOLASTIQUE.

Soit, ensemble.

SAINTE-AGNÈS, bas.

A tantôt, mon fils.

SAINTE-SCHOLASTIQUE, bas.

A ce soir, mon cher enfant.

(Elles sortent, en se retournant l'une après l'autre vers le capitaine, qui leur fait des signes.)

SCÈNE IX.

LE CAPITAINE, SEUL.

Et de deux. Vive les dragons pour convertir les nonnes. Si on ne dérange pas mon petit plan de campagne, d'ici à ce soir, je gagne tout le couvent à la république.

SCÈNE X.

Le CAPITAINE, Madame SAINTE-CLAIRE,
accourant.

SAINTE-CLAIRE.

Hé bien, mesdames, avais-je tort de vous dire que bientôt..... (*s'arrêtant.*) Un officier! (*A part.*) Oh! comme il est joli!

LE CAPITAINE.

La séduisante petite mine!

SAINTE-CLAIRE.

Comme il me regarde!

LE CAPITAINE.

Je suis enchanté, charmante sœur, de vous avoir rencontrée. Je suis un missionnaire chargé d'opérer des conversions, et je m'applaudirais de vous avoir au rang de mes prosélites.

SAINTE-CLAIRE.

(*A part.*) Il a de l'esprit. (*Haut.*) On aurait pu choisir un apôtre moins dangereux, et il eût été difficile d'en trouver un plus aimable.

LE CAPITAINE.

Je ne cherchais pas un compliment.

SAINTE-CLAIRE.

Aussi, n'en est-ce pas un que j'ai prétendu vous faire.

LE CAPITAINE, voulant lui prendre les mains.

Adorable, en honneur.

SAINTE-CLAIRE.

Laissez-donc. Vous oubliez qu'un missionnaire ne doit parler qu'à l'esprit.

LE CAPITAINE.

Il ne lui est pas défendu d'intéresser le cœur.

SAINTE-CLAIRE.

A la bonne heure; mais le mien ne prend encore aucun intérêt à tout ceci.

LE CAPITAINE.

Quelle insensibilité!

SAINTE-CLAIRE.

On est insensible, parce qu'on n'adore pas monsieur à la première vue.

LE CAPITAINE.

Oh, je n'exige pas cela.

SAINTE-CLAIRE.

Mais vous y comptez un peu?

LE CAPITAINE.

A vous dire vrai, je croyais.....

SAINTE-CLAIRE.

N'avoir qu'à paraître pour opérer une conversion.

LE CAPITAINE.

La vôtre ne me semble pas très-facile.

SAINTE-CLAIRE.

Monsieur juge sainement.

LE CAPITAINE.

Mais je n'en désespère pas.

SAINTE-CLAIRE.

Ce serait un désespoir un peu prématuré.

SCÈNE X.

LE CAPITAINE.

Charmante religieuse?

SAINTE-CLAIRE.

Aimable dragon?

LE CAPITAINE.

Les moments sont précieux. Tâchons de nous entendre.

SAINTE-CLAIRE.

Bien volontiers. Parlez, je vous écoute.

LE CAPITAINE.

Vous pensez bien que je ne suis pas ici selon saint Benoît?

SAINTE-CLAIRE.

Cela se devine, et de reste.

LE CAPITAINE.

Que je ne peux pas y rester éternellement?

SAINTE-CLAIRE.

Vous seriez bien à plaindre d'en avoir seulement la pensée.

LE CAPITAINE.

Le cloître vous ennuie?

SAINTE-CLAIRE.

A la mort.

LE CAPITAINE.

Il faut en sortir, et à l'instant.

SAINTE-CLAIRE.

En sortir, j'y compte; à l'instant, c'est une autre affaire.

LE CAPITAINE, montrant la muraille.

Je suis arrivé par-là, nous partirons par le même chemin.

SAINTE-CLAIRE.

Je crains les chemins difficiles, et vos intentions apostoliques ne me rassurent pas du tout.

LE CAPITAINE.

Mes intentions! mais je vous jure que je n'en ai aucune qui puisse....

SAINTE-CLAIRE.

J'en ai, moi, et dont je ne m'écarterai point.

LE CAPITAINE.

Peut-on, sans être indiscret, vous demander quelles sont ces intentions?

SAINTE-CLAIRE.

Je n'ai jamais rien dissimulé. La vie monastique ne me convient pas du tout, vous pouvez en juger; j'ai résolu de me rendre à moi-même, vous le croirez aisément; mais je n'emploierai que les moyens avoués par la décence, et je me garderai bien d'aller courir les champs avec un dragon, et un dragon de votre tournure.

LE CAPITAINE, à part.

Voilà le plus aimable petit lutin que j'aie vu de ma vie.

SAINTE-CLAIRE, à part.

Voilà le plus dangereux missionnaire que je puisse rencontrer.

LE CAPITAINE.

Ma sœur?

SAINTE-CLAIRE.

Mon frère?

SCÈNE X.

LE CAPITAINE.

Je voulais vous convertir, et je crois que c'est vous qui me convertirez.

SAINTE-CLAIRE.

Vous allez attaquer mon amour-propre; je vous déclare que je n'en ai point.

LE CAPITAINE.

Charmante, et point d'amour-propre! Vous êtes une femme accomplie.

SAINTE-CLAIRE.

Vous revenez à votre but... par un détour. Finesse inutile.

LE CAPITAINE.

Je n'emploie ni finesse, ni détour. La tête me tourne, et je crois que j'ai le cœur aussi vivement attaqué que l'esprit.

SAINTE-CLAIRE.

Votre état est alarmant? Heureusement ce mal subit ne sera pas de longue durée.

LE CAPITAINE.

Qui vous l'a dit?

SAINTE-CLAIRE.

Je le présume.

LE CAPITAINE.

Et si vous vous trompiez?

SAINTE-CLAIRE.

Ce serait un triomphe trop flatteur! Une petite religieuse voir un vainqueur à ses pieds!....

LE CAPITAINE.

Ah! vous persiflez! Revenons. J'ai été jusqu'ici passablement libertin.

SAINTE-CLAIRE.

Je le crois.

LE CAPITAINE.

Mais, je renonce à mes amours de garnison, et je me jette à corps perdu dans la réforme.

SAINTE-CLAIRE.

Et vous le dites d'un ton à persuader le contraire.

LE CAPITAINE.

Ce n'est pas à mon ton, c'est à mon cœur qu'il faut croire.

SAINTE-CLAIRE.

Écoutez, monsieur le dragon, vous me parlez, je vous réponds; grace à mon étourderie, me voilà passablement compromise. Je vois que cette conversation me mènerait trop loin : je vous salue, et je vous quitte.

LE CAPITAINE.

Un moment. Il est toujours temps de nous quitter, et bientôt, peut-être, il ne le sera plus de prendre certains arrangements....

SAINTE-CLAIRE.

Des arrangements! l'expression est forte.

LE CAPITAINE.

Et si ceux que j'ai à vous proposer accordaient votre cœur et votre délicatesse?

SAINTE-CLAIRE.

Cela me paraît difficile.

SCÈNE X.

LE CAPITAINE.

Rien de plus aisé. Vous quittez cette maison, vous rentrez dans le monde : qu'y ferez-vous?

SAINTE-CLAIRE.

Je ne sais.

LE CAPITAINE.

Avez-vous des parents.

SAINTE-CLAIRE.

Hélas, non.

LE CAPITAINE.

Une jeune personne de votre âge ne saurait vivre isolée. Il faut tenir à quelque chose, et le mariage est le moyen le plus sûr d'imposer silence aux méchants : voilà pour la délicatesse. Il vous faut un mari jeune, enjoué, qui ne vous lie que par la tendresse, qui n'ait d'empire que par les plaisirs : voilà pour le cœur. Je serai ce mari-là ; je lève toutes les difficultés, je vous épouse ce soir, c'est une affaire conclue.

SAINTE-CLAIRE.

Vous allez un peu vite.

LE CAPITAINE.

Nos moments sont comptés. Un militaire est pressé de jouir, et nous nous marierons aujourd'hui, parce que je puis être tué demain.

SAINTE-CLAIRE.

Voilà qui est parfaitement arrangé.

LE CAPITAINE.

N'est-il pas vrai?

SAINTE-CLAIRE.

Si c'est une plaisanterie, elle est trop forte ; si ce projet est sérieux, il est insensé.

LE CAPITAINE.

Je fais l'amour gaîment, et je ne plaisante pas. Loin qu'il y ait de la démence à vous aimer, plus je vous vois, plus je me trouve raisonnable.

SAINTE-CLAIRE.

Voilà le plus singulier hasard!.... Mais pensez donc que nous ne nous connaissons point.

LE CAPITAINE.

Je crois au contraire que nous nous connaissons beaucoup.

SAINTE-CLAIRE.

Que je ne possède absolument rien.

LE CAPITAINE.

Ni moi non plus. Je suis, dans toute l'étendue du mot, un capitaine sans-culottes.

SAINTE-CLAIRE.

Et je suis d'une étourderie....

LE CAPITAINE.

Oh! de ce côté-là, je n'aurai rien à vous reprocher. Vous voyez que nous tenons déja l'un à l'autre par les rapports les plus frappants, et si l'amour que vous m'avez inspiré était un de ces coups sympathiques....

SAINTE-CLAIRE.

Monsieur le capitaine, le désir de la liberté, si naturel à mon âge, l'espoir de la recouvrer bientôt, m'ont exalté la tête à un point que je n'ai su d'aujourd'hui ni ce que j'ai fait, ni ce que j'ai dit. Nous venons d'avoir un entretien qui n'a pas le sens commun, et que ma situation seule peut rendre excusable aux yeux de la raison. Quelle que soit l'opinion que vous avez conçue de moi, quelles que soient vos intentions, je vous déclare que vous ne m'arracherez plus un mot, et que je vous attends au parloir : c'est là, qu'en présence de madame l'abbesse, je parlerai avec la franchise que vous me connaissez. Je me nomme madame Sainte-Claire, souvenez-vous-en, et prenez votre parti.

(Elle sort.)

SCÈNE XI.

LE CAPITAINE, seul.

Voilà bien la plus inconcevable petite femme........ Ce mélange de légèreté, de graces, de décence, est d'une originalité..... Oui, je l'épouserai, quoi qu'en dise mon oncle...... Je me croyais un être incomparable, mais elle me vaut à tous égards, et nous ferons un couple unique.

SCÈNE XII.

LE CAPITAINE, LE MARÉCHAL-DES-LOGIS, SOEUR GERTRUDE, *entrant à reculons, les poings sur les côtés.*

GERTRUDE.

Jour de dieu! ne vous y jouez point.

LE MARÉCHAL-DES-LOGIS.

La paix, ma sœur, la paix!

GERTRUDE.

La paix avec un dragon!

LE MARÉCHAL-DES-LOGIS.

Qui n'est pas si diable qu'il est vert.

GERTRUDE.

Vouloir faire d'une sœur converse une vivandière.

LE MARÉCHAL-DES-LOGIS.

Et pourquoi pas?

GERTRUDE.

Et saint Benoît, et sa sainte règle?

LE MARÉCHAL-DES-LOGIS.

Je me moque de la règle, moi.

GERTRUDE.

N'approchez pas, ou je vous arrache les yeux.

LE CAPITAINE.

Le charmant petit caractère!

LE MARÉCHAL-DES-LOGIS.

Cette fille est pire qu'un Allobroge.

GERTRUDE.

Qu'appelez-vous fille? Qu'appelez-vous Allobroge?

LE MARÉCHAL-DES-LOGIS.

En voici bien d'une autre.

GERTRUDE.

Il n'y a ici ni filles, ni Allobroges, et vous êtes un impertinent.

LE MARÉCHAL-DES-LOGIS.

Ma sœur.....

SCÈNE XII.

GERTRUDE.

Un Philistin.

LE MARÉCHAL-DES-LOGIS.

De grace....

GERTRUDE.

Un Amalécite.

LE MARÉCHAL-DES-LOGIS.

Un diable qui t'emporte.

LE CAPITAINE, riant.

Ah, ah, ah, ah.

GERTRUDE.

Riez, monsieur l'officier, riez. Que faites-vous ici? Pourquoi profanez-vous cette maison? Par où y êtes-vous entrés, enfants de Belzébuth?

LE MARÉCHAL-DES-LOGIS.

Il ne faut pas faire tant de bruit. On s'en ira par où on est venu.

GERTRUDE.

Oh, je l'espère.

LE MARÉCHAL-DES-LOGIS.

Et on vous plantera là, vous et vos grimaces.

GERTRUDE.

On fait des grimaces, parce qu'on a de la vertu. Indigne, apostat, athée!

LE MARÉCHAL-DES-LOGIS.

Vieille imbécille! vieille cagote?

GERTRUDE.

Vieille! vieille! Je vais avertir nos dames, je vais ameuter tout le couvent. Ah, je suis une vieille, je suis une Allobroge! Vous verrez, vous verrez.

(Elle sort.)

SCÈNE XIII.

Le MARÉCHAL-DES-LOGIS, Le CAPITAINE.

LE MARÉCHAL-DES-LOGIS.

C'est une enragée que cette femme-là. Si tu étais un Autrichien.....

LE CAPITAINE.

Mon vieux camarade, tu n'es pas heureux en amour.

LE MARÉCHAL-DES-LOGIS.

Une guenon, avec qui, depuis une heure, je me confonds en compliments.

LE CAPITAINE.

De la modération....

LE MARÉCHAL-DES-LOGIS.

Et qui me traite comme un valet de carreau.

LE CAPITAINE.

Allons, console-toi, c'est un petit malheur. J'ai de grandes nouvelles à t'apprendre.

LE MARÉCHAL-DES-LOGIS.

Vous en parlez bien à votre aise. C'est pourtant vous qui me valez cette algarade. J'avais bien affaire d'entrer dans cette maudite maison! De la modération! de la modération! Le premier maître d'armes du régiment, dont la réputation échoue devant le fouille-au-pot de la communauté! Je voulais faire son bonheur, la placer avantageusement, lui donner un poste honorable à la suite de l'armée : pour prix de mes soins, elle veut m'arracher les yeux, et vous voulez que je me modère! Allons, les voilà trois, à présent.

(Il passe à gauche du capitaine.)

SCÈNE XIV.

Le MARÉCHAL-DES-LOGIS, Le CAPITAINE, SAINTE-AGNÈS, SAINTE-SCHOLASTIQUE, Sœur GERTRUDE.

(Pendant cette scène, le capitaine conte ses affaires au maréchal-des-logis, et ils rient ensemble à l'écart.)

SAINTE-SCHOLASTIQUE.

Oui, sœur Gertrude, vous avez tort.

GERTRUDE.

Comment, j'ai tort!

SAINTE-AGNÈS.

Oui! tout-à-fait tort.

GERTRUDE.

Quoi! je rencontrerai ici deux hommes, deux effrontés, et il faudra que je me taise!

SAINTE-SCHOLASTIQUE.

L'esprit de charité abhorre l'éclat.

SAINTE-AGNÈS.

Et l'amour du prochain le défend.

GERTRUDE.

Il n'y a ni charité, ni amour du prochain qui tienne, et c'est le cas, ou jamais, d'être très en colère.

SAINTE-AGNÈS.

Ah! sœur Gertrude, qu'avez-vous dit?

SAINTE-SCHOLASTIQUE.

La colère, ma sœur, est un péché énorme.

SAINTE-AGNÈS.

Un cas réservé.

GERTRUDE.

Mais quel parti prendre avec ces impies?

SAINTE-AGNÈS.

Il faut leur opposer la douceur.

SAINTE-SCHOLASTIQUE.

La patience.

SAINTE-AGNÈS.

Les vertus modestes qui ramènent la brebis égarée.

GERTRUDE.

Savez-vous ce que ce vieux damné voulait faire de moi? une vivandière.

SAINTE-SCHOLASTIQUE.

Hé bien, ma sœur, vous pouviez vous résigner.

SAINTE-AGNÈS.

Oui, par esprit de pénitence.

SAINTE-SCHOLASTIQUE.

Et vous faire un mérite de votre résignation.

GERTRUDE.

Jesus, Maria! Je n'entends plus rien à votre logique.

SAINTE-AGNÈS.

Mais pensez donc que ces gens-là sont les plus forts.

SCÈNE XIV.

SAINTE-SCHOLASTIQUE.

Et que la faible colombe ne peut résister à la serre du vautour.

GERTRUDE.

Oh, je résisterai, moi. Demandez à ces ricaneurs si je sais me défendre.

SAINTE-SCHOLASTIQUE.

Sœur Gertrude, vous sentez-vous assez de ferveur pour briguer les honneurs du martyre?

SAINTE-AGNÈS.

Pour vous offrir en holocauste?

GERTRUDE.

Ah! je voudrais bien que cet envoyé de satan entreprît de me martyriser : par saint Benoît! je lui ferais voir beau jeu.

SAINTE-AGNÈS.

Ma sœur, nous sommes dans un état de quiétude qui nous permet de nous expliquer sans passion. Retirez-vous, s'il vous plaît.

SAINTE-SCHOLASTIQUE.

Allez, ma sœur, allez.

GERTRUDE.

Allons donc; mais, défiez-vous d'eux.

SAINTE-AGNÈS.

Reposez-vous sur notre expérience.

SAINTE-SCHOLASTIQUE.

Et ne parlez de ceci à personne.

SAINTE-AGNÈS.

Évitons le scandale.

SAINTE-SCHOLASTIQUE.

A personne. Évitons le scandale.

GERTRUDE, en sortant.

Évitons le scandale.

SCÈNE XV.

SAINTE-AGNÈS, SAINTE-SCHOLASTIQUE, Le CAPITAINE, Le MARÉCHAL-DES-LOGIS.

SAINTE-SCHOLASTIQUE, bas.

Cet homme est-il sûr?

SAINTE-AGNÈS, bas.

Peut-on s'expliquer devant lui?

LE CAPITAINE.

C'est peut-être mon meilleur ami.

LE MARÉCHAL-DES-LOGIS.

Mon capitaine, vous croyez plaisanter? Ce que vous m'avez fait faire aujourd'hui prouve bien que....

LE CAPITAINE.

Oui, mon camarade, nous allons au feu ensemble. En amour, je te laisse en arrière; mais, que veux-tu?

LE MARÉCHAL-DES-LOGIS.

C'est la prérogative de votre âge.

SAINTE-AGNÈS, bas au capitaine.

Vous savez ce que vous m'avez dit?

LE CAPITAINE.

Je ne l'ai pas oublié.

SAINTE-SCHOLASTIQUE, bas.

Je me rappelle vos discours.

SCÈNE XV.

LE CAPITAINE.

Et moi, madame, et moi.

SAINTE-SCHOLASTIQUE.

Écoutez, mon enfant, vous ne pouvez rester ici.

SAINTE-AGNÈS.

Non, sans doute. Cette sœur Gertrude est une bonne fille.....

SAINTE-SCHOLASTIQUE.

Une fille selon la règle, mais qui, par un zèle indiscret, peut faire une imprudence, et nous compromettre toutes les deux. Mère discrète, vous avez votre pavillon, il faut y renfermer ce cher enfant et son camarade.

SAINTE-AGNÈS.

Vous avez raison. Ils seront là très en sûreté; et si Gertrude parle, si on nous interroge, vaincus par nos exhortations, ils auront repassé les murs.

LE CAPITAINE, à part.

Et mon adorable étourdie qui m'attend au parloir!

LE MARÉCHAL-DES-LOGIS.

Ah ça, mesdames, mange-t-on chez vous?

SAINTE-SCHOLASTIQUE.

Comment, si on mange? mais, vous êtes dans la terre promise.

SAINTE-AGNÈS, au capitaine.

J'ai des biscotins d'une légèreté, d'une délicatesse! Je les ai faits moi-même, je vous les réserve.

SAINTE-SCHOLASTIQUE.

J'ai des sirops d'une fraîcheur! vous m'en direz votre avis.

LE MARÉCHAL-DES-LOGIS.

Une tranche de jambon, une bouteille de vin....

SAINTE-AGNÈS.

Vous aurez cela.

LE CAPITAINE.

Mesdames, vous me proposez le plus délicieux esclavage : cependant, nous allons nous retirer, et demain.....

SAINTE-SCHOLASTIQUE.

Oh, je m'y oppose.

SAINTE-AGNÈS.

Et moi aussi.

LE CAPITAINE, à part.

Me voilà pris dans mes propres filets. (*A toutes deux.*) J'ai pour vous une incroyable vénération, je tremble de vous compromettre, et je m'immole à votre sûreté. (*Les regardant l'une après l'autre.*) Je pars, mais pour revenir bientôt à vos pieds : demain, je suis à vos genoux.

LE MARÉCHAL-DES-LOGIS.

Adieu vignoble, adieu jambon.

(Ils vont pour monter le mur, on entend la trompette.)

SAINTE-SCHOLASTIQUE.

Qu'allez-vous faire? Cette rue est pleine de troupes.

LE CAPITAINE.

Elle a raison.

(On sonne encore.)

LE MARÉCHAL-DES-LOGIS.

On sonne le boute-selle, et nous n'y serons pas.

SCÈNE XV.

LE CAPITAINE.

Mon ami, si c'était pour une affaire?

LE MARÉCHAL-DES-LOGIS.

Il y aurait de quoi se brûler la cervelle.

SAINTE-AGNÈS.

Et entrez donc, petit récalcitrant.

LE CAPITAINE.

Mesdames, je veux savoir à quoi m'en tenir; ceci passe le jeu.

SAINTE-SCHOLASTIQUE.

Je vais envoyer le jardinier....

LE CAPITAINE.

Qu'il veille au moment où nous pourrons nous échapper, et, je vous en prie, soyez exacte. Notre vie en dépend.

LE MARÉCHAL-DES-LOGIS.

On brave un mois de cachot; mais l'infamie.....

LE CAPITAINE.

Est le bourreau des Français.

SAINTE-SCHOLASTIQUE.

Mais, décidez-vous donc; il n'y a pas un moment à perdre.

SAINTE-AGNÈS.

Entrez, mon fils.

SAINTE-SCHOLASTIQUE.

Entrez, mon cher enfant.

LE MARÉCHAL-DES-LOGIS, entrant.

Voilà pourtant où mènent vos plaisanteries.

(Ils entrent dans le pavillon.)

SCÈNE XVI.

SAINTE-AGNÈS, SAINTE-SCHOLASTIQUE.

SAINTE-SCHOLASTIQUE, à part.

Voyons si je pourrai enfin l'éloigner.

SAINTE-AGNÈS, à part.

Tâchons de nous en défaire.

SAINTE-SCHOLASTIQUE.

Madame, il faut penser à approvisionner nos reclus.

SAINTE-AGNÈS.

Sans doute, madame. Occupez-vous de cela.

SAINTE-SCHOLASTIQUE.

Je vous laisse ce soin; je connais votre prévoyance.

SAINTE-AGNÈS.

C'est moi qui compte sur la vôtre.

SAINTE-SCHOLASTIQUE.

Madame, vous êtes quelquefois d'une obstination...

SAINTE-AGNÈS.

C'est vous, madame, qui ne cédez jamais. (*A part.*) Il faut la mettre dans la confidence; car, ceci ne finirait pas.

SAINTE-SCHOLASTIQUE, à part.

Je vais lui tout déclarer. Je ne vois que ce parti à prendre. (*Lui parlant.*) Ma sœur, nous avons toutes nos faiblesses.

SAINTE-AGNÈS.

C'est un malheur attaché à la nature humaine.

SCÈNE XVI.

SAINTE-SCHOLASTIQUE.

Que celle qui s'en croit exempte jette la première pierre.

SAINTE-AGNÈS.

Assurément ce ne sera pas moi.

SAINTE-SCHOLASTIQUE.

Ni moi, madame.

SAINTE-AGNÈS.

Nous avons prononcé des vœux d'une rigueur....

SAINTE-SCHOLASTIQUE.

Et à un âge où ce sacrifice est sans prix.

SAINTE-AGNÈS.

La clôture, l'obéissance.....

SAINTE-SCHOLASTIQUE.

Passe, passe.

SAINTE-AGNÈS.

La pauvreté même.....

SAINTE-SCHOLASTIQUE.

Peut se supporter.

SAINTE-AGNÈS.

Mais l'abnégation totale de son être....

SAINTE-SCHOLASTIQUE.

Est bien dure, ma sœur, est bien dure!

SAINTE-AGNÈS.

Sainte Monique était mariée.

SAINTE-SCHOLASTIQUE.

Et nous lui devons le grand saint Augustin.

SCÈNE XVII.

SAINTE-AGNÈS, SAINTE-SCHOLASTIQUE, SAINTE-CLAIRE, dans le fond.

SAINTE-AGNÈS.

Pourquoi n'imiterait-on pas sainte Monique?

SAINTE-SCHOLASTIQUE, minaudant.

Mais, je ne suis pas loin de suivre son exemple.

SAINTE-AGNÈS.

Tout de bon, ma sœur? Ah! vous me ravissez. Je me propose aussi de l'imiter dans peu.

SAINTE-SCHOLASTIQUE.

Ah! chère Sainte-Agnès!

SAINTE-AGNÈS.

Ah! chère Scholastique!

(Elles s'embrassent.)

SAINTE-SCHOLASTIQUE.

Avez-vous fait un choix?

SAINTE-AGNÈS.

Et vous, ma tendre amie?

SAINTE-SCHOLASTIQUE.

J'ai inspiré un penchant vertueux à l'homme le plus aimable.....

SAINTE-AGNÈS.

J'ai le bonheur de plaire à un petit être accompli.

SAINTE-SCHOLASTIQUE.

Il a la beauté d'un archange.

SAINTE-AGNÈS.

Et le courage des Machabées.

SCÈNE XVII.

SAINTE-SCHOLASTIQUE.

Une onction dans le discours!....

SAINTE-AGNÈS.

Une grace sous l'habit militaire!....

SAINTE-SCHOLASTIQUE, à part.

Sous l'habit militaire! (*Haut.*) Enfin c'est....

SAINTE-AGNÈS.

Le petit capitaine que je tiens sous la clef.

SAINTE-CLAIRE.

Sous la clef!

SAINTE-SCHOLASTIQUE, avec aigreur, après un moment de stupéfaction.

Assurément, madame, vous vous trompez.

SAINTE-AGNÈS.

Pas du tout, madame, je sais ce que je dis.

SAINTE-SCHOLASTIQUE.

Bien certainement c'est moi qu'il aime.

SAINTE-AGNÈS.

Cela ne se peut pas, il m'a protesté le contraire.

SAINTE-SCHOLASTIQUE.

Comme l'amour-propre vous égare!

SAINTE-AGNÈS.

Comme le vôtre vous aveugle!

SAINTE-SCHOLASTIQUE.

Voulez-vous que je vous confonde?

SAINTE-AGNÈS.

Oh! je vous mets au défi.

SAINTE-SCHOLASTIQUE.

Ouvrez, et que ce cher enfant prononce.

SAINTE-CLAIRE, *riant aux éclats.*

Ah! ah! ah! ah!

SAINTE-SCHOLASTIQUE.

C'est Sainte-Claire; elle a tout entendu.....

SAINTE-AGNÈS, *sortant.*

Je me sens rouge jusqu'au blanc des yeux.

SAINTE-SCHOLASTIQUE, *sortant.*

Ma confusion est inexprimable!

SAINTE-CLAIRE, *les prenant par la main, et les ramenant sur le devant de la scène.*

Et vos vœux, mesdames, et la règle, et madame l'abbesse, et monseigneur notre évêque! Ah! ah! ah! ah!

(Sainte-Scholastique et Sainte-Agnès sortent en grommelant et en se querellant.)

SCÈNE XVIII.

SAINTE-CLAIRE, SEULE.

Voilà comment sont faits les trois-quarts des humains. Pleins d'indulgence pour eux-mêmes, inexorables pour les autres; redoutant la médisance, et toujours prêts à médire; se permettant sans scrupule ce qu'ils blâment hautement dans autrui.... Ne vais-je pas philosopher pour la première fois de ma vie? C'est bien là le moment..... Il résulte de l'entretien de ces dames, que mon petit capitaine leur a plu à toutes deux; tant mieux. Je veux que toutes les femmes en raffolent. Mais il me semble aussi qu'il les a flattées l'une et l'autre d'un espoir.... Voilà ce que je ne veux

SCÈNE XVIII.

pas, par exemple. Où vais-je m'arrêter? Il est jeune, enjoué ; il s'ennuyait, et se sera donné la comédie à leurs dépens : il n'y a pas grand mal à cela.... Il s'ennuyait. Et pourquoi s'ennuyait-il ce beau monsieur ? Que ne venait-il au parloir? Je grillais de m'entendre appeler, j'étais sur les épines. C'est que je l'aime ; oh, je l'aime comme on aime pour la première fois ! Et je crois que je suis piquée de ne lui pas trouver l'empressement que je voudrais.... que je devrais lui inspirer, tranchons le mot. Oui, je suis piquée, très-piquée, et je lui ferai une mercuriale.... Mais il faut penser au plus pressant. Il est renfermé ici, et son régiment vient y faire une perquisition. On le trouvera, on ne croira jamais qu'il y soit pour le compte de ces dames. Pour peu qu'il parle, moi, je rougirai, je balbutierai, j'aurai l'air de m'être concertée avec lui, et l'estime de ses chefs.... Voilà ce qui m'embarrasse. Il avait bien affaire de s'amuser de ces deux prudes !.... C'est moi seule qui ai tort ; oui, j'ai tort, absolument tort : pourquoi leur rire au nez? Quelle imprudence ! si j'avais été raisonnable, je les aurais tranquillement écoutées, et j'aurais découvert la cachette.... Il faut pourtant que je le trouve, et où le chercher maintenant ? (*Elle tourne, et appelle à demi-voix.*) Capitaine ! capitaine !.... Il n'est pas enfermé dans le corps de logis, du moins il n'y a point d'apparence........ Oh ! le mauvais petit sujet ! (*Elle appuie sa tête contre la croisée du pavillon; elle tousse, et on tousse aussi en dedans.*) Ah ! me voilà tranquille !

LE CAPITAINE, *en dedans.*

Mesdames, êtes-vous là ?

SAINTE-CLAIRE.

Non, monsieur, ce ne sont pas ces dames.

LE CAPITAINE.

Ah ! charmante Sainte-Claire, de grace, ouvrez-moi.

SAINTE-CLAIRE.

Attendez madame Sainte-Agnès.

LE CAPITAINE.

Vous êtes près de moi, et vous voulez que j'attende ?

SAINTE-CLAIRE.

Vous lui êtes trop cher pour qu'elle abuse de votre patience.

LE CAPITAINE.

Ouvrez, je vous en conjure.

SAINTE-CLAIRE.

Je n'ai pas la clef.

LE CAPITAINE.

Je vais briser la porte.

SAINTE-CLAIRE.

Je vous le défends.

LE CAPITAINE.

Passons par la fenêtre. L'espagnolette est cadenatée.

SAINTE-CLAIRE.

Cassez un carreau.

(Le capitaine casse un carreau, et sort avec le maréchal-des-logis.)

SCÈNE XIX.

SAINTE-CLAIRE, Le MARÉCHAL-DES-LOGIS, Le CAPITAINE.

SAINTE-CLAIRE.

Monsieur a son confident.

LE CAPITAINE.

Ah! ma chère Sainte-Claire!

LE MARÉCHAL-DES-LOGIS.

Elle est, ma foi, jolie!

SAINTE-CLAIRE.

Hé bien, monsieur, que me voulez-vous?

LE CAPITAINE.

Comment, ce que je veux? Pouvez-vous me le demander, vous qui savez.....

SAINTE-CLAIRE.

Ah! vous allez me faire une histoire. Vous croyez avoir affaire à un enfant : on ne me mène pas, je vous en avertis.

LE CAPITAINE.

Madame a de l'humeur.

SAINTE-CLAIRE.

Madame a sans doute ses raisons.

LE CAPITAINE.

Peut-on les lui demander?

SAINTE-CLAIRE.

Je vous conseille de m'interroger.

LE CAPITAINE.

Une mauvaise plaisanterie exciterait-elle un mouvement de jalousie?

SAINTE-CLAIRE.

Moi, jalouse! et de qui?

LE CAPITAINE.

Que sais-je? Peut-être Sainte-Agnès....

SAINTE-CLAIRE.

Je ne puis être jalouse ni de Sainte-Agnès, ni de Sainte-Scholastique, ni de personne au monde, monsieur. Je me connais, et me rends justice.

LE CAPITAINE.

Sans doute, mais....

SAINTE-CLAIRE.

Quoi! mais? Savez-vous que vous avez un fonds d'amour-propre révoltant. Il n'est pas de jalousie sans amour, et, grace au ciel, je ne vous aime pas, et n'en ai nulle envie.

LE CAPITAINE.

Vous êtes décidée.

SAINTE-CLAIRE.

Je tâche d'avoir la raison de mon côté, et quand j'ai pris mon parti, je ne cède jamais : j'ai du caractère.

LE MARÉCHAL-DES-LOGIS.

Enfin vous trouvez à qui parler.

LE CAPITAINE.

Voilà un ton auquel je ne suis pas accoutumé.

SAINTE-CLAIRE.

Vous aurez la bonté de vous y faire.

SCÈNE XIX.

LE CAPITAINE.

C'est votre dernier mot?

SAINTE-CLAIRE.

Absolument.

LE CAPITAINE.

Eh bien, madame, parlons d'autre chose.

SAINTE-CLAIRE.

Soit.

LE CAPITAINE.

Vous avez sans doute entendu la trompette?

SAINTE-CLAIRE.

Après?

LE CAPITAINE.

Le régiment doit être à cheval?

SAINTE-CLAIRE.

Au contraire, le régiment est à pied.

LE CAPITAINE.

A pied! Et que va-t-on faire?

SAINTE-CLAIRE.

Une visite dans cette maison.

LE CAPITAINE.

Ah! je respire. Ceci s'arrangera avec un mois d'arrêts.

LE MARÉCHAL-DES-LOGIS.

Touchante perspective!

LE CAPITAINE.

Je ferai ta paix avec mon oncle.

LE MARÉCHAL-DES-LOGIS.

Oui, à la fin du mois. C'est consolant.

SAINTE-CLAIRE.

Vous avez un oncle au régiment?

LE MARÉCHAL-DES-LOGIS.

Rien que le colonel.

SAINTE-CLAIRE.

Je le plains bien sincèrement.

LE CAPITAINE.

Mon dieu, qu'un homme est sot quand il est amoureux!

LE MARÉCHAL-DES-LOGIS.

Voilà une grande vérité, par exemple.

LE CAPITAINE.

C'est bien vous qui me menez comme un enfant. Vous êtes la femme la plus indéchiffrable....

SAINTE-CLAIRE.

Il ne vous reste plus qu'à me dire des injures.

LE CAPITAINE.

Mais expliquez-vous donc, car vous me faites une querelle qui n'a pas le sens commun, et qui m'étourdit à un point....

SAINTE-CLAIRE.

Que je m'explique? Je vais m'expliquer. Que faites-vous ici? Pourquoi y êtes-vous encore? Il y a une heure que je vous ai ordonné d'en sortir, et que vous devriez être parti.

LE CAPITAINE, avec vivacité.

Hé, je n'en ai pas trouvé le moment.

(On sonne la cloche.)

SAINTE-CLAIRE.

Entendez-vous la cloche? C'est pour assembler nos

SCÈNE XIX.

dames; c'est votre colonel qui entre. Voyez-vous s'il bougera? Avez-vous envie de vous trouver nez à nez avec votre oncle? Que pensera-t-il de tout ceci? que c'est pour moi que vous êtes entré dans le couvent, que c'est moi qui vous y retiens, que je suis une inconséquente, sans raison, sans jugement. Et vous m'aimez, vous, homme sans docilité, sans complaisance, incapable du moindre sacrifice!

LE CAPITAINE.

Ah! mon aimable amie, je crois lire dans votre cœur. Mais j'ai besoin d'un aveu; que cet aveu me rassure, et je n'ai plus rien à désirer.

SAINTE-CLAIRE.

Si je ne vous aimais pas, que m'importerait l'opinion de votre oncle? Que me ferait celle du monde entier? Oui, je vous aime, et de toute mon ame. Mais allez-vous-en.

LE CAPITAINE, sautant à la muraille.

Le régiment est en bataille dans la rue.

LE MARÉCHAL-DES-LOGIS.

Nous voilà jolis garçons.

LE CAPITAINE.

Cachez-nous quelque part, à la cave, au grenier, dans votre cellule....

SAINTE-CLAIRE.

Et où voulez-vous que je vous mette? Les dragons entreront partout. Ah! mon ami, quelle situation!

LE CAPITAINE.

Je déshabille saint Martin.

(Il monte à la statue.)

LES DRAGONS ET LES BÉNÉDICTINES.

LE MARÉCHAL-DES-LOGIS.

Et moi, je serai le diable, n'est-il pas vrai?

LE CAPITAINE.

Hé, mon camarade, d'un diable à un dragon la différence est imperceptible.

LE MARÉCHAL-DES-LOGIS.

Va donc pour le diable. Quelque traitement qu'on nous réserve, nous ne l'aurons parbleu pas volé.

SAINTE-CLAIRE, les aidant.

La plaisante aventure! Dans un autre moment, j'en rirais jusqu'aux larmes.

LE MARÉCHAL-DES-LOGIS.

Ah ça, ferme sur les étriers.

LE CAPITAINE.

Immobile à ton poste.

SAINTE-CLAIRE.

Vous voilà bien, tout-à-fait bien, à merveille : gardez de faire le moindre mouvement. Je rejoins nos dames, et je paraîtrai, s'il est possible, ne prendre aucune part aux évènements de la soirée.

SCÈNE XX.

LE CAPITAINE, LE MARÉCHAL-DES-LOGIS.

LE MARÉCHAL-DES-LOGIS.

Je joue ici un joli personnage........ Et je n'ai pas dîné.

LE CAPITAINE.

A-t-on faim quand on aime?

SCÈNE XXI.

LE MARÉCHAL-DES-LOGIS.

Je ne suis pas amoureux, moi.

LE CAPITAINE.

Et sœur Gertrude?

LE MARÉCHAL-DES-LOGIS.

Que le diable la serre.

LE CAPITAINE.

Te voilà en costume. Fais toi-même ta commission.

LE MARÉCHAL-DES-LOGIS.

Chit. J'entends quelqu'un.

SCÈNE XXI.

L'ABBESSE, Le COLONEL, SAINTE-AGNÈS, SAINTE-SCHOLASTIQUE, SAINTE-CLAIRE, Le CAPITAINE, Le MARÉCHAL-DES-LOGIS, à l'enseigne; RELIGIEUSES au fond, à la droite de l'abbesse, DRAGONS au fond, à la gauche.

LE COLONEL, aux religieuses.

Oui, citoyennes, vous allez rentrer dans le monde. Les plus jeunes contribueront à l'embellir; les plus âgées prouveront sans doute, par leur prudence et leurs lumières, que la retraite ne leur a pas été inutile. (*A l'abbesse.*) Voici encore un pavillon que je n'ai pas visité.

SAINTE-AGNÈS, à part.

Miséricorde!

L'ABBESSE.

C'est une de ces petites retraites où nos dames passent leurs moments de loisir.

LE COLONEL.

Permettez que je remplisse exactement ma mission. Je me fais d'avance un plaisir de publier que je n'ai trouvé chez vous ni armes, ni personnes suspectes, et de garantir même la pureté de vos intentions. Faites ouvrir, je vous en prie.

L'ABBESSE.

Madame Sainte-Agnès, vous entendez?

SAINTE-CLAIRE, à part.

Quelle transe! Ah! je suis bien vengée!

SAINTE-AGNÈS.

Madame.... je désirerais.... que monsieur le colonel voulût me dispenser....

LE COLONEL.

Cela ne se peut pas, citoyenne.

SAINTE-AGNÈS.

Ce cabinet.... renferme... bien des petites choses à mon usage, et...

LE COLONEL, souriant.

Soyez tranquille, citoyenne; je suis discret.

SAINTE-AGNÈS, à part.

Quel supplice!..... (*haut.*) D'ailleurs..... j'y vais rarement; cette porte ferme mal, et je ne réponds pas.... de ce qui peut être là-dedans.

LE COLONEL, poussant la porte.

La porte ferme très-bien, et votre résistance m'étonne. Ouvrez, madame, ou je serai contraint d'employer des moyens dont je ne me servirais qu'à regret.

SCÈNE XXI.

SAINTE-AGNÈS.

Voilà la clef; permettez que je vous dise un mot.

LE COLONEL.

Rien de secret entre nous, s'il vous plaît; mon devoir me le défend : entrons, camarades.

SAINTE-SCHOLASTIQUE, à part.

Je n'ai pas une goutte de sang dans les veines.

SAINTE-AGNÈS, à part.

Je suis morte.

L'ABBESSE.

Qu'avez-vous, mesdames? vous m'inquiétez. Sainte-Agnès, auriez-vous fait quelqu'imprudence?

LE COLONEL, à l'abbesse, se plaçant à sa droite.

Rien, citoyenne, et j'en suis enchanté. Je termine mon opération de la manière la plus agréable, puisque je veux vous rendre la justice que vous méritez.

SAINTE-AGNÈS, à Sainte-Scholastique.

Je m'y perds.

SAINTE-SCHOLASTIQUE.

C'est un miracle, ma sœur.

SAINTE-CLAIRE.

Celui-là est de ma façon.

SCÈNE XXII.

L'ABBESSE, LE COLONEL, SAINTE-AGNÈS, SAINTE-SCHOLASTIQUE, SAINTE-CLAIRE, LE CAPITAINE, LE MARÉCHAL-DES-LOGIS, à l'enseigne; RELIGIEUSES au fond, à la droite de l'abbesse, DRAGONS au fond, à la gauche, UN OFFICIER, venant entre l'abbesse et le colonel.

L'OFFICIER.

J'ai cherché votre neveu dans les cafés, dans les

auberges; j'ai fait le tour de la ville, et personne n'a pu m'en donner de nouvelles.

L'ABBESSE.

Vous cherchez un neveu?

LE COLONEL.

Dont l'absence m'inquiète, à vous dire vrai. Il a l'habitude de faire des sottises; il n'a pas celle de manquer à son devoir.

L'ABBESSE.

Il sert sans doute sous vos ordres?

LE COLONEL.

Il est capitaine au régiment. C'est un jeune homme de la plus jolie figure, d'un cœur excellent, aimable, plein d'esprit, de valeur, plus instruit qu'on ne l'est ordinairement à son âge; mais d'une folie, d'une étourderie dont on ne peut se faire d'idée.

SAINTE-CLAIRE, à part.

Le voilà, trait pour trait.

L'ABBESSE.

Ses qualités lui donnent bien des droits à votre indulgence.

LE COLONEL.

Aussi, je l'aime de tout mon cœur. Cependant, quand il paraîtra, je ferai un bruit...

(Pendant cette scène, Gertrude entre, et se prosterne aux pieds de saint Martin, jusqu'à ce que le capitaine éclate de rire.)

L'ABBESSE.

Pour la forme.

LE COLONEL.

Oh, rien que cela. Que voulez-vous? l'âge amènera

SCÈNE XXII.

la raison. J'avoue même ma faiblesse : quelque dessein que j'aie de gronder, quelque sujet que j'en puisse avoir, il rit, il caresse, il me fait des contes; ses saillies me désarment, et, sans le sérieux que je suis contraint d'affecter, je rirais souvent de tout mon cœur, et de ma prétendue colère et de son originalité.

LE CAPITAINE, *qui, pendant le couplet précédent s'est beaucoup contraint, éclate de rire à la fin, et descend.*

Ah! ah! ah! ah!

GERTRUDE.

Au prodige! au miracle! saint Martin vient de rire, et très-distinctement.

L'OFFICIER.

Saint Martin vient de rire..... (*Il approche.*) Hé, parbleu, c'est le capitaine et le vieux camarade. La plaisante équipée!

LE COLONEL, à l'abbesse.

Que lui dire à présent? Il a tout entendu.

L'ABBESSE.

Pardonner, c'est le plus court.

LE CAPITAINE.

Mon cher oncle, vous avez un peu compromis la dignité de votre caractère, mais je n'en abuserai pas. Faisons-nous loyalement la guerre, et supposons que je n'aie rien entendu. Voyons, donnez-vous carrière, grondez, querellez, apostrophez, et je vous réponds que vous avez tort.

LE COLONEL.

Ceci est un peu fort; à la preuve, citoyen.

LE CAPITAINE.

C'est où j'en veux venir. Le conseil de guerre arrête une visite dans cette maison ; la trompette sonne, le régiment s'assemble, et vous entrez : j'étais déja à mon poste. J'ai fait ce qu'une armée n'aurait pu faire, c'est de là que j'ai tout vu, tout entendu, et que j'ai pénétré les plus secrètes pensées. Vous voyez, citoyen, que mon zèle et mes services l'emportent de beaucoup sur mon inexactitude apparente, et que le colonel le plus sévère n'aurait absolument rien à me reprocher.

LE COLONEL.

Et qu'a produit ce zèle dont vous me parlez avec tant d'emphase ?

LE CAPITAINE.

Rien de bien intéressant pour la république, j'en conviens ; mais j'ai fait des découvertes qui peuvent assurer votre repos.

LE COLONEL.

Et peut-on savoir, citoyen, quelles sont ces découvertes ?

LE CAPITAINE.

D'abord, je demande grace pour le vieux camarade, qui n'a d'autre tort que d'avoir cédé à mes instances.

LE COLONEL.

Accordé.

LE CAPITAINE.

Il n'y a que le meilleur oncle qui puisse avoir de pareils procédés.

(Il l'embrasse.)

SCÈNE XXII.

LE COLONEL.

Au fait, citoyen, au fait.

LE CAPITAINE.

Je vais maintenant vous parler raison, pour la première fois de ma vie.

L'ABBESSE.

Il est de bonne foi, au moins.

LE CAPITAINE.

Vous me trouvez aimable, plein d'esprit, tout le monde en convient; brave, il n'y a pas de mérite à cela; étourdi, vous avez raison; mais j'ai le cœur excellent, et c'est d'une grande ressource. Vous pouvez, d'un mot, faire de moi l'homme le plus sensé et le plus réfléchi.

LE COLONEL.

Si je fais une pareille métamorphose, je ne doute plus de rien.

LE CAPITAINE.

Je vais vous étonner davantage. J'ai pensé, oui, j'ai pensé, et me suis dit : Qu'est-ce qu'un étourdi? c'est un être dont l'imagination vole d'objet en objet, sans s'arrêter à aucun, qui ne jouit de rien, parce que ses désirs n'ont pas de but déterminé; qui embrasse l'ombre, et laisse échapper la réalité; qui a le cœur vide et la tête exaltée : suivez-moi, s'il vous plaît.

LE COLONEL.

Je ne perds pas un mot.

LE CAPITAINE.

Et j'ai ajouté : Le bonheur est en nous. Il ne faut, pour le saisir, que régler ses moyens, au lieu d'en abuser; troquer la frivolité contre un grain de raison; ne point écouter sa tête, et consulter son cœur; ne plus dire de jolies choses à toutes les femmes, mais, s'attacher sérieusement à une seule. Ce raisonnement m'a paru dicté par le bon sens, et j'ai résolu de me marier.

SAINTE-SCHOLASTIQUE, à part.

Il est charmant!

SAINTE-AGNÈS, à part.

Il est adorable!

LE COLONEL.

Et le mot que vous attendez, c'est mon consentement?

LE CAPITAINE.

Précisément, citoyen.

LE COLONEL.

Quand je voudrai du mal à une femme, je lui conseillerai de vous épouser.

LE CAPITAINE.

Mais pensez donc que vous faites le procès à l'étourdi, et que vous le confondez avec l'homme raisonnable. Figurez-vous votre neveu marié à une femme jeune, jolie et enjouée; voyez-le dans son petit ménage, toujours tendre et toujours aimé; représentez-vous mon cher oncle passant ses quartiers d'hiver avec nous, et une nièce charmante souriant au récit de ses exploits guerriers. Je vois d'ici le tableau. Vous êtes assis dans un grand fauteuil, les pieds sur les chenets, ma femme est à vos côtés. Elle a une main dans les vôtres, et de l'autre elle soutient un petit

SCÈNE XXII.

marmot qui balbutie votre nom. Un regard tendre s'échappe de temps à autre, et pénètre mon cœur du sentiment intime de sa félicité. Vous jouissez de tout cela. Vous éprouvez des sensations qui vous étaient inconnues. Votre existence est doublée, votre bonheur est parfait, et c'est à moi que vous en êtes redevable.

L'ABBESSE.

Colonel, ce jeune homme est plus sage que vous ne pensez.

LE COLONEL.

Son tableau me séduit. Mais où trouveras-tu cette nièce que tu as peinte sous des couleurs aussi favorables?

LE CAPITAINE, prenant Sainte-Claire par la main.

La voilà.

SAINTE-AGNÈS, en sortant.

Nous sommes jouées!

SAINTE-SCHOLASTIQUE, en sortant.

C'est une abomination!

LE COLONEL.

Le portrait n'est pas flatté. Je crois facilement que cette jeune personne te convient; mais il faut qu'elle me convienne un peu aussi.

SAINTE-CLAIRE.

Ce qui arrive en ce moment est précisément ce que je voulais éviter. Le travestissement de votre neveu peut vous donner de moi des idées défavorables; mais pensez qu'il n'est dans cette ville que d'hier, et que le hasard seul a conduit tout ceci.

LE COLONEL, à l'abbesse.

Citoyenne, qu'est cette aimable enfant?

L'ABBESSE.

Une orpheline sans fortune.

LE COLONEL.

Ce n'est pas cela que je vous demande. Autrefois, en France, comme ailleurs, on épousait un nom ou une dot; aujourd'hui nous épousons des femmes, et nous nous en trouvons bien. Son caractère?

L'ABBESSE.

Le plus heureux mélange de gaieté et de raison.

LE COLONEL.

Hé bien, qu'en dites-vous?

L'ABBESSE.

Qu'il ne sera pas le premier que le mariage aura rendu raisonnable.

LE COLONEL.

A la bonne heure. Mais le mariage est bien dangereux dans son état. (*A son neveu.*) Tu peux être tué: que laisseras-tu au petit marmot?

LE CAPITAINE.

Sa mère à consoler, et mon exemple à suivre.

LE COLONEL.

Tu le veux?

LE CAPITAINE.

Oh! très-décidément.

LE COLONEL.

Tu lui plais?

LE CAPITAINE.

Je l'espère.

SCÈNE XXII.

LE COLONEL.

Cela ne suffit pas. Allons, ma belle enfant, laissez parler votre cœur.

SAINTE-CLAIRE.

Mon silence, monsieur, ne vous répond-il pas?

LE COLONEL.

C'est une affaire finie. Je donne la moitié de mon bien.

LE CAPITAINE.

Ah! mon oncle!

LE COLONEL.

C'est pour le fauteuil et les chenets; voilà tout ce que je puis au tableau. Le reste te regarde.

FIN DES DRAGONS ET DES BÉNÉDICTINES.

LES DRAGONS
EN CANTONNEMENT,

OU LA SUITE

DES BÉNÉDICTINES,

COMÉDIE EN UN ACTE ET EN PROSE.

PERSONNAGES.	ACTEURS.
Le GÉNÉRAL.	MM. Duval.
Le COLONEL.	Saint-Clair.
Le MARÉCHAL-DES-LOGIS.	Frogère.
Premier DRAGON.	Tiercelin.
Second DRAGON.	Bruneseau.

Personnages muets.

Un LIEUTENANT-COLONEL.
Un CAPITAINE.
Un LIEUTENANT.
Un SOUS-LIEUTENANT.
Un AIDE-DE-CAMP.
Huit ou dix DRAGONS.

La VEUVE.	Mmes Germain.
SAINTE-CLAIRE, en habit d'amazone, à l'uniforme du régiment.	Saint-Clair.
GERTRUDE.	Pélicier.
Une PETITE FILLE.	Frogère.

La scène est dans un village, sur les derrières de l'armée du nord.

Cette pièce a été représentée pour la première fois, sur le théâtre de la Cité, le vingt-cinq pluviose, an deux de la république.

LES DRAGONS
EN CANTONNEMENT.
COMÉDIE.

Le théâtre représente un village. Le fond est garni de fourgons chargés des équipages du régiment. Quelques caisses sont déja déchargées, et laissent voir des sabres, pistolets, selles, casques, porte-manteaux, etc. Un dragon est en faction aux équipages. A la gauche du spectateur, au premier plan, près l'avant-scène, est une maison apparente, demeure de la veuve. Près de la porte est un banc de pierre ou de gazon. A la droite, aussi au premier ou second plan, est une chaumière, logement de la vivandière; et plus bas, un hangar qui lui sert de boutique. Vis-à-vis le hangar sont des tables grossières et des escabelles de bois. Le théâtre est garni de dragons groupés de différentes manières, dont les uns jouent et les autres boivent.

SCÈNE I.

LE MARÉCHAL-DES-LOGIS, assis sur une escabelle, à la gauche, au bord de l'avant-scène; PREMIER DRAGON, assis à une table, du même côté que le maréchal-des-logis; SECOND DRAGON, de même à la table, en face du premier : ils boivent une bouteille, en attendant le déjeuner.

PREMIER DRAGON.

On nous a cantonnés dans un village charmant : nous sommes ici à merveille !

LE MARÉCHAL-DES-LOGIS.
Un peu loin de l'armée, cependant.

SECOND DRAGON.
L'ennemi nous a vus d'assez près....

LE MARÉCHAL-DES-LOGIS.
Pour ne pas nous oublier de si tôt....

PREMIER DRAGON.
Il est certain que nous nous sommes proprement battus avant-hier.

LE MARÉCHAL-DES-LOGIS.
Comme nous nous battrons toujours.

PREMIER DRAGON.
Et nous les avons frottés....

LE MARÉCHAL-DES-LOGIS.
Comme nous les frotterons toujours, quand nous serons bien conduits.

PREMIER DRAGON.
Quel dommage que nous ayons acheté la victoire par la mort de tant de braves camarades!

LE MARÉCHAL-DES-LOGIS.
Leur mémoire ne mourra pas.

PREMIER DRAGON.
Non, sans doute; mais, le régiment a beaucoup souffert.

LE MARÉCHAL-DES-LOGIS.
On le reformera; nous sommes ici pour cela.

SECOND DRAGON.
Et nous serons bientôt au complet.

LE MARÉCHAL-DES-LOGIS.
Je l'espère : notre réputation.....

SCÈNE I.

PREMIER DRAGON.

Et quelques semaines de repos ne nuiront pas au commerce du vivandier.

LE MARÉCHAL-DES-LOGIS.

Quand tout le monde a fait son devoir, tout le monde est de bonne humeur, et tout le monde boit.

PREMIER DRAGON.

Ton capitaine a fait des prodiges dans ce dernier combat.

LE MARÉCHAL-DES-LOGIS.

Aussi l'a-t-on nommé colonel sur le champ de bataille; et son oncle, qui était l'ame du régiment, a été fait général. J'aime qu'on récompense les braves gens.

PREMIER DRAGON.

Cependant tu ne les as pas quittés dans l'action, et te voilà encore maréchal-des-logis.

LE MARÉCHAL-DES-LOGIS.

Tant mieux.

SECOND DRAGON.

Comment, tant mieux?

LE MARÉCHAL-DES-LOGIS.

Sans doute: je suis enchanté qu'il y ait au régiment des gens qui vaillent mieux que moi.

PREMIER DRAGON.

Mais le nouveau lieutenant....

LE MARÉCHAL-DES-LOGIS.

Est mon officier et le vôtre. Jeunes gens, je n'aime pas vos réflexions. Celui qui ne sait pas obéir, n'est pas digne de commander. Buvez.

SCÈNE II.

LE MARÉCHAL-DES-LOGIS, Premier DRAGON, Second DRAGON.

GERTRUDE, *apportant un plat, le met à la table des dragons, puis passe à la droite du second dragon.*

Voilà vos grillades.

PREMIER DRAGON, au maréchal-des-logis.

Sais-tu que ta femme est ragoûtante ?

LE MARÉCHAL-DES-LOGIS.

Si elle ne m'avait ragoûté, je l'aurais laissée dans son couvent.

GERTRUDE.

Trêve de compliments ; mangez, mangez.

PREMIER DRAGON.

Citoyenne, ceci n'est qu'affaire d'honnêteté.

GERTRUDE.

Je vous en dispense.

SECOND DRAGON.

Elle n'est pas facile à manier.

GERTRUDE.

C'est bien dommage !

SECOND DRAGON, au maréchal-des-logis.

Camarade, tu déjeunes avec nous ?

LE MARÉCHAL-DES-LOGIS.

Sans doute, et je paie du vin. Femme, apporte bouteille.

GERTRUDE.

Bouteille ?

SCÈNE III.

LE MARÉCHAL-DES-LOGIS.

Oui, bouteille.

GERTRUDE.

Non, par saint Benoît, je n'apporterai rien.

LE MARÉCHAL-DES-LOGIS, se levant, et allant à la gauche de Gertrude.

Il m'est bien permis de boire mon vin, peut-être?

GERTRUDE.

Et de te ruiner, n'est-ce pas?

LE MARÉCHAL-DES-LOGIS, retournant à la table.

Pas de raisons : j'ai vaincu pour la république, et je veux boire à sa prospérité.

GERTRUDE.

Se bien battre et boire de l'eau, c'est le moyen de faire sa réputation et sa fortune.

LE MARÉCHAL-DES-LOGIS, revenant à sa femme.

Qu'appelles-tu, de l'eau? Je ne suis pas encore assez malade pour me réconcilier avec mes ennemis. Du vin!

GERTRUDE.

Non.

LE MARÉCHAL-DES-LOGIS, entrant sous le hangar.

Non? Je vais en tirer.

SCÈNE III.

Les Deux DRAGONS, GERTRUDE.

GERTRUDE, allant se mettre sur l'escabelle qu'occupait son mari.

Tire, tire; il y a un secret au robinet.

PREMIER DRAGON.

Savez-vous que vous n'êtes pas raisonnable?

GERTRUDE.

Que vous importe?

SECOND DRAGON.

Que votre mari est trop bon?

GERTRUDE.

Ah! ne m'échauffez pas les oreilles.

PREMIER DRAGON.

Et que vous lui ferez perdre ses pratiques?

GERTRUDE.

La belle perte, en effet! Il faut boire le profit avec eux. Allez, allez, on se passera bien de vous; la providence est là.

PREMIER DRAGON.

La providence boira ton vin, n'est-ce pas?

GERTRUDE.

On a vu des choses bien plus miraculeuses; mais vous ne croyez à rien, vous autres.

PREMIER DRAGON.

Moi, je ne crois qu'à la république.

SCÈNE IV.

GERTRUDE, LE MARÉCHAL-DES-LOGIS, DEUX DRAGONS.

LE MARÉCHAL-DES-LOGIS, *apportant une bouteille de vin, et la mettant sur la table.*

Voilà du vin; et toi, prends garde à ta pièce.

GERTRUDE, *sortant avec précipitation.*

Ah! le malheureux a tout lâché.

SCÈNE V.

Le MARÉCHAL-DES-LOGIS, Deux DRAGONS.

LE MARÉCHAL-DES-LOGIS.

Voilà comment je mets ma femme à la raison.

PREMIER DRAGON.

L'expédient est nouveau.

SECOND DRAGON.

Et sûr.

PREMIER DRAGON.

Mais un peu cher.

LE MARÉCHAL-DES-LOGIS.

La paix du ménage est une si belle chose, qu'on ne peut trop la payer. Buvons.

PREMIER DRAGON.

Au succès de nos armes!

TOUS ENSEMBLE, buvant.

Au succès de nos armes!

LE MARÉCHAL-DES-LOGIS.

A notre général! à notre colonel!

PREMIER DRAGON.

Ils sont braves.

SECOND DRAGON.

Habiles.

LE MARÉCHAL-DES-LOGIS.

Et incorruptibles, ce qui est rare. A notre général, et à notre colonel!

TOUS ENSEMBLE, buvant.

A notre général, et à notre colonel!

SCÈNE VI.

Le MARÉCHAL-DES-LOGIS, Deux DRAGONS, GERTRUDE.

GERTRUDE, passant au milieu du théâtre.

Vous êtes un homme charmant, mon mari.

LE MARÉCHAL-DES-LOGIS.

Je le sais bien, ma femme. Du vin.

(Il lui présente une bouteille vide.)

GERTRUDE.

Comment, du vin! et la moitié de la pièce est perdue!

LE MARÉCHAL-DES-LOGIS.

Il faut boire le reste, de peur d'un nouvel accident. (*Un temps.*) Eh bien! faut-il que je retourne à la cave?

GERTRUDE, prenant la bouteille.

Restez, mon mari.

LE MARÉCHAL-DES-LOGIS, l'arrêtant.

Non, Gertrude; vous vous comportez en femme soumise, je me montrerai mari complaisant. Je t'aime, mon enfant, je t'aime de tout mon cœur; mais, palsembleu! je n'entends pas que tu me mènes. Viens m'embrasser.

GERTRUDE, l'embrassant.

Tiens, es-tu content?

LE MARÉCHAL-DES-LOGIS.

Enchanté.

SCÈNE VI.

PREMIER DRAGON, *se levant, et passant à la droite de Gertrude.*

Nous sommes un peu cause de tout ce grabuge; permets, camarade, que nous donnions aussi le baiser de paix.

SECOND DRAGON, *se levant, et allant à la gauche de Gertrude.*

Oui, le baiser de paix, citoyenne Gertrude.

(Ils vont pour l'embrasser, et Gertrude leur donne à chacun un soufflet.)

PREMIER DRAGON.

Ta femme distribue des soufflets aussi lestement....

SECOND DRAGON.

Que nous des coups de sabre.

LE MARÉCHAL-DES-LOGIS.

Ma femme, vous avez manqué à ces braves gens, et je ne souffre pas qu'on manque à mes camarades.

GERTRUDE.

Ce sont eux qui m'ont manqué; mais vous ne sentez rien. Des dragons qui veulent m'embrasser!

LE MARÉCHAL-DES-LOGIS.

Eh! qui embrasseras-tu donc, des capucins? Je ne crois pas aux vertus qui égratignent, moi, je t'en avertis. Ils t'ont demandé un baiser, et tu le leur donneras.

GERTRUDE.

Grand saint Benoît! me voilà précisément dans le cas de la chaste Suzanne!

LE MARÉCHAL-DES-LOGIS.

Ta Suzanne était entre deux vieillards, et tu ne

sais pas ce qu'elle eût fait entre deux jeunes gens. Embrasse.

GERTRUDE.

Non, non, non. C'est abuser de ma patience et de ma bonté.

LE MARÉCHAL-DES-LOGIS, après un signe d'intelligence aux dragons.

En ce cas, donne-moi mon sabre.

GERTRUDE, effrayée.

Pourquoi faire?

LE MARÉCHAL-DES-LOGIS.

Il faut que toi ou moi leur fassions raison des soufflets.

GERTRUDE.

J'embrasse.

(Les dragons l'embrassent. Elle s'essuie, et fait la grimace.)

LE MARÉCHAL-DES-LOGIS.

Allons, enfans, il nous reste un verre de vin, remettons-nous. Gertrude, place-toi entre ces deux lurons.

GERTRUDE.

Je n'ai pas soif.

LE MARÉCHAL-DES-LOGIS.

Nous avons encore la grande santé à porter.

GERTRUDE.

Je n'en porterai ni grande ni petite; je ne veux pas boire.

LE MARÉCHAL-DES-LOGIS.

Comment, morbleu! tu ne boiras pas à la république, à qui tu dois la clef des champs, et ton mari?

SCÈNE VI.

GERTRUDE.

Oh! de bon cœur, mon petit homme, et je verserai. (*Elle verse.*) A la république!

PREMIER DRAGON.

C'est la bonne sainte, celle-ci.

LE MARÉCHAL-DES-LOGIS.

C'est la grande faiseuse de miracles.

TOUS, buvant.

A la république!

LE MARÉCHAL-DES-LOGIS.

Eh bien, voilà une bonne femme; une femme qui verse à boire, qui boit avec nous, et qui embrasse mes amis! Tu as encore un reste des momeries de ton couvent; mais tu n'auras pas fait deux campagnes, qu'il n'y paraîtra plus. (*Tirant une grosse montre.*) Enfans, voilà l'heure du devoir. Il faut savoir faire son métier aussi gaiement qu'on vide une bouteille.

PREMIER DRAGON, se levant.

C'est bien dit, camarade; chaque chose en son temps. Combien doit-on, la bourgeoise?

GERTRUDE.

Je vais vous dire cela.

LE MARÉCHAL-DES-LOGIS, à part.

Il faut que la leçon soit complète. (*Haut.*) On ne doit rien, c'est moi qui régale.

SECOND DRAGON.

Au revoir, donc. Demain nous aurons notre tour.

(*Les dragons sortent; et ceux qui occupent le fond se lèvent, et sortent aussi par la droite.*)

SCÈNE VII.

GERTRUDE, Le MARÉCHAL-DES-LOGIS.

GERTRUDE.

Ah ça, mon mari, quand finira la vie que tu mènes?

LE MARÉCHAL-DES-LOGIS.

Le plus tard que je pourrai.

GERTRUDE.

Crois-tu qu'il soit agréable pour ta femme....

LE MARÉCHAL-DES-LOGIS.

J'ai pris une femme pour égayer la fin de ma carrière, et non pour l'abréger, entends-tu?

GERTRUDE.

Je remplis mes devoirs de femme.

LE MARÉCHAL-DES-LOGIS.

Et moi, mes devoirs de soldat.

GERTRUDE.

Et ceux de mari?

LE MARÉCHAL-DES-LOGIS.

Je ne sais pas faire de prodiges.

GERTRUDE.

Tu sacrifies tout à tes camarades, tout, jusqu'à ta femme.

LE MARÉCHAL-DES-LOGIS.

Qu'appelles-tu, te sacrifier? Quand tu as tort, il faut que tu cèdes; c'est dans l'ordre.

GERTRUDE.

Tiens, tu ne sais que te battre.

SCÈNE VII.

LE MARÉCHAL-DES-LOGIS.

C'est beaucoup.

GERTRUDE.

Et à quoi cela te mène-t-il?

LE MARÉCHAL-DES-LOGIS.

A être toujours content de moi.

GERTRUDE.

Tu n'en es pas plus avancé.

LE MARÉCHAL-DES-LOGIS.

Je ne me plains pas; que t'importe?

GERTRUDE.

Quand on fait son devoir comme toi....

LE MARÉCHAL-DES-LOGIS.

On ne fait que ce qu'on doit; ne me romps pas la tête.

GERTRUDE.

Mon mari?

LE MARÉCHAL-DES-LOGIS.

Ma femme?

GERTRUDE.

Je crois que je peux vous représenter....

LE MARÉCHAL-DES-LOGIS.

Non.

GERTRUDE.

Qu'on a des torts envers vous.

LE MARÉCHAL-DES-LOGIS.

Tu as bien l'esprit de l'église; l'ambition te dévore. Je ne veux pas commander, moi.

GERTRUDE.

Ton capitaine est colonel. Qu'a-t-il fait de plus que toi, qui étais à ses côtés?

LE MARÉCHAL-DES-LOGIS.

Vous êtes-vous donné le mot pour me tenter ? Es-tu un agent de Cobourg, toi ?

GERTRUDE.

La première place est encore aux Pharisiens.

LE MARÉCHAL-DES-LOGIS.

Te tairas-tu ?

GERTRUDE.

Je veux parler.

LE MARÉCHAL-DES-LOGIS.

Et moi, je veux que tu te taises.

GERTRUDE.

Ce n'est pas un Josué, que ton colonel.

LE MARÉCHAL-DES-LOGIS.

Je te casse, je te pulvérise, je te mets au caramel.

GERTRUDE, les poings sur les côtés.

Oh, je dis, nous sommes deux.

LE MARÉCHAL-DES-LOGIS.

Tu te défends, je crois ?

GERTRUDE.

Je suis en état de siége.

LE MARÉCHAL-DES-LOGIS.

C'est un diable !

GERTRUDE.

C'est un dieu !

LE MARÉCHAL-DES-LOGIS.

Et tu me crucifies.

GERTRUDE.

Allons, écoute-moi, mon cher petit mari.

SCÈNE VII.

LE MARÉCHAL-DES-LOGIS.

Parle donc, puisque la rage de parler te tient.

GERTRUDE.

Nous ne sommes ici que d'hier, et cet homme, que tu prônes tant, fait déja sa cour à son hôtesse.

LE MARÉCHAL-DES-LOGIS.

C'est une misère.

GERTRUDE.

C'est une infamie!

LE MARÉCHAL-DES-LOGIS.

Son hôtesse est veuve; il lui doit des consolations.

GERTRUDE.

Je ne la crois pas inconsolable.

LE MARÉCHAL-DES-LOGIS.

Elle a raison : le chagrin n'est bon à rien.

GERTRUDE.

Ton colonel se conduit comme le roi David; mais patience! patience!

LE MARÉCHAL-DES-LOGIS.

Le roi David?

GERTRUDE.

Oui, qui aimait mieux sa voisine que sa femme.

LE MARÉCHAL-DES-LOGIS.

Le roi David avait tort, n'est-ce pas, Gertrude?

GERTRUDE.

Aussi, pour le châtier, le ciel fit mourir de la peste la moitié de ses sujets.

LE MARÉCHAL-DES-LOGIS.

Pour châtier le roi, le ciel tua la moitié de son peuple?

GERTRUDE.

Oui, mon mari.

LE MARÉCHAL-DES-LOGIS.

Le ciel était en ribotte ce jour-là.

GERTRUDE, lui mettant la main sur la bouche.

Oh! Jésus, Maria, Joseph! la religion nous défend....

LE MARÉCHAL-DES-LOGIS.

Laissons cela : revenons à nos affaires.

GERTRUDE.

Revenons à la veuve.

LE MARÉCHAL-DES-LOGIS.

A nos affaires, te dis-je.

GERTRUDE.

Nous sommes logés, ma cuisine est en train, et tout est dit; mais, cette femme....

LE MARÉCHAL-DES-LOGIS.

Cela ne te regarde pas, ni moi non plus.

GERTRUDE.

Elle est belle.

LE MARÉCHAL-DES-LOGIS.

Il n'y a pas de mal à cela.

GERTRUDE.

Non; mais elle est tendre.

LE MARÉCHAL-DES-LOGIS.

Ce n'est pas sa faute.

GERTRUDE.

Ce n'est pas sa faute? Que dirais-tu, si notre hôte m'en contait, et que je le laissasse dire?

SCÈNE VII.

LE MARÉCHAL-DES-LOGIS, *après l'avoir fixée.*
Il ne t'en contera pas.

GERTRUDE.
Oh! non, certes; il me respecte, lui.

LE MARÉCHAL-DES-LOGIS.
Et tu es très-respectable.

GERTRUDE.
Mais, ton colonel ne respecte rien.

LE MARÉCHAL-DES-LOGIS.
C'est un jeune homme, il s'amuse.

GERTRUDE.
Et sa pauvre petite femme?

LE MARÉCHAL-DES-LOGIS.
Elle est à Furnes.

GERTRUDE.
Une femme si jolie, si aimante!

LE MARÉCHAL-DES-LOGIS.
Elle est à Furnes.

GERTRUDE.
Et les absents doivent avoir tort, n'est-il pas vrai?

LE MARÉCHAL-DES-LOGIS.
Je ne dis pas cela.

GERTRUDE.
Mais tu le penses. Ils sont tous de même, et l'amour éternel que vous nous jurez....

LE MARÉCHAL-DES-LOGIS.
C'est comme si un homme jurait, en se mettant à table, d'avoir toujours bon appétit.

GERTRUDE.
Quelle morale! c'est Satan qui te souffle.

LE MARÉCHAL-DES-LOGIS.

Tu prends tout au tragique, et je me moque de toi.

GERTRUDE.

La belle citoyenne sera la dupe de l'aventure, je te le prédis.

LE MARÉCHAL-DES-LOGIS.

Cela se peut.

GERTRUDE.

Ça croit peut-être, comme une autre Judith, séduire nos officiers!

LE MARÉCHAL-DES-LOGIS.

Oh, une Française!

GERTRUDE.

Elle ne trouvera pas d'Holopherne.

LE MARÉCHAL-DES-LOGIS.

Je l'espère.

GERTRUDE.

Je t'en réponds. J'écrirai tout au général.

LE MARÉCHAL-DES-LOGIS.

Il y a une heure que tu jases, sans me rien dire de positif : que lui écriras-tu?

GERTRUDE.

Je n'en sais rien; j'écrirai toujours.

LE MARÉCHAL-DES-LOGIS.

Je te le défends.

GERTRUDE.

Je pars pour l'armée, si tu me contraries.

LE MARÉCHAL-DES-LOGIS.

Ah ça, Gertrude, ne recommençons pas.

SCÈNE VII.

GERTRUDE.

C'est toujours toi qui cherches noise. Je veux prendre les intérêts de ma petite Sainte-Claire, moi, et maintenir la paix dans les ménages.

LE MARÉCHAL-DES-LOGIS.

Et la chasser de ta maison : nous sommes dans un état de guerre permanent.

GERTRUDE.

C'est ta faute.

LE MARÉCHAL-DES-LOGIS.

C'est la tienne.

GERTRUDE.

Que je me repens de t'avoir écouté !

LE MARÉCHAL-DES-LOGIS.

Et moi, de t'avoir prise !

GERTRUDE.

Que ne me laissais-tu dans mon couvent ?

LE MARÉCHAL-DES-LOGIS.

Eh ! que n'y restais-tu ?

GERTRUDE.

On est femme comme une autre.

LE MARÉCHAL-DES-LOGIS.

Comme une autre ! comme il n'y en a pas. Tiens, pour mettre fin à tes criailleries, je serai quelque jour obligé de t'attacher à l'embouchure d'un canon.

GERTRUDE.

Oh, le scélérat ! Je voudrais bien voir cela, par exemple !

LE MARÉCHAL-DES-LOGIS.

Oui ? c'est un petit plaisir que je te procurerai, si tu ne prends garde à toi.

(Il sort par la gauche.)

SCÈNE VIII.

GERTRUDE, seule.

A l'embouchure d'un canon! à l'embouchure d'un canon! Oh! la vilaine chose qu'un homme! et on aime ces animaux-là! et on fait tout pour eux! et on ne peut s'en détacher! (*Elle se retourne du côté par où il est sorti.*) Tu me tuerais cent fois, vois-tu, que je ne céderais pas une. C'est dans mon caractère; il faut que je parle, et quand j'ai raison, je ne finis plus. Oui, j'écrirai tout au général; il ne plaisantera pas lui; c'est un républicain, il a des mœurs.

SCÈNE IX.

La Petite FILLE, GERTRUDE.

LA PETITE FILLE, sortant de la maison qui est à droite.

Dites-donc, la femme?

GERTRUDE.

Eh bien! qu'est-ce, la fille? La femme! la femme!

LA PETITE FILLE.

Vous êtes attachée au régiment?

GERTRUDE.

Qu'appelez-vous, au régiment? Je suis l'épouse d'un maréchal-des-logis en chef.

LA PETITE FILLE.

Ah! j'en suis bien aise.

GERTRUDE.

Je ne vois pourtant pas que cela vous avance de beaucoup.

LA PETITE FILLE.

Au contraire. Ma marraine, qui demeure là, et qui aime bien le colonel, m'a chargée de parler à quelqu'un du régiment, et, comme vous me paraissez douce et honnête, je viens vous prier...

GERTRUDE.

Fi! qu'il est affreux, à votre âge, de faire ce vilain métier-là; et c'est Gertrude qu'on choisit pour un semblable commerce! Gertrude, qui a vécu sous la règle de saint Benoît, et dont on connaît la vertu! Apprenez, petite damnée, que vous feriez plutôt parler une seconde fois l'âne de Balaam, que de m'arracher un mot sur vos amours illicites.

(Elle rentre sous le hangar.)

SCÈNE X.

LA PETITE FILLE, SEULE.

Eh bien! qu'ai-je donc dit qui puisse la mettre en colère? Elle n'a seulement pas voulu m'entendre. J'allais lui faire quelques questions sur la conduite, le caractère, les relations du colonel; oui, voilà les trois mots de ma marraine, *conduite, caractère, relations*; et je fais un vilain métier! et je suis une petite damnée! et j'ai des amours illicites! Oh! elle n'est ni douce, ni honnête, cette citoyenne-là. Il me semble pourtant que, quand on aime un homme, il est bien naturel de vouloir le connaître.

SCÈNE XI.

La Petite FILLE, GERTRUDE.

GERTRUDE, rentrant pour ranger ses tables.

Encore ici, petite envoyée de satan! Attends, attends, je vais prendre mon balai, et t'arranger de la bonne manière.

LA PETITE FILLE, s'enfuyant, et entrant dans la maison de la veuve.

Oh, la vilaine femme! la vilaine femme!

SCÈNE XII.

GERTRUDE, seule.

Que je te voie rôder autour de ma boutique, je t'apprendrai à qui tu te joues!

SCÈNE XIII.

Le COLONEL, GERTRUDE.

LE COLONEL, accourant avec la plus grande joie, un paquet à la main.

C'est toi, Gertrude?

GERTRUDE.

C'est moi-même.

LE COLONEL.

Me voilà de retour....

GERTRUDE.

Je le vois bien.

SCÈNE XIV.

LE COLONEL.

D'une course auprès des représentants du peuple...

GERTRUDE.

A la bonne heure.

LE COLONEL.

De qui j'ai obtenu une grace bien chère à mon cœur! Je ne suis pas de ces hommes qui ne s'occupent de leurs amis que quand ils en ont besoin. J'ai pensé à un vieux camarade, brave sans orgueil, modeste sans bassesse, servant sa patrie par goût, et se croyant payé de ses services par le seul plaisir d'être utile. Gertrude, je n'ai eu qu'un seul mot à dire, et la facilité des bienfaiteurs donne un double prix au bienfait. Voilà un paquet pour ton mari. Tu le grondes, tu le tourmentes; mais il t'aime, et il sera enchanté de recevoir ceci de ta main.

(Il court à son logement.)

SCÈNE XIV.

GERTRUDE, SEULE.

Bon dieu! bon dieu! que peut-il donc y avoir dans ce paquet? (*Elle lit l'adresse.*) C'est bien pour lui. Je grille de savoir ce que c'est. L'ouvrirai-je? Et pourquoi non? Il est mon mari; mais je suis sa femme. Je n'ai point de secrets pour lui; il n'en doit point avoir pour moi. (*Elle ouvre, et déploie un papier.*) Un brevet d'officier! grand saint Benoît! (*Elle regarde encore.*) De capitaine! Je suis la femme d'un capitaine! Ah! j'en perdrai l'esprit... Et c'est le colonel qui a fait cela! Supportons sa faiblesse. Quand Noé s'enivra, son fils le couvrit de son manteau. Mon pauvre vieux!... Ce cher ami!... Va, je te pardonne le vin bu et à boire; je te pardonne tes duretés, car, dans ma conscience, je dois convenir que je ne suis pas bonne. Courons, courons lui annoncer cette bonne nouvelle. Ah! sainte république, je ne reconnais plus que toi pour patrone!

(Elle sort par la gauche.)

SCÈNE XV.

Le COLONEL, La VEUVE, et La Petite FILLE,
qui va s'asseoir sur un banc qui est auprès de la maison.

LE COLONEL.

Vous m'échappez, citoyenne.

LA VEUVE, avec une sorte de fierté.

Vous échapper colonel! je me promène.

LE COLONEL.

Je vous suis.

LA VEUVE.

Vous ne le méritez pas. Je suis très-mécontente de vous. Vous abusez de vos avantages.

LE COLONEL.

Je n'abuse de rien, et je profite de tout.

LA VEUVE.

Soyez donc raisonnnable.

LE COLONEL.

En vérité, je ne le peux pas.

SCÈNE XV.

LA VEUVE.

Songez qu'une femme comme moi...

LE COLONEL.

Peut s'accommoder à merveille d'un sans-culotte.

LA VEUVE.

Vous finirez, je l'espère; d'ailleurs je vous ai jugé, je suis sur mes gardes.

LE COLONEL.

Prévoyance inutile. J'achète quelquefois la victoire; elle m'échappe rarement.

LA VEUVE.

En guerre?

LE COLONEL.

Comme en amour.

LA VEUVE.

Quel intérêt peut inspirer une veuve?......

LE COLONEL.

Une veuve telle que vous est au-dessus de ce qu'il y a de plus aimable.

LA VEUVE.

Ah! voilà de la galanterie française!

LE COLONEL.

Pas du tout. Cette fade galanterie a fait place à la franchise, et les femmes même ne s'en plaignent pas. Elles reçoivent moins d'éloges; mais ils sont plus sincères.

LA VEUVE.

Allons, colonel, promettez-moi d'être sage.

LE COLONEL.

Je ne promets jamais que ce que je veux tenir.

LA VEUVE.

Je ne conçois rien à votre conduite.

LE COLONEL.

Elle est cependant bien claire.

LA VEUVE.

Mais je voudrais n'y voir que ce qui peut vous faire estimer.

LE COLONEL.

Moins d'estime, et plus de tendresse.

LA VEUVE.

Où vous mènerait-elle?

LE COLONEL.

Cela ne se demande pas.

LA VEUVE.

Vous êtes en effet très-intelligible.

LE COLONEL.

Je ne parle que pour être entendu.

LA VEUVE.

Je vous entends, et je vais vous répondre.

LE COLONEL.

Comme je le désire?

LA VEUVE.

Comme je le dois.

LE COLONEL.

En ce cas, je n'écoute rien.

LA VEUVE.

Colonel, vos procédés sont peu honnêtes. J'ai du moins le droit de me faire écouter.

LE COLONEL.

Dans votre appartement, tant qu'il vous plaira.

SCÈNE XV.

LA VEUVE.

Nous n'en sommes pas encore aux tête-à-têtes.

LE COLONEL.

En guerre, on dédaigne les préliminaires, et on va de suite au fait.

LA VEUVE.

J'espère, colonel, que nous ne sommes pas en guerre.

LE COLONEL.

Je suis au moins très disposé à vivre en paix.

LA VEUVE.

Et vous proposez des conditions...... (*A part.*) Il ne s'explique pas.

LE COLONEL, à part.

Elle est prise.

LA VEUVE.

Raisonnons, mon cher colonel. J'avais un époux parfaitement honnête......

LE COLONEL.

Et parfaitement ennuyeux?

LA VEUVE.

Pas du tout, monsieur. S'il n'avait pas les agrémens de la jeunesse, il avait d'excellentes qualités, et il m'aimait.....

LE COLONEL.

Comme vous serez aimée de tous ceux qui vous verront.

LA VEUVE.

Il n'est plus, et voilà de ces pertes....

LE COLONEL.

Dont l'amour seul dédommage.

LA VEUVE.

Dont il peut au moins consoler, quand il est délicat et vrai.

LE COLONEL.

A cet égard, vous n'aurez rien à désirer.

LA VEUVE.

Ah, colonel! on prend si souvent un simple goût pour de l'amour.....

LE COLONEL.

Ce n'est pas ce que vous devez craindre, et je crois que je vous parle en homme véritablement pénétré.

LA VEUVE.

Si je pouvais aimer encore, je voudrais au moins que mon amant commençât par m'offrir le sacrifice...

LE COLONEL.

Je vous avoue qu'en sacrifices, je puis très-peu de chose.

LA VEUVE.

Nous ne nous entendons pas, car bien certainement vous pouvez tout.

LE COLONEL.

Et quel est ce sacrifice, voyons?

LA VEUVE.

Avec autant d'esprit, pouvez-vous le demander!

SCÈNE XVI.

Le COLONEL, Premier DRAGON,
LA VEUVE.

PREMIER DRAGON.

Mon colonel, deux dragons sont sortis du village pour se battre; ils sont déja très-loin dans la campagne.

LE COLONEL.

Des Français se battre entre eux! quelle indignité! Mon camarade, selle-moi un cheval : je vole sur leurs pas.

(Il sort avec le dragon, par la gauche.)

SCÈNE XVII.

LA VEUVE, LA PETITE FILLE, travaillant
sur le banc.

LA VEUVE.

Quelle réunion de qualités opposées! des grâces, de la figure, de l'héroïsme, des vertus même, et une légèreté qui suppose presque un oubli de principes... Et j'écoute ses folies, moi qui prétends à la raison! et je l'aime, moi qui le connais à peine! En vérité, je crains de descendre dans mon cœur... C'est qu'un petit être si intéressant, qu'on se figure exposé à une batterie, au milieu d'une forêt de bayonnettes, et bravant tout cela avec la gaieté qui le caractérise; c'est que ce petit être a tant de charmes, qu'une femme ne peut expliquer, mais qui l'entraînent si fortement!... Ah! qu'un soldat aimable est dangereux!

LA PETITE FILLE, apercevant Gertrude.

Ma marraine, ma marraine, sauvons-nous.

LA VEUVE.

Et pourquoi?

LA PETITE FILLE.

Voilà cette méchante femme dont je vous ai parlé. Elle m'a voulu battre, et vous battrait peut-être aussi.

LA VEUVE.

Je ne crois pas cela, par exemple.

LA PETITE FILLE.

Je me meurs de peur, ma marraine; rentrons, je vous en prie.

LA VEUVE, rentrant avec la petite.

Que tu es encore enfant!

SCÈNE XVIII.

GERTRUDE, LE MARÉCHAL-DES-LOGIS.

GERTRUDE, dans l'ivresse de la joie.

Oui, mon cher petit mari, ils t'ont fait capitaine.

LE MARÉCHAL-DES-LOGIS.

Je n'en suis pas fâché.

GERTRUDE.

Ils t'ont fait capitaine! Mais conçois-tu cela?

SCÈNE XVIII.

LE MARÉCHAL-DES-LOGIS.

A merveille. A qui donnera-t-on une compagnie? à un chanoine?

GERTRUDE.

C'est qu'il y a de quoi devenir folle; mais folle à lier!

LE MARÉCHAL-DES-LOGIS.

Allons, tu n'es qu'une femme.

GERTRUDE.

Toujours des propos! Et toi, qu'es-tu?

LE MARÉCHAL-DES-LOGIS.

Un homme persuadé qu'il est plus aisé d'obéir que de commander.

GERTRUDE.

Tout cela est bel et bon. Il n'est pas moins vrai que le mérite perce tôt ou tard.

LE MARÉCHAL-DES-LOGIS, *la saluant*.

Ah, ma femme!

GERTRUDE.

Et les méchants ont toujours un pied de nez.

LE MARÉCHAL-DES-LOGIS.

Quelquefois, Gertrude, quelquefois.

GERTRUDE.

C'est ainsi que le prophète Jonas, que des envieux avaient jeté à la mer, fut sauvé par une baleine qui le garda trois jours dans son ventre.

LE MARÉCHAL-DES-LOGIS.

Ce Jonas était un morceau de dure digestion.

GERTRUDE.

Oh! c'est un grand miracle!

LE MARÉCHAL-DES-LOGIS.

Si la baleine eût passé trois jours dans le ventre de Jonas, le coup serait bien plus fort.

GERTRUDE.

Tu ris de tout.

LE MARÉCHAL-DES-LOGIS.

Et même de ta joie.

GERTRUDE.

Ma joie...... ma joie est ineffable, et elle est bien naturelle. Me voilà la femme d'un homme en place. Je ne serai plus vivandière, et je prendrai bientôt....

LE MARÉCHAL-DES-LOGIS.

Qu'est-ce que tu dis donc, ma femme? tu ne seras plus vivandière?

GERTRUDE.

Non, dieu merci.

LE MARÉCHAL-DES-LOGIS.

Pourquoi cela, ma femme?

GERTRUDE.

Tiens, pourquoi? crois-tu que je servirai pendant que tu commanderas? Va, va, je ferai ma fière tout comme une autre, et je sens déja que ce vilain métier-là ne me convient plus.

LE MARÉCHAL-DES-LOGIS.

Écoute-donc, Gertrude; je crois que tu as raison. Je suis en effet un grand personnage, et ma femme ne doit plus être vivandière. Je vais plus loin, car j'aime à profiter de tes idées : une sœur converse était le fait d'un soldat sans ressources, et même sans espoir; mais, aujourd'hui, toutes réflexions faites, tu n'es plus digne d'être ma femme.

GERTRUDE.

Oui, mais..... je la suis.

LE MARÉCHAL-DES-LOGIS.

Oui, mais.... le divorce?

GERTRUDE.

Ah! tous les saints du paradis ensemble, qu'as-tu dit là?

LE MARÉCHAL-DES-LOGIS.

Je dis que je divorce.

GERTRUDE.

Comment, coquin, tu divorces!

LE MARÉCHAL-DES-LOGIS, traversant le théâtre d'un air tragi-comique.

Ne vous oubliez pas, ma mie; respectez un homme comme moi. Oui, je divorce, je ne vous connais plus.

GERTRUDE, le suivant d'un air suppliant.

Quoi! tu pourrais abandonner ta Gertrude, ton fouille-au-pot, pauvre, mais honnête; qui t'a suivi dans les garnisons, dans les camps, et dans les combats?

DE MARÉCHAL-DES-LOGIS, s'arrêtant.

Quoi! tu pourrais abandonner un métier nécessaire, par conséquent estimable, et qui nous a nourris l'un et l'autre? Que répondras-tu à un blessé, à un soldat excédé de fatigue, qui te demanderont un verre de vin? Que tu es la femme d'un capitaine? Ta réponse impertinente soulagera-t-elle leur misère?

Donne, si tu ne veux pas vendre ; mais sois utile à tes frères.

GERTRUDE, après avoir embrassé son mari avec transport.

Ah, quelle leçon ! quelle leçon ! Je n'en ai pas trouvé de pareille dans la vie des saints. (*Présentant la main à son mari.*) Je garde mon métier.

LE MARÉCHAL-DES-LOGIS, lui frappant dans la main.

Je garde ma femme. Ah ! voilà le général.

GERTRUDE.

Et ma petite Sainte-Claire.

SCÈNE XIX.

Le GÉNÉRAL, Le MARÉCHAL-DES-LOGIS, SAINTE-CLAIRE, Un AIDE-DE-CAMP, OFFICIERS et DRAGONS derrière.

LE GÉNÉRAL.

Oui, mes amis, le général en chef m'envoie constater la perte qu'a éprouvée le régiment. On veut le compléter sans délai.

LE MARÉCHAL-DES-LOGIS.

Bravo !

LE GÉNÉRAL.

Et le renvoyer au feu, sans perdre un instant.

L'ÉTAT-MAJOR ET TOUS LES DRAGONS.

Vive la république !

LE GÉNÉRAL.

Je me suis détourné d'une lieue, pour procurer à ma nièce le plaisir de voir ses camarades.

SCÈNE XIX.

SAINTE-CLAIRE.

Et mon mari.

LE GÉNÉRAL.

N'es-tu pas bien fatiguée?

SAINTE-CLAIRE.

Je n'y penserai plus quand je l'aurai embrassé.

LE GÉNÉRAL.

Il va déraisonner pendant une heure, car il t'aime, il t'aime....

SAINTE-CLAIRE.

Comme il est aimé, mon oncle.

LE GÉNÉRAL, aux officiers.

Elle ignorait qu'il fût colonel.

SAINTE-CLAIRE.

Et ce qui me flatte le plus, c'est qu'il l'a mérité.

LE GÉNÉRAL, aux officiers.

Montrez-nous son logement, (*à Sainte-Claire.*) car c'est là que le cœur t'appelle.

LE MARÉCHAL-DES-LOGIS.

Mon général, le colonel n'est pas chez lui; je l'ai rencontré....

SAINTE-CLAIRE.

Eh, bonjour, mon vieux camarade. Te voilà, ma pauvre Gertrude!

(Elle l'embrasse, et retourne à sa place.)

GERTRUDE.

Elle ne fait pas sa princesse, celle-là.

LE MARÉCHAL-DES-LOGIS.

Elle ne rougirait pas d'être vivandière.

GERTRUDE, très-vivement.

Ah ça, mon mari, c'est une affaire terminée, et vous avez très-mauvaise grace à revenir là-dessus.

LE GÉNÉRAL.

Toujours vive, Gertrude!

SAINTE-CLAIRE.

Et cependant, bonne femme, n'est-il pas vrai? L'un ne va guère sans l'autre.

GERTRUDE, à son mari.

Qu'as-tu à dire à cela?

LE MARÉCHAL-DES-LOGIS.

Que la citoyenne est polie.

SAINTE-CLAIRE.

Et mon mari, mon oncle?

LE GÉNÉRAL.

Mais tu es bien pressée!

SAINTE-CLAIRE.

Écoutez donc, après six mois d'absence....

LE GÉNÉRAL.

Oh! c'est très-pardonnable; mais, si on ne sait où le prendre?

SAINTE-CLAIRE.

Il faut faire sonner le boute-selle.

LE GÉNÉRAL.

Et le tocsin, mettre tout le canton en l'air....... Ce n'est pas que tu n'en vailles bien la peine, au moins.

GERTRUDE, à Sainte-Claire.

Si vous voulez vous rafraîchir en l'attendant (*d'un ton de confiance*), j'ai encore la moitié d'une oie

SCÈNE XIX.

farcie, qui vous a une mine!... Quand ce serait pour un prélat, je n'aurais pas mieux réussi.

SAINTE-CLAIRE.

Je te remercie, ma bonne amie. Je vais l'attendre à son logement.

LE GÉNÉRAL.

A son logement, où il n'est pas, et où nous ne connaissons personne?

SAINTE-CLAIRE.

Je l'attendrai donc ici?

LE GÉNÉRAL.

Oui, cela vaudra mieux; je me plais au milieu de mes camarades, moi.

GERTRUDE.

Et vous tâterez de l'oie?

SAINTE-CLAIRE.

Va pour l'oie.

(Gertrude rentre sous le hangar, et apporte l'oie, etc.)

LE MARÉCHAL-DES-LOGIS, au général.

J'ai un petit vin qui a été un peu ballotté, mais qui vous a un goût aigrelet qui fait plaisir; si j'osais, mon général....

LE GÉNÉRAL.

Comment donc, mon camarade? hors le service, il ne doit y avoir ici que des frères et des amis? Voyons ton petit vin.

(Il s'assied à côté du hangar, Sainte-Claire est en face de lui; l'état-major et les dragons garnissent une autre table.)

LE MARÉCHAL-DES-LOGIS.

Allons, femme, à la cave, et donne-nous du meilleur.

GERTRUDE, coupant.

Et tant que vous voudrez. On ne traite pas tous les jours son général, et la femme de son colonel.

LE MARÉCHAL-DES-LOGIS.

C'est un plaisir que tu n'aurais pas si tu n'étais vivandière.

GERTRUDE, rentrant sous le hangar pour aller chercher du vin.

C'est bon, c'est bon.

LE MARÉCHAL-DES-LOGIS, servant.

C'est un morceau sous le pouce : nous n'avons pas de vaisselle.

SAINTE-CLAIRE.

Eh bien, mon oncle, qu'en dites-vous?

LE GÉNÉRAL.

Excellent, en honneur.

LE MARÉCHAL-DES-LOGIS.

C'est un grand cuisinier qu'un bon appétit.

LE GÉNÉRAL.

C'est beaucoup, j'en conviens; mais ta femme s'est surpassée.

GERTRUDE, apportant du vin, et versant.

Goûtez-moi cela, mon général.

LE GÉNÉRAL, à Sainte-Claire.

A la santé de ton mari; c'est boire à la tienne.

SAINTE-CLAIRE.

Et à la vôtre, mon cher oncle.

LE GÉNÉRAL.

C'est vrai. A vous, enfants.

SCÈNE XIX.

GERTRUDE.

Grand merci, mon général. A propos, vous ne savez pas le bonheur qui nous est arrivé?

LE GÉNÉRAL.

Non. Qu'est-ce?

GERTRUDE.

Mon vieux est capitaine; il a son brevet en poche. (*A son mari.*) Montre donc, montre donc, l'homme. Ah, mon dieu! il est toujours en arrière....

LE GÉNÉRAL.

Quand on dit du bien de lui; mais il est toujours des premiers au feu. (*Prenant le brevet.*) « Brevet provisoire... » *et cætera*.... « Les représentants du peuple près l'armée du Nord.... J'en suis, parbleu, bien aise; mais je suis piqué qu'on m'ait privé du plaisir de contribuer à son avancement.

GERTRUDE.

C'est le colonel qui a tout fait.

LE GÉNÉRAL.

Je suis content de lui.

SAINTE-CLAIRE.

Mais il ne vient pas.

LE GÉNÉRAL.

Tu le verras dans l'instant. (*Se levant, ainsi que tout le monde. On reprend le même ordre de scène; Gertrude est la dernière.*) Voilà un capitaine qu'il faut recevoir; je puis à présent faire sonner l'assemblée sans inconvénient. (*A un aide-de-camp.*) Mon ami, donne les ordres au trompette.

(L'aide-de-camp sort.)

GERTRUDE.

Oui, qu'il sonne une réception. (*A son mari.*) Tu boiras demain; on va te recevoir, entends-tu? on va te recevoir, et tu n'as pas d'épaulettes!...... Eh, mon dieu! pas d'épaulettes!........ Mais où vend-on des épaulettes?

SAINTE-CLAIRE, désignant un officier.

Le capitaine lui prêtera les siennes, et je veux les lui attacher.

(Pendant qu'elle attache l'épaulette, Gertrude découd les galons.)

LE MARÉCHAL-DES-LOGIS.

Et mon sabre que tu oublies? et mon casque?

GERTRUDE, décousant.

Tu as raison; mais c'est qu'on va te recevoir, et dans des momens comme cela on ne peut pas penser à tout....... on est toute troublée. Dame! on n'est pas accoutumée à ces évènemens-là.

(Elle sort.)

SAINTE-CLAIRE.

Que vous êtes heureux, mon oncle! Vos collègues ne sont que des généraux, et vous êtes un père de famille.

GERTRUDE, revenant avec le sabre et le casque.

Voilà ton sabre. (*Il le passe.*) Voilà ton casque. (*Elle le coiffe.*) Allons, redresse-toi, prends une tournure.

LE MARÉCHAL-DES-LOGIS.

Oh! ma foi, je n'ai pas envie d'en changer.

LE GÉNÉRAL.

Et! tu as raison : ta tournure est celle d'un brave homme. Partons.

GERTRUDE.

Mon dieu! que cela doit donc être beau, la réception de mon mari! Je donnerais un cierge d'une demi-livre pour voir cela.

SAINTE-CLAIRE.

Et bien, vas-y, Gertrude : j'entrerai dans cette maison.

GERTRUDE.

Et je vous laisserais seule! cela serait joli, par exemple! Je reste : ce moment sera peut-être le seul de toute la journée où je pourrai causer avec vous.

LE GÉNÉRAL.

Partons, partons. Je verrai ensuite l'adjudant qui me remettra ses états de situation.

(Il sort avec sa troupe.)

SCÈNE XX.

SAINTE-CLAIRE, GERTRUDE.

GERTRUDE.

Je vais chez notre hôte vous chercher une chaise.

SAINTE-CLAIRE.

Pourquoi faire? je suis aussi sans-culotte, moi; je serai fort bien sur une escabelle.

GERTRUDE, sortant.

Non pas, s'il vous plaît. Vous êtes fatiguée; je veux avoir soin de vous.

SCÈNE XXI.

SAINTE-CLAIRE, seule.

Où cet étourdi sera-t-il allé courir? Il a passé six mois dans les camps, dont je n'ai pu approcher : le moment se présente, j'en profite, et le monsieur est absent. Quand il reviendra, je lui ferai une mine.... et je me jetterai à son cou.

SCÈNE XXII.

La Petite FILLE, SAINTE-CLAIRE.

LA PETITE FILLE, sortant de la maison.

Celle-ci a dans la physionomie quelque chose qui me rassure. (*De loin.*) Citoyenne, vous êtes la fille d'un officier?

SAINTE-CLAIRE.

A peu près.

LA PETITE FILLE.

Vous êtes trop jolie pour être méchante. Vous ne me donnerez pas de coups de balai, vous?

SAINTE-CLAIRE.

Oh! non, certainement. Que voulez-vous, ma petite?

LA PETITE FILLE, s'approchant.

Ma marraine m'avait donné une commission que j'ai faite de mon mieux. Celle à qui je me suis adressée m'a voulu battre, et ma marraine m'a dit que je n'avais pas d'intelligence, et qu'elle n'entendait plus que je me mêlasse de rien. Cependant, cette affaire lui tient au cœur, et je voudrais bien lui rendre service.

SAINTE-CLAIRE.

Et que puis-je dans tout cela?

LA PETITE FILLE.

Je m'en vais vous le dire. Ma marraine aime le colonel, et le colonel aime ma marraine. Je croyais d'abord que ce n'était que de l'amitié; mais ils ont parlé d'amour, et c'est bien plus sérieux. Le colonel lui disait de si jolies choses; mais de si jolies choses, que si vous l'aviez entendu vous auriez été enchantée. Ma marraine l'écoutait avec un plaisir qui me faisait presque envie, et je voudrais savoir.... Mais vous êtes distraite?

SAINTE-CLAIRE.

Gertrude! Gertrude!

GERTRUDE, apportant une chaise.

Me voilà.

LA PETITE FILLE, se sauvant et entrant dans la maison de la veuve.

Oh! la femme au balai! Il est décidé que je ne saurai rien.

SCÈNE XXIII.

SAINTE-CLAIRE, GERTRUDE.

SAINTE-CLAIRE.

Gertrude, je viens d'être frappée d'un coup bien violent!

GERTRUDE.

Qu'avez-vous donc?

SAINTE-CLAIRE.

J'étais loin de le prévoir.

GERTRUDE.

Qu'est-ce?

SAINTE-CLAIRE.

Il m'étonne, je l'avoue.

GERTRUDE.

Expliquez-vous, de grace.

SAINTE-CLAIRE.

Mais il ne m'accable pas.

GERTRUDE, à part.

Saurait-elle quelque chose?

SAINTE-CLAIRE.

Le colonel me trompe.

GERTRUDE.

Qui vous l'a dit?

SAINTE-CLAIRE.

Une petite fille du village.

GERTRUDE, à part.

C'est la petite bohémienne de tantôt.

SAINTE-CLAIRE.

Gertrude, tu es instruite?

GERTRUDE, embarrassée.

A la vérité on dit que.... que....

SAINTE-CLAIRE.

Tu es honnête, et tu dois être vraie. Tu es instruite?

GERTRUDE.

Eh, sans doute, je le suis.

SCÈNE XXIII.

SAINTE-CLAIRE.

Tu me diras donc la vérité?

GERTRUDE.

C'est que cette vérité-là est une vérité...

SAINTE-CLAIRE.

Difficile à dire?

GERTRUDE.

Oh! bien difficile!

SAINTE-CLAIRE.

Mais facile à confirmer. Voyons les détails, et dépêche-toi; je ne suis pas à mon aise.

GERTRUDE.

Votre mari est l'espoir d'Israël; mais....

SAINTE-CLAIRE.

Va donc, va donc.

GERTRUDE.

Mais il est si beau!

SAINTE-CLAIRE.

Je le connais : après?

GERTRUDE.

Il a le cœur si tendre!

SAINTE-CLAIRE.

Au fait : qui est cette femme?

GERTRUDE.

Son hôtesse.

SAINTE-CLAIRE.

Jolie?

GERTRUDE.

Belle.

SAINTE-CLAIRE.

Aimable?

GERTRUDE.

Je l'ignore.

SAINTE-CLAIRE.

Tendre?

GERTRUDE.

Je le crains.

SAINTE-CLAIRE.

Elle demeure?

GERTRUDE, montrant la maison.

Là.

SAINTE-CLAIRE.

Je vais la voir.

GERTRUDE.

Vous m'effrayez.

SAINTE-CLAIRE.

Ne crains rien. J'ai donné un moment à la nature; je reviens à mon caractère.

GERTRUDE.

Ma chère petite Sainte-Claire, ne vous emportez pas.

SAINTE-CLAIRE.

M'emporter contre une femme qui trouve mon colonel aimable! Il me plaît bien, à moi.

GERTRUDE.

Mais vous êtes sa femme.

SAINTE-CLAIRE.

Et voilà l'étonnant.

GERTRUDE.

À la vérité, Abraham vécut avec Agar, et Sara le souffrit.

SCÈNE XXIII.

SAINTE-CLAIRE.

Oui; mais Sara avait soixante ans, et je n'en ai que vingt.

GERTRUDE.

N'importe, elle était femme.

SAINTE-CLAIRE.

Et je le suis aussi un peu.

GERTRUDE.

C'est-à-dire que votre colère tombera sur le colonel.

SAINTE-CLAIRE.

Femme qui crie a toujours tort.

GERTRUDE.

J'espère que vous ne penserez pas au divorce?

SAINTE-CLAIRE.

Fi donc! les lois ont dû le permettre; les mœurs doivent le défendre.

GERTRUDE.

Que voulez-vous donc? car je m'y perds.

SAINTE-CLAIRE.

Être la plus aimable et la plus tendre; voilà tout mon secret. Voyons ta dangereuse voisine.

GERTRUDE.

Moi, je vais commencer une neuvaine pour que le ciel le rende à la raison.

SAINTE-CLAIRE, *riant.*

Son hôtesse en a-t-elle fait une pour la lui faire perdre?

GERTRUDE, *rentrant sous le hangar.*

Le diable est de son côté.

SAINTE-CLAIRE, *allant vers la maison de la veuve.*

Mais l'amour est du mien.

SCÈNE XXIV.

SAINTE-CLAIRE, LA VEUVE, *sortant de chez elle.*

LA VEUVE, *s'arrêtant.*

Voilà une jolie fille.

SAINTE-CLAIRE, *avec une sorte d'embarras.*

Voilà sans doute la belle hôtesse : elle est fort bien cette femme-là !

LA VEUVE.

Elle m'examine bien attentivement : abordons-la. Citoyenne, vous me paraissez inquiète ?

SAINTE-CLAIRE.

Pas du tout.

LA VEUVE.

Vous cherchez au moins quelque chose ?

SAINTE-CLAIRE.

Un colonel.

LA VEUVE.

Le colonel ?

SAINTE-CLAIRE.

Cela vous étonne !

LA VEUVE.

Pourquoi ? vous le connaissez sans doute ?

SAINTE-CLAIRE.

Très-particulièrement.

LA VEUVE.

Très-particulièrement ? Ainsi vous le quittez peu ?

SCÈNE XXIV.

SAINTE-CLAIRE.

Au contraire, il y a six mois que je ne l'ai vu.

LA VEUVE.

Eh! que lui voulez-vous?

SAINTE-CLAIRE.

C'est mon secret.

LA VEUVE.

Ne puis-je le savoir?

SAINTE-CLAIRE.

Quand vous m'aurez dit le vôtre.

LA VEUVE.

Je vous assure que je n'en ai pas.

SAINTE-CLAIRE.

C'est-à-dire que le public est dans la confidence?

LA VEUVE, piquée.

Le public ne sait rien.

SAINTE-CLAIRE.

Mais vous vous souciez peu qu'il sache tout, ce qui revient au même.

LA VEUVE.

Il y a de l'humeur, mademoiselle, dans ce que vous me dites là.

SAINTE-CLAIRE.

De l'humeur! et pourquoi?

LA VEUVE.

Que sais-je? le colonel est charmant, et vous êtes aimable.

SAINTE-CLAIRE.

Qu'en concluez-vous?

LA VEUVE.

Qu'il a pu vous aimer en passant.

SAINTE-CLAIRE.

En passant?

LA VEUVE.

Et faire sur votre cœur une impression malheureusement trop durable.

SAINTE-CLAIRE.

J'admire votre discernement.

LA VEUVE.

N'est-il pas vrai, que je devine juste? Légère comme les Graces, ingénue comme elles, vous avez cru à des serments qui devaient être sincères, et piquée d'un mépris que vous ne méritez pas, vous venez, sous un habit qui ajoute à vos charmes, réclamer leurs droits et votre captif.

SAINTE-CLAIRE.

Vous m'étonnez, citoyenne. Vous me contez l'histoire de beaucoup de jeunes personnes.

LA VEUVE.

Et un peu la vôtre, convenez-en.

SAINTE-CLAIRE.

J'avoue qu'il y a quelque rapport...

LA VEUVE.

Les hommes sont si prompts à promettre...

SAINTE-CLAIRE.

Et les femmes si disposées à les croire, et à se préparer des regrets!

LA VEUVE.

C'est ce que je n'osais dire.

SAINTE-CLAIRE.

C'est ce que je pense.

SCÈNE XXIV.

LA VEUVE, voulant la pénétrer.

C'est du moins une sorte d'excuse, qu'une promesse de mariage.

SAINTE-CLAIRE.

C'est du moins un prétexte, dont certaines femmes ne peuvent pas même se prévaloir.

LA VEUVE.

J'espère, citoyenne, que vous ne prétendez pas faire d'applications?

SAINTE-CLAIRE.

Vous savez, citoyenne, que vous n'avez pas de secrets.

LA VEUVE.

Vous avez de l'esprit.

SAINTE-CLAIRE.

Je suis étonnée que vous vous en aperceviez.

LA VEUVE.

Pourquoi donc, mademoiselle?

SAINTE-CLAIRE.

C'est qu'on est rarement disposée à rendre justice à ses rivales.

LA VEUVE, avec indifférence.

Ah! une rivale telle que vous...

SAINTE-CLAIRE.

Peut déranger bien des projets.

LA VEUVE.

On peut aussi n'avoir rien à craindre des vôtres.

SAINTE-CLAIRE.

Il faudrait alors être aimée bien sérieusement.

LA VEUVE.

Mais je me plais à le croire.

SAINTE-CLAIRE.

Et moi, j'en doute un peu.

LA VEUVE.

Vous avez vos raisons pour douter.

SAINTE-CLAIRE.

Comme vous avez les vôtres pour ne douter de rien.

LA VEUVE.

Terminons un entretien qui doit nous gêner également.

SAINTE-CLAIRE.

Je vous assure, au contraire, qu'il m'amuse beaucoup.

LA VEUVE.

Finissons. Que puis-je pour vous?

SAINTE-CLAIRE.

Rien. C'est moi qui veux vous donner une leçon.

LA VEUVE.

Ah! ah! Et quelle est cette leçon?

SAINTE-CLAIRE.

D'abord, vous éclairer sur l'inconséquence de votre conduite.

LA VEUVE.

Vous ne pensez pas à la vôtre.

SAINTE-CLAIRE.

Il est vrai qu'elle est originale.

LA VEUVE.

Et la mienne, quelque chose de plus?

SCÈNE XXIV.

SAINTE-CLAIRE.

C'est ce que je n'osais dire.

LA VEUVE.

Vous avez une manière de persifler qui me démonterait....

SAINTE-CLAIRE.

Si vous aviez moins d'usage.

LA VEUVE.

Savez-vous, petite, que vous êtes piquante?

SAINTE-CLAIRE.

J'avoue que c'est un peu mon intention.

LA VEUVE.

Je ne suis pas disposée à le souffrir.

SAINTE-CLAIRE.

Il faudra vous y résoudre.

LA VEUVE.

Définitivement, mademoiselle, où voulez-vous en venir? Je ne crois pas que vous ayez envie de faire un éclat?

SAINTE-CLAIRE.

C'est tout au plus ce que je me permettrais si je pouvais vous craindre.

LA VEUVE.

En honneur, ceci est inconcevable.

SAINTE-CLAIRE.

Je suis naturellement curieuse; j'ai voulu vous voir, je vous ai vue, et je reviens à la leçon dont je vous parlais tout à l'heure. Vous êtes bien, très-bien; votre tournure, votre physionomie, préviennent en votre faveur. Vous avez peu de sensibilité, peut-être;

mais un esprit fin, un usage du monde qui suppléent au vide du cœur. Cet ensemble a plu au colonel, et tout cela ne pourra l'attacher. Je ne connais qu'une femme qui sache apprécier ce jeune homme, démêler ses qualités à travers son étourderie, l'aimer pour lui-même, le fixer par tout ce qui engage un honnête homme, rire d'un moment d'inconstance qui le ramènera plus tendre et plus fidèle, et cette femme, c'est moi.

LA VEUVE.

Vous êtes modeste.

SAINTE-CLAIRE.

Vous conviendrez du moins, quand vous me connaîtrez mieux, que je me suis conduite envers vous avec une modération que toutes les femmes approuveront sans doute, et que bien peu auraient la force d'imiter. Je vous laisse, citoyenne; jouissez de votre triomphe, et hâtez-vous : un éclair l'a produit, ils passeront ensemble.

(Elle entre chez Gertrude.)

SCÈNE XXV.

LA VEUVE, SEULE.

Cette jeune personne a dans son langage et son maintien, quelque chose qui dément des apparences..... qui ne sont pas en sa faveur. Elle est vraiment aimable, et peut être très à craindre auprès d'un homme aussi léger, que mon extrême facilité semble autoriser à tout penser, et qui se permet déjà de tout dire, excepté le mot par où il me semble qu'il aurait dû commencer.

SCÈNE XXVI.

Le COLONEL, La VEUVE.

LA VEUVE, *apercevant le colonel qui entre par la gauche.*

Eh, venez donc, colonel; jamais votre présence ne me fut si nécessaire.

LE COLONEL.

Vous vous êtes aperçue de mon absence? Jamais vous ne fûtes si aimable.

LA VEUVE.

Vous êtes sorti pour arranger une affaire, et je viens d'en avoir une...

LE COLONEL.

Dont les suites ne sont pas alarmantes?

LA VEUVE.

Dont les suites m'inquiéteraient moins, si je vous connaissais mieux.

LE COLONEL.

Vous me feriez injure si vous doutiez de moi.

LA VEUVE.

Il m'est permis de douter un peu. Vous avez tenu le même langage à celle qui vient de me quitter.

LE COLONEL.

Qui donc?

LA VEUVE.

Une jeune fille, jolie comme l'Amour, gaie comme la Folie, et méchante au-delà de toute expression.

LE COLONEL.

Une jeune fille! je ne connais personne dans ces environs, qui puisse....

LA VEUVE.

Elle vous a connu, et très-particulièrement. Je lui crois même des droits qui ne laisseront pas de vous embarrasser.

LE COLONEL.

Rien ne m'embarrasse, moi.

LA VEUVE.

Pas même les femmes que vous avez trompées?

LE COLONEL.

Il en est tant qui ne demandent qu'à l'être!

LA VEUVE.

Les femmes seraient bien à plaindre, si tous les hommes les jugeaient comme vous.

LE COLONEL.

Celles qui vous ressemblent sortent de la règle générale.

LA VEUVE.

Je m'attendais à l'exception.

LE COLONEL.

Et vous deviez vous y attendre.

LA VEUVE.

Vous le dites.

LE COLONEL.

Je le jure!

LA VEUVE.

Je redoute l'avenir.

SCÈNE XXVI.

LE COLONEL.

Il vous rassurera.

LA VEUVE.

Qu'on croit aisément ce qu'on désire!

LE COLONEL.

Douteriez-vous, si vous étiez plus tendre?

LA VEUVE.

Ah! ne vous plaignez pas de mon cœur.

LE COLONEL.

Je vous ressemble à certains égards. Je doute aussi, et je veux des preuves, mais des preuves claires, positives.

LA VEUVE.

Vous avez trop vu ma faiblesse : n'en exigez pas l'aveu.

LE COLONEL, lui prenant la main.

Il n'est pas possible de se rendre de meilleure grace.

LA VEUVE.

Je suis bien loin de me rendre encore. Rappelez-vous où nous en étions quand on nous a interrompus.

LE COLONEL, lui baisant la main.

Je m'en souviens à merveille : nous en étions au chapitre des sacrifices.

LA VEUVE.

Et c'est un chapitre auquel je tiens beaucoup.

LE COLONEL.

Le bonheur est sans prix. Ordonnez, femme charmante.

18.

LA VEUVE.

Épargnez-moi la honte de m'expliquer.

LE COLONEL.

Il faut donc que je devine?

LA VEUVE.

Vous le pouvez sans effort.

LE COLONEL.

Mais vous pourriez m'aider un peu.

LA VEUVE.

Colonel, j'ai des mœurs; c'est vous en dire assez.

LE COLONEL.

Et vous ne pouvez aimer qu'en sûreté de conscience?

LA VEUVE.

Oui, je veux accorder la décence et mon cœur.

LE COLONEL, à part.

Elle est sage... Eh! tant mieux.

LA VEUVE, a part.

Je tremble.

LE COLONEL, à part.

Il faut répondre, et cela n'est pas aisé.

LA VEUVE, à part.

Il balance; il ne m'aime pas.

LE COLONEL.

Vous méritez mes vœux et ma main; mais...

LA VEUVE.

Achevez.

LE COLONEL.

e n'ose.

SCÈNE XXVIII.

LA VEUVE.

Je vous en prie.

LE COLONEL.

Ma main n'est plus à moi.

LA VEUVE, après un temps.

Elle n'est plus à vous! et vous me laissiez croire... Vous êtes sans pitié. Ah! colonel, quel cœur vous déchirez!

(Elle rentre chez elle.)

SCÈNE XXVII.

Le COLONEL, seul.

O ma tête! ma tête! ne mûriras-tu jamais?... Une femme honnête et tendre est exposée à tant de combats! Il est si doux pour un homme qui pense de ménager sa faiblesse!... Voilà d'admirables réflexions, mais qui viennent un peu tard. Étourdi que je suis! j'agis d'abord, je réfléchis ensuite : il n'est pas de moyen plus sûr de faire des sottises; aussi ne fais-je que cela.

SCÈNE XXVIII.

Le COLONEL, SAINTE-CLAIRE, qui l'écoutait pendant ce couplet.

SAINTE-CLAIRE.

Je n'y tiens plus; il faut que je l'embrasse.

LE COLONEL, surpris.

Ma femme! Serait-ce la jeune personne...

SAINTE-CLAIRE.

Colonel, tu ne m'attendais pas?

LE COLONEL, embarrassé.

Je l'avoue.

SAINTE-CLAIRE.

Je me suis fait un plaisir de te surprendre.

LE COLONEL, avec contrainte.

Et je le partage de tout mon cœur.

SAINTE CLAIRE.

Il me semble que le plaisir que tu partages, n'est pas d'une grande vivacité.

LE COLONEL.

Au contraire. Mais tu sais que le temps, les occupations, nous changent insensiblement.

SAINTE-CLAIRE, avec une ironie fine.

Il est certain que six mois peuvent opérer un grand changement sur un grand caractère. Un grand homme, nommé à une grande place, doit voir les choses en grand, et les affections particulières disparaissent devant les grands intérêts qui lui sont confiés.

LE COLONEL, à part.

Elle se moque de moi. Saurait-elle quelque chose?

SAINTE-CLAIRE.

Pour moi, qui n'ai qu'une très-petite philosophie, je regrette ce temps où mon petit capitaine, n'ayant que de petites affaires, escaladait gaîment un couvent de filles, y déraisonnait avec de petites graces qui ne sont qu'à lui, et tournait la tête à une petite religieuse...

SCÈNE XXVIII.

LE COLONEL.

Dont il fait une femme estimable.

SAINTE-CLAIRE.

Il est flatteur d'inspirer de l'estime; mais il serait dur à vingt ans, de n'inspirer que cela.

LE COLONEL, à part.

Elle va s'expliquer sans doute; il faut la voir venir.

SAINTE-CLAIRE.

Quelque chose t'occupe fortement; tu n'es pas à la conversation. Si j'ai mal pris mon temps, si je suis de trop aujourd'hui, je me retire.

LE COLONEL.

Il serait plaisant que tu aies l'intention de m'en faire convenir.

SAINTE-CLAIRE.

Pourquoi n'en conviendrais-tu pas, si cela est?

LE COLONEL.

Mais c'est qu'il n'en est rien.

SAINTE-CLAIRE.

Quand il en serait quelque chose? voyons, il n'y aurait pas grand mal.

LE COLONEL.

C'est être trop indulgente.

SAINTE-CLAIRE.

Il est des circonstances où on ne peut l'être assez.

LE COLONEL, à part.

Elle sait tout, et je ne saurai que dire, car je me sens d'un bêtise!....

SAINTE-CLAIRE.

Je suppose, par exemple, ceci n'est qu'une supposition, souviens-t'en bien; je suppose qu'un homme sincèrement attaché à sa femme, mais n'ayant pas sur lui l'empire que tu as sur toi, refroidi par l'absence, entraîné par des évènements imprévus, se livre un moment à ces goûts passagers où le cœur n'entre pour rien, que peut dire sa femme? que doit-elle faire? que lui conseillerais-tu, si elle te consultait?

LE COLONEL.

Oh! l'indulgence, tu as raison, l'indulgence!

SAINTE-CLAIRE.

Et tu lui dirais : Votre mari est un honnête homme; mais un honnête homme peut être faible. Il sera si honteux de se voir découvert; il sera si gauche devant vous; il aura tant d'envie de mentir, avec tant d'éloignement pour le mensonge; vous l'aimez si tendrement vous-même, que vous ne pourrez prolonger une situation si pénible, sans être cruelle envers tous deux.

LE COLONEL.

Oui, ma bonne amie, voilà précisément ce que je dirais.

SAINTE-CLAIRE.

Et moi, j'irais plus loin que tes conseils : j'éviterais ces explications désagréables qui aigrissent souvent les deux partis. Je commencerais par embrasser mon infidèle, et par lui pardonner.

LE COLONEL.

Suppose jusqu'au bout; embrasse-moi, et pardonne.

(Ils s'embrassent.)

SCÈNE XXVIII.

SAINTE-CLAIRE.

Je me permettrais ensuite quelques avis, mais si modérés, si délicats, que l'amour-propre de mon époux n'en serait pas affecté.

LE COLONEL.

Ah! tu pourrais parler; tu en aurais bien acquis le droit.

SAINTE-CLAIRE.

Je lui dirais : Compare l'amour sincère et désintéressé de ta femme, de cette femme qui n'a pu prendre sur elle de bouder un moment, avec ces liaisons dangereuses qui conduisent insensiblement au mépris de ce qu'il y a de plus respectable. Ne prends plus pour de l'amour un sentiment qui lui est étranger; ne confonds plus tes sens avec ton cœur, et apprends à t'estimer assez pour sentir que la vertu seule a le droit de te plaire.

LE COLONEL, la serrant dans ses bras.

Juge quel effet produiraient sur cet homme, que tu supposes honnête, des conseils donnés avec autant de ménagement par l'amie la plus aimable et la plus sensible! quel empressement il mettrait à réparer ses torts! Une jolie bouche a tant de grace à prêcher la saine morale! ce qu'elle a d'austère prend un charme si flatteur, que l'époux s'applaudirait presque d'une faiblesse qui lui donnerait tant de raisons d'aimer et d'estimer son épouse.

SAINTE-CLAIRE, lui passant un bras au cou.

Mais il lui donnerait sa parole de ne plus chercher de nouvelles raisons de l'aimer et de l'estimer davantage ?

LE COLONEL.

Il la donnerait, et saurait la tenir. (*Elle embrasse le colonel ; il lui ouvre les bras, elle s'y précipite.*) Mais si cette femme, que les apparences condamnent, avait été trompée elle-même ; si, au lieu de séduire ton époux, elle s'était livrée avec sécurité à des sentiments honnêtes ; si elle le croyait libre enfin ?

SAINTE-CLAIRE.

Ah ! mon ami ! mon ami ! que de reproches tu dois te faire !

LE COLONEL.

Je me les suis déja faits ; mais cela ne suffit pas.

SAINTE-CLAIRE.

Tu as raison. Quand on a fait une faute, il faut avoir le bon esprit de la réparer. J'ai eu aussi des torts envers cette femme ; je l'ai jugée avec une légèreté..... Je lui dois des excuses pour mon compte, et je vais négocier une paix générale.

(Elle entre chez la veuve.)

SCÈNE XXIX.

LE COLONEL, LE MARÉCHAL-DES-LOGIS, SECOND DRAGON, TROISIÈME DRAGON, entre quatre autres, le sabre à la main.

LE MARÉCHAL-DES-LOGIS.

Colonel, voilà les deux dragons que vous avez fait arrêter.

SCÈNE XXX.

LE COLONEL, distrait.

Capitaine, arrange cette affaire; je t'en laisse le soin.

LE MARÉCHAL-DES-LOGIS.

Je ferai pour le mieux. Votre oncle vous cherche partout.

LE COLONEL.

Mon oncle est ici?

LE MARÉCHAL-DES-LOGIS.

Vous ne le saviez point?

LE COLONEL.

Où est-il?

LE MARÉCHAL-DES-LOGIS.

Vous le trouverez à deux pas.

(Le colonel sort par la droite.)

SCÈNE XXX.

Le MARÉCHAL-DES-LOGIS, Second DRAGON, Troisième DRAGON, les quatre autres dragons derrière.

LE MARÉCHAL-DES-LOGIS.

Approchez, messieurs.

DEUXIÈME DRAGON, le reprenant.

Citoyens.

LE MARÉCHAL-DES-LOGIS.

Avant de vous rendre ce titre, je veux voir si vous le méritez. (*Au deuxième.*) Tire ton sabre, tire ton sabre. (*Au troisième.*) Tire le tien. (*Il prend les deux lames, et après les avoir regardées.*) Ils sont teints l'un et l'autre du sang des Autrichiens, et vous voulez les laver dans celui de votre frère! insensés, est-ce pour vous déchirer, entre vous, que la patrie vous met les armes à la main? Non, c'est pour battre ses ennemis. Vous l'avez fait jusqu'à présent, et vous vivrez pour le faire encore. Qu'on s'embrasse, et qu'on ne pense plus à rien.

SECOND DRAGON.

Mais, mon capitaine.....

LE MARÉCHAL-DES-LOGIS.

Votre capitaine vous ordonne de vous embrasser.

SECOND DRAGON.

Permettez-moi du moins de vous expliquer.....

LE MARÉCHAL-DES-LOGIS.

Je ne veux rien entendre. Tu vas me parler d'affronts, de point d'honneur, et d'un tas de vieilles balivernes que j'ai connues avant toi, auxquelles j'ai eu la bêtise de croire, et que je méprise complètement aujourd'hui. Qu'on s'embrasse.

SECOND DRAGON.

Cependant, mon capitaine....

LE MARÉCHAL-DES-LOGIS.

Ah! tu fais le récalcitrant! Si tu n'obéis à l'instant, je te fais dégrader, et déclarer indigne de servir la république. (*Les deux dragons s'embrassent, et les autres remettent le sabre dans le fourreau.*) Je suis content de vous, citoyens. Je traite ce soir ma compagnie, et je vous invite au banquet. Nous trinquerons ensemble, et nous nous préparerons gaîment à cueillir de nouveaux lauriers.

(Il sort avec tous les dragons.)

SCÈNE XXXI.

LA VEUVE, SAINTE-CLAIRE, sortant de la maison de la veuve.

LA VEUVE.

Que je suis sensible à vos procédés! Que je me reproche de vous avoir méconnue, et d'avoir donné lieu par mon imprudence...

SAINTE-CLAIRE.

Ne nous rappelons le passé que pour être plus sages à l'avenir. Vous m'avez promis d'être mon amie, je serai la vôtre, et mon mari....

LA VEUVE, avec un soupir.

Ah, votre mari!

SAINTE-CLAIRE.

Il est étourdi; mais il a une belle ame; il ménagera votre sensibilité. Nos soins assidus, notre tendre amitié adouciront une blessure qui n'est pas bien profonde encore, et que la raison aura bientôt fermée.

LA VEUVE.

Vous êtes étonnante en tout.

SCÈNE XXXII.

LE GÉNÉRAL, LA VEUVE, SAINTE-CLAIRE, LE COLONEL.

LE GÉNÉRAL.

Allons, mon ami, voyons enfin ton logement.

LE COLONEL.

Mon oncle, voilà mon hôtesse.

LE GÉNÉRAL.

Permettez, belle citoyenne, que je félicite mon neveu. S'il aimait moins sa femme, et si votre premier coup d'œil n'inspirait le respect, je crois que le jeune homme.....

SAINTE-CLAIRE, détournant la conversation.

Mon cher oncle, pensons au dîner. La citoyenne nous recevra; je ferai les honneurs de sa maison; vous vous mettrez à ses côtés; elle vous écoutera avec intérêt, et pendant ce temps-là.....

LE GÉNÉRAL.

Tu feras l'amour à ton mari. Je te vois venir. Allons, nous ne verrons rien, c'est convenu; n'est-il pas vrai, belle citoyenne? Ecoutez donc, après six mois d'absence, ils doivent avoir bien des choses à se dire. Ce que je vous dirai, moi, ne sera pas tout-à-fait si intéressant; mais, que voulez-vous? chaque âge a ses plaisirs. L'amitié et la table font à présent tous les miens.

LA VEUVE.

Et vous n'en êtes que plus heureux.

FIN DES DRAGONS EN CANTONNEMENT.

LES
MEMNON FRANÇAIS,

OU

LA MANIE DE LA SAGESSE,

COMÉDIE

EN UN ACTE ET EN PROSE.

PERSONNAGES.	ACTEURS.
LUSSAN.	MM. Armand.
MONTBRUN, oncle de Lussan et d'Adèle.	Devigny.
DUPONT, valet de chambre de Lussan.	Thénard.
ADÈLE, jeune veuve.	Mmes Leverd.
JUSTINE, suivante.	Demerson.

Reçue et mise en répétition à la Comédie-Française, et représentée, pour la première fois, à Saint-Quentin, le 12 décembre 1816.

LES
MEMNON FRANÇAIS,
COMÉDIE.

Le théâtre représente une salle commune à la famille. — Montbrun, assis devant un bureau, trie des papiers et les examine. Justine brode au métier. — Un cabinet de côté.

SCÈNE I.

MONTBRUN, JUSTINE.

MONTBRUN, très-impatient.

Quoi, je ne trouverai pas cette pièce-là ! morbleu !

JUSTINE.

Monsieur a de l'humeur.

MONTBRUN, toujours cherchant.

Que vous importe ?

JUSTINE.

Rien de ce qui intéresse monsieur ne peut m'être indifférent.

MONTBRUN, toujours cherchant.

Et la raison, s'il vous plaît ?

JUSTINE.

Monsieur m'a élevée.

MONTBRUN, toujours cherchant.

Hé, je le sais bien.

JUSTINE.

Monsieur a tant de bontés pour moi...

MONTBRUN, toujours cherchant.

Bah, bah !

JUSTINE, avec effusion.

Que mon attachement pour lui est sans bornes.

MONTBRUN, se levant.

Par quelle bizarrerie ne suis-je aimé que de cette fille, pour qui je n'ai rien fait, tandis que ceux que je voulais combler de mes dons, me délaissent, me fuient ?

JUSTINE, se levant.

Qui ? votre neveu ?

MONTBRUN.

Et ma folle de nièce.

JUSTINE.

Ils vous aiment de tout leur cœur.

MONTBRUN, très-brusquement.

Cela n'est pas.

JUSTINE.

Mais, monsieur....

MONTBRUN.

Que vas-tu me dire? Rapprochons les faits et jugeons. A vingt-deux ans, mon neveu était l'homme de Paris le plus modeste, le plus timide, le plus réservé et le plus ridicule.

JUSTINE.

Ah ! monsieur, le tableau est un peu chargé.

SCÈNE I.

MONTBRUN.

Je le fais voyager; je veux qu'il paraisse avec éclat dans les cours étrangères. Je me flatte que l'habitude de voir sans cesse des objets nouveaux, que l'accueil qu'il recevra partout, lui ôteront enfin cette excessive défiance de lui-même, qui le rendaient l'objet des plaisanteries des jeunes gens de son âge, et même de nos jolies dames.

JUSTINE.

Je sais cela, monsieur.

MONTBRUN.

Voici ce que vous ne savez pas. Dans une cour d'Allemagne, où règnent tous les plaisirs, Lussan rencontre un malheureux philosophe qui....

JUSTINE.

Un philosophe à la cour!

MONTBRUN.

Oui, mademoiselle, un philosophe, qui s'empare de l'esprit de mon neveu, qui en fait un original, et, après trois ans de voyages, au lieu de l'homme aimable que j'attendais, je reçois une espèce de docteur, triste, maussade, et qu'il faut contredire pour le faire parler.

JUSTINE.

J'avoue qu'il y a du vrai dans ceci.

MONTBRUN.

Je crois que ma nièce me dédommagera de la taciturnité de son cousin. Hé bien, la femme la plus intéressante....

JUSTINE.

Qui portait partout l'aimable gaîté....

MONTBRUN.

Dont les graces faisaient le charme des cercles les plus brillants...

JUSTINE.

Au-devant de qui volaient tous les cœurs....

MONTBRUN.

Se laisse entraîner par Lussan. Elle s'avise aussi de cultiver la philosophie. Ils passent les jours dans une retraite presque absolue, et je suis seul dans ma maison! Et ils me condamnent à vivre, à vieillir tristement! Et tu dis qu'ils m'aiment. Cela n'est pas. Non, cela n'est pas.

JUSTINE.

Tenez, monsieur, les extrêmes ne durent pas. Vos jeunes gens se fatigueront de la rigidité de leurs principes; ils reviendront à vous, ne s'occuperont que de vous, et vous regretterez de les avoir jugés aussi sévèrement.

MONTBRUN.

Que leur demandé-je? De consentir à me rendre heureux de leur propre félicité. J'ai réuni sur eux toutes mes affections; je veux leur laisser ma fortune. Je comptais dédommager Adèle de la perte d'un mari qu'elle aimait; donner à Lussan une épouse accomplie, et l'amour de la sagesse bouleverse leur cerveau. Le bel amour vraiment! Monsieur ne veut pas de femme; madame ne veut pas d'homme. Que diable

SCÈNE I.

leur faut-il donc? Voilà tous mes projets renversés. Que résoudre? que faire?

JUSTINE.

Prendre patience pendant quelque temps.

MONTBRUN.

Oh, je ne suis point patient.

JUSTINE.

Ou travailler à leur conversion.

MONTBRUN.

Je n'entends rien à ce métier-là.

JUSTINE.

Croyez-vous qu'il faille avoir le don des miracles pour rendre à la société une femme charmante et un joli homme de vingt-cinq ans?

MONTBRUN.

Tu es bien confiante.

JUSTINE.

Si monsieur voulait l'être autant que moi....

MONTBRUN, après l'avoir fixée.

Aurais-tu la présomption?....

JUSTINE.

Et pourquoi pas, monsieur?

MONTBRUN.

Toi?

JUSTINE.

Moi.

MONTBRUN.

Tu entreprendrais de guérir ces cerveaux malades?

JUSTINE.

Je connais mes forces, monsieur.

MONTBRUN, s'écriant.

Dix mille francs, si tu réussis.

JUSTINE, sur le même ton.

Ils sont à moi.

MONTBRUN, s'approchant tout-à-fait.

Ah ça, veux-tu bien me faire part des moyens que tu emploieras pour....

JUSTINE.

Des projets, monsieur? Oh, je n'en ai pas.

MONTBRUN.

Nous voilà bien avancés.

JUSTINE.

Mais une fille comme moi tourne à son profit jusqu'à la moindre circonstance, et sait en faire naître d'heureuses. Qui attaque sourdement a toujours l'avantage sur celui qui ne soupçonne pas le piége, et, dans ce cas-ci, les vaincus seront heureux au point de ne pas regretter leur défaite.

MONTBRUN.

Au moins, voilà des idées générales.

JUSTINE.

J'en saurai faire l'application.

MONTBRUN.

Quand?

JUSTINE.

Dès aujourd'hui.

MONTBRUN.

Où sont nos jeunes gens?

JUSTINE.

Monsieur de Lussan descend de son observatoire....

SCÈNE I.

MONTBRUN.

Où il a passé la nuit?

JUSTINE.

Tout entière.

MONTBRUN, ironiquement.

Voilà une nuit bien employée. Et Adèle?

JUSTINE.

Oh, madame dort profondément.

MONTBRUN.

A dix heures du matin! Un sage!

JUSTINE.

Il en était six quand elle a cédé au sommeil.

MONTBRUN.

Hé, qu'a-t-elle fait jusque-là.

JUSTINE.

Elle s'est entretenue avec un homme bien grave, bien sententieux, grand moraliste....

MONTBRUN.

Que signifie cette nouvelle lubie, mademoiselle?

JUSTINE.

Ne vous fâchez pas, monsieur. Cet homme-là, c'est Sénèque.

MONTBRUN.

Une femme de vingt ans passer la nuit à lire Sénèque!

JUSTINE, avec emphase.

Cela est beau, monsieur!

MONTBRUN.

Superbe! Moi, qui n'observe pas les astres, qui ne lis pas Sénèque, et qui veux entretenir mon embonpoint, je vais m'occuper du déjeuner. (*Il serre ses papiers, fait une fausse sortie, et revient.*) Justine, les fonds sont prêts. Dix mille francs de dot, mon enfant.

JUSTINE.

Et les charmants cousins rendus à l'amour, au bonheur, et au meilleur des oncles.

SCÈNE II.

JUSTINE, SEULE.

Ne ressemble-je pas un peu à ces braves qui ne doutent de rien avant que l'action soit engagée? Je me suis laissée aller à un mouvement de vanité auquel une femme résiste difficilement; mais qui pourrait être suivi d'une défaite humiliante, car enfin, je ne sais encore par où commencer ma brillante entreprise. Allons, allons, il n'est plus temps de regarder en arrière. Point de pusillanimité : la fortune veut être brusquée.

SCÈNE III.

JUSTINE, DUPONT.

DUPONT, qui a entendu les derniers mots.

Comme certains individus de son sexe, dont on ne peut terminer les irrésolutions.

JUSTINE, d'un ton aigre-doux.

On ne tourne pas mieux une méchanceté.

SCÈNE III.

DUPONT.

Je n'en mets point ici.

JUSTINE.

C'est donc une vérité ?

DUPONT.

Je vous le demande.

JUSTINE.

Je ne répondrai point à cela.

DUPONT.

C'est tout simple.

JUSTINE.

Ce n'est pas que je n'aie là-dessus des choses admirables à dire.

DUPONT.

Je n'en crois rien.

JUSTINE.

Cessons de pointiller, mon cher Dupont; nous courrons après l'esprit, quand nous n'aurons rien de mieux à faire. Je suis très-capable d'aimer, d'aimer beaucoup; mais je sais réprimer un sentiment qui ne peut mener qu'à faire des folies. Vous êtes valet-de-chambre, assez bien vu dans la maison; je suis attachée à madame, et un peu gâtée de tout le monde. Un service doux, la bienveillance des maîtres et l'abondance de toutes choses, voilà ce qu'on ne quitte pas légèrement, à moins qu'on ait perdu la tête, et, quoique vous soyez assez joli garçon, je vous assure que j'ai conservé toute la mienne.

DUPONT.

La conclusion n'a rien de flatteur.

JUSTINE.

Je ne flatte personne, pas même moi, et je le prouve. Vous ne savez rien faire, ni moi non plus; vous êtes paresseux, et j'aime mes aises. En nous épousant, il y a trois mois, il y a quinze jours, nous nous préparions des regrets; aujourd'hui notre position va changer, et dans peu de temps monsieur Dupont n'aura qu'à dire à ses garçons: Servez le moka, versez la liqueur des îles. Je recevrai à mon comptoir l'argent et les hommages des hommes qui fréquenteront notre maison, et cela n'est pas fatigant.

DUPONT.

Mademoiselle Justine, je n'entends rien à ce que vous me dites-là.

JUSTINE.

Je vais m'expliquer. Je suis le chef d'une confédération importante, et je vous fais l'honneur de vous choisir pour mon lieutenant.

DUPONT.

Soyez un peu plus claire, je vous en prie.

JUSTINE.

Il s'agit de faire renoncer madame de Méran et monsieur de Lussan à leurs projets de sagesse. Dix mille francs sont le prix du succès.

DUPONT, hors de lui.

Dix mille francs et Justine!

JUSTINE, sur le même ton.

Dix mille francs et Dupont.

DUPONT.

Charmante, adorable!... Donnez vos ordres à votre lieutenant.

SCÈNE III.

JUSTINE.

(*A part.*) C'est là le difficile. (*Haut.*) As-tu quelquefois entendu parler de ces gens qui cherchent à faire de l'or ?

DUPONT.

Sans savoir comment ils s'y prendront ?

JUSTINE.

Ton capitaine est précisément dans ce cas-là.

DUPONT.

Adieu donc les dix mille francs.

JUSTINE.

Hé, non, non. Monsieur de Montbrun nous aidera. Homme excellent, généreux; mais vif, impatient, et curieux surtout, il saisira, interprètera un mot, un geste, un regard. Je lui indiquerai ce cabinet, qui a deux entrées, d'où il pourra tout voir et tout entendre, et les circonstances nous favoriseront, je n'en doute pas. Deux jeunes gens qui passent leur vie ensemble, doivent être bien près de s'aimer et de se le dire, et, faire à la fois leur mariage et le nôtre, c'est un jeu pour l'amour. Et puis, si madame continue à lire Sénèque, elle se défait, en ma faveur, de ses dentelles et de quelques bagues, que décemment elle ne peut plus porter. Vous êtes adroit.

DUPONT.

Vous me faites bien de l'honneur.

JUSTINE.

Vous insinuez à votre maître que le sage doit dédaigner la fortune, et qu'il n'a rien à faire de plus louable que de plaindre et d'aider ceux qui ne peuvent le suivre dans la route de la perfection. Ainsi, de quelque manière que les choses tournent, Dupont dira toujours : Versez le moka. Voilà monsieur de Montbrun : laissez-nous.

SCÈNE IV.

MONTBRUN, JUSTINE.

MONTBRUN, descendant la scène.

Ma foi, mon maître d'hôtel vaut mieux que les sept sages de la Grèce, et cinq minutes de conversation avec cet homme-là sont fort au-dessus d'une séance académique. Hé bien, Justine, où en sommes-nous ?

JUSTINE.

(*A part.*) Un chef ne doit jamais, dit-on, paraître embarrassé. (*Haut.*) Oh ! monsieur, je viens de concevoir un plan magnifique.

MONTBRUN.

En vérité ?

JUSTINE.

Mais dont les détails seraient trop longs à raconter.

MONTBRUN.

N'importe, n'importe. Conte-moi cela, mon enfant. (*Avec dépit.*) Ah ! voilà Lussan. Tu ne peux t'expliquer devant lui.

JUSTINE, à part.

Il arrive à propos pour me tirer d'embarras. Mon dieu, mon dieu, ne me viendra-t-il pas une idée ?

(*Elle se remet à son métier.*)

SCÈNE V.

LUSSAN, MONTBRUN, JUSTINE.

MONTBRUN.

Hé bien, monsieur, vous passez donc les nuits à observer les astres?

LUSSAN.

Oui, mon oncle.

MONTBRUN.

Vous ne dormez plus maintenant?

LUSSAN.

Dormir! perdre le tiers d'une vie qui ne suffit pas à l'étude de la sagesse!

MONTBRUN.

Et c'est dans les astres que vous étudiez la sagesse?

LUSSAN.

L'astronomie, monsieur, agrandit l'ame, élève l'homme, et lorsque son génie plane dans les cieux, il est étranger aux vices, aux haines, aux vengeances qui agitent ce globe.

MONTBRUN.

Comme tout cela est beau! Finissons. Veux-tu déjeuner avec moi?

LUSSAN.

La somptuosité de vos repas ne s'accorde pas avec la sobriété que je me suis imposée.

MONTBRUN.

Et à quoi bon cette sobriété? Elle entretient le vide de ton cerveau, et te fait extravaguer à la journée.

LUSSAN.

(Justine écoute attentivement.)

Je lui dois, monsieur, la clarté, la précision, la force des idées. A toute heure, à tout instant, l'homme sobre est habile à penser et à agir. La sage prévoyance règle seule l'emploi de ses facultés intellectuelles. Également éloigné de l'emportement et de la faiblesse, il marche d'un pas ferme et égal dans la route qu'il s'est tracée, et, sans connaître l'orgueil, il peut se croire très-supérieur à ceux dont le cerveau, toujours offusqué par les suites de l'intempérance, n'est presque jamais accessible à la pensée.

JUSTINE, avec un soupir d'allégement.

Ah, ah!.... A la fin, m'y voici.

(Elle sort.)

MONTBRUN.

(A part.) Il est vrai que j'ai quelquefois la tête pesante le matin. (Haut.) A l'exagération et au ton dogmatique près, tu pourrais bien avoir raison. Mais que veux-tu faire de ces facultés intellectuelles, toujours pures, toujours agissantes?

LUSSAN.

Les ennoblir par le plus digne emploi. C'est aux hautes sciences que je consacre ma vie.

MONTBRUN.

Hé! dites-moi, monsieur, à quoi sert un savant?

SCÈNE V.

Quel accueil fait-on dans le monde à un homme toujours sérieux, toujours hérissé d'arguments, ou qui, sans cesse concentré en lui-même, voit en pitié le reste des humains?

LUSSAN.

C'est le pédant que vous peignez, monsieur, et non le véritable savant. Celui-ci ne dédaigne pas les hommes; il les instruit avec bienveillance; il les conduit à la vérité; il les enrichit de ses découvertes, et, vraiment utile à ses contemporains, il transmet son nom à la postérité.

MONTBRUN, d'un ton affectueux.

Lussan, mon cher Lussan, je te vois avec peine sacrifier tes plus belles années à des travaux soutenus, qui peut-être te feront arriver à la postérité; mais qui t'empêchent de jouir des douceurs de la vie. Je doute d'ailleurs que la science ait enrichi personne (*riant*), et j'espère te faire attendre long-temps encore la moitié de mon bien.

LUSSAN.

Qui vise à la fortune est indigne de la gloire. J'ai un petit domaine qui suffit à mes besoins (*avec sentiment*), et j'espère, mon oncle, vous conserver long-temps.

MONTBRUN.

Tu espères! tu veux me faire croire que je te suis vraiment cher. Hé bien, prouve-le moi. (*Avec effusion.*) Mon ami! mon cher ami, rends-toi à mes représentations, à ma tendresse; sois sobre, laborieux, savant, puisque tu veux l'être; mais évite les excès en tout genre. Vois la société, pour qui tu es fait; livre-toi à un penchant qui fait le charme de la vie, et dont le souvenir nous console du malheur de vieillir.

LUSSAN.

(*Avec sentiment.*) L'amour, l'amour, mon oncle! oui, il a fait des heureux; on le dit. (*Revenant à son ton ordinaire.*) Mais la légèreté d'un sexe, les illusions, les prestiges dont on l'entoure, les adulations dont on l'enivre ne doivent-ils pas faire trembler un homme raisonnable? Que reste-t-il à celui qui s'est trompé dans son choix? Le regret humiliant de n'avoir pas su juger l'objet de son amour; la nécessité de combattre sans cesse un penchant qui le subjugue, de le cacher à tous les yeux, et la certitude de vieillir sans être plaint.

MONTBRUN.

Mon ami, il est mille exceptions. Ta cousine est jeune, jolie; elle a l'esprit délicat, cultivé; elle est raisonnable.

LUSSAN, d'un ton passionné.

Oui, mon oncle, oui, Adèle réunit des qualités à tous les agréments, à tous les charmes.

MONTBRUN.

Hé bien, associe-la à ta destinée. Quoi, ton imagination ne t'a jamais présenté le tableau de deux êtres intimement unis par les goûts, les caractères et l'affection; vivant, pensant, agissant de concert; faisant tout l'un pour l'autre; trouvant dans leurs sacrifices mêmes le prix de leurs sacrifices; élevant à les aimer les fruits précieux de leur union, et attendant d'eux, pour leur viellesse, les soins qu'ils ont prodigués à leur enfance, les consolations qui rendent notre fin moins douloureuse! Pense au contraire combien cette fin est cruelle pour celui qui s'est volontairement isolé. Entouré, à ses derniers moments, de collatéraux avides, ou d'êtres indifférents, il cherche en vain la commisération dans tous les yeux; il attend vainement un mot qui le soutienne, ou qui ranime dans son cœur l'espoir prêt à s'éteindre. Il meurt comme il a vécu, sans avoir été aimé, sans être plaint.

LUSSAN.

Je n'ai qu'un mot à répondre. Comment, connaissant si bien les charmes d'une union assortie, vous êtes-vous refusé à en goûter les douceurs?

MONTBRUN, brusquement.

Comment, comment!...... J'ai eu tort, sans doute; vos procédés envers moi me le prouvent, monsieur, et ce n'est pas en cela que vous devez me prendre pour modèle. (*A part.*) En vérité, je ne sais plus que lui dire.

SCÈNE VI.

MONTBRUN, LUSSAN, DUPONT, JUSTINE.

DUPONT, à Montbrun.

Monsieur est servi.

MONTBRUN, en sortant.

Jamais je ne l'ai été aussi à propos.

SCÈNE VII.

LUSSAN, DUPONT, JUSTINE.

JUSTINE, à Dupont.

Tu m'as entendue, comprise. Je vais maintenant me concerter avec le cher oncle.

(Elle range son métier, et sort.)

SCÈNE VIII.

LUSSAN, DUPONT.

LUSSAN, assis, tirant un livre de sa poche, et apercevant Dupont.

Voilà comment un sage doit se montrer. Inébranlable dans ses principes, indulgent pour les faiblesses des autres, il sait concilier ce qu'il leur doit et ce qu'il se doit à lui-même.

DUPONT, s'approchant d'un air hypocrite.

Monsieur....

LUSSAN.

Qu'est-ce ?

DUPONT.

Monsieur veut-il déjeuner aussi ?

LUSSAN.

Oh, j'ai le temps de déjeuner.

DUPONT.

Je rappelle à monsieur qu'il a déjeuné hier à six heures du soir.

SCÈNE VIII.

LUSSAN, d'un ton de satisfaction.

Vraiment, Dupont?

DUPONT.

Hélas, oui, monsieur.

LUSSAN, avec ravissement.

A six heures du soir!

DUPONT.

De quoi monsieur se réjouit-il donc?

LUSSAN.

De l'emploi que j'ai fait de mon temps. Ne t'est-il jamais arrivé, Dupont, de bien remplir une journée?

DUPONT.

Hé, monsieur, je ne fais que cela.

LUSSAN.

Et tu éprouves cette satisfaction intérieure qui nous dédommage de notre travail?

DUPONT.

J'éprouve beaucoup de fatigue, monsieur, et je m'en dédommage en soupant de bon appétit.

LUSSAN.

Être sensuel!

DUPONT.

J'en conviens, monsieur, et je m'en trouve à merveilles. Si j'osais vous représenter....

LUSSAN.

Quoi?

DUPONT.

Que votre manière de vivre n'a rien de bien substantiel, et que la sagesse ne doit pas vous rendre insensible à ce qu'il y a là-bas.

LUSSAN.

Et qu'y a-t-il donc?

DUPONT, d'un air friand.

Une volaille au cresson, d'une mine si tentante, à la peau si bien dorée, cuite si à propos!

LUSSAN.

Que me proposez-vous, Dupont! Moi, j'agirais ouvertement contre mes principes!

DUPONT.

Vos principes, monsieur, vos principes! Point de mariage, point de bonne chère! Permettez-moi de vous représenter que si tout le monde pensait comme vous, le genre humain finirait. Et qui saurait, dans cinquante ans, que vous avez existé, et que vous avez pensé et fait de si belles choses?

LUSSAN, faiblissant.

Hé, ce raisonnement est assez spécieux.

DUPONT, d'un ton caressant.

Allons, allons, monsieur, une aile de poulet. Laissez-vous persuader.

LUSSAN, faiblissant davantage.

Laissez-moi, Dupont, laissez-moi.

DUPONT.

Vous êtes ébranlé, monsieur; vous allez vous rendre à la force de mes raisons, et cela me fera un honneur infini.

LUSSAN, revenant à son système.

Ébranlé, dites-vous! je suis ébranlé! Vous êtes un impertinent.

SCÈNE VIII.

DUPONT.

Monsieur....

LUSSAN.

Un faquin, un sot.

DUPONT.

Monsieur oublie que les injures marquent de la colère, et que la modération est la première vertu du sage.

LUSSAN.

Hé, le sage n'est-il pas un homme, et ne lui est-il pas permis de faiblir quelquefois ?

DUPONT.

Tenez, monsieur, je crois que cette sagesse-là n'est bonne que dans les livres. Madame, qui en parle autant que vous, et qui ne la cultive pas avec plus de succès....

LUSSAN.

Misérable! tu inculpes ma cousine !

DUPONT.

Ah, monsieur s'emporte encore.

LUSSAN.

Non, non, je me modère, et j'écoute. Voyons, qu'a fait madame de Méran ?

DUPONT.

Elle ne pratique pas un régime tout-à-fait aussi sévère que le vôtre.

LUSSAN.

Son sexe autorise certaines petites choses....

DUPONT.

Elle aime le monde, quoi qu'elle en dise.

LUSSAN.

Calomnie épouvantable!

DUPONT.

J'en ai des preuves certaines.

LUSSAN.

Finissons. Qu'avez-vous remarqué, monsieur l'observateur?

DUPONT.

Quand madame est au salon....

LUSSAN.

Hé bien?

DUPONT.

Monsieur le baron ne la quitte pas.

LUSSAN, inquiet.

En effet, son assiduité m'a frappé.

DUPONT.

Il a toujours quelque chose à dire à demi-voix.

LUSSAN, à part.

Il a raison.

DUPONT.

Madame lui sourit quelquefois.

LUSSAN.

Elle lui sourit! (*Avec amertume.*) Oui, oui, elle lui sourit.

DUPONT.

Et elle n'a pas assez de soin des billets qu'on lui adresse.

LUSSAN.

Des billets, dis-tu, des billets!

SCÈNE VIII.

DUPONT.

Je viens de trouver celui-ci.

LUSSAN.

Tu l'as lu, malheureux!

DUPONT.

Comment, sans cela, saurais-je à qui le rendre?

LUSSAN.

Achève; parle donc. Voyons que dit ce billet?

DUPONT.

Puisque je l'ai lu, y a-t-il quelque inconvénient à ce que monsieur le lise aussi?

LUSSAN.

Il y en a, et beaucoup.

DUPONT.

Hé bien, je vais en faire la lecture à monsieur.

LUSSAN.

L'indiscrétion est la même. Ne saurais-tu me rendre le sens de ce billet?

DUPONT.

Je ne le crois pas, monsieur. D'ailleurs, j'ai remarqué des expressions qui peuvent vous blesser, et....

LUSSAN.

Me blesser, moi! Cela n'est pas possible. (*Avec impatience.*) Allons, lis, lis donc, puisque ton intelligence ou ta mémoire te trahit.

DUPONT, lit.

« Madame, je n'ai pas osé vous écrire encore; mais
« il m'est impossible de me taire plus long-temps. Je
« brûle de vous ouvrir mon cœur et de m'assurer du
« vôtre, avant que mes sentiments soient connus...

LUSSAN, avec force.

Comment donc, du mystère!

DUPONT, lit.

« De l'homme qui vous obsède....

LUSSAN, en colère.

Je l'obsède, moi!

DUPONT, lit.

« Et qui vous arrache à la société dont vous faisiez
« les délices. Je vous supplie de vous trouver ce soir
« chez madame d'Esteval.

LUSSAN.

Oser demander un rendez-vous à une femme qui
n'a pas dit : J'aime!

DUPONT, lit.

« L'indulgence avec laquelle vous m'avez quelque-
« fois écouté....

LUSSAN.

Le fat!

DUPONT, lit.

« Me donne lieu d'espérer que vous ne me refuse-
« rez pas la grace que je vous demande. »

LUSSAN, exaspéré.

Écrire ainsi à ma cousine! Ce billet est infame.
Donnez-moi cet écrit ; c'est moi qui vais répondre;
c'est à moi qu'il convient de protéger la jeunesse et
les graces dépourvues d'expérience. (*Il se met au
bureau et se dicte en écrivant.*) « L'homme qui obsède
« madame de Méran désire vous apprendre à choisir
« vos expressions, et surtout à rechercher d'une ma-
« nière convenable la main d'une jeune dame, qui est

SCÈNE IX.

« sa maîtresse, à la vérité; mais que son âge soumet, « jusqu'à certain point encore, aux conseils de ses pa-« rents. Demain, à six heures du matin, je serai au « bois de Boulogne. » — (*Il cachète le billet.*) Allez, Dupont, remettez cela à son adresse. (*Il met dans sa poche le billet du baron.*) Je ne me possède pas; je suis furieux. (*Appelant.*) Dupont....

DUPONT, descendant la scène.

Monsieur!

LUSSAN.

Je vous recommande la plus grande discrétion sur tout ceci.

DUPONT.

Ce n'est pas à moi, monsieur, qu'il faut faire la leçon.

LUSSAN.

Mes bienfaits seront le prix de votre silence.

SCÈNE IX.

LUSSAN, SEUL.

Le baron ose aimer Adèle! il ose le lui dire, lui demander un rendez-vous, et il m'insulte, moi! Oh, la sagesse a ses bornes, et je ne souffrirai pas que ma cousine appartienne à l'homme qui s'explique avec une légèreté, qui exclut toute espèce d'estime..... La sagesse, ai-je dit? Ah, si je me rendais un compte exact des motifs de ma conduite.....

SCÈNE X.

LUSSAN, JUSTINE.

JUSTINE, prenant le regard, le ton de l'ironie.

Hé, monsieur, que s'est-il donc passé entre vous et Dupont? Vous avez fait un bruit qui s'entendait de la salle à manger....

LUSSAN, avec effroi.

Où mon oncle est encore?

JUSTINE.

Il m'envoie savoir ce qui a pu vous faire sortir des bornes de votre modération ordinaire. (*Après un silence.*) Hé bien, monsieur?

LUSSAN, embarrassé.

Je.... lisais.... Je.... je lisais....

JUSTINE, finement.

Vous lisiez?

LUSSAN.

Les oraisons funèbres de l'immortel Bossuet.

JUSTINE.

Je ne les connais pas.

LUSSAN.

Tant pis pour vous, Justine.

JUSTINE.

Mais je n'en ai pas une très-haute idée.

LUSSAN.

Ouvrage sublime, mademoiselle; plein d'images et de raison.

SCÈNE X.

JUSTINE.

Ouvrage médiocre, monsieur. Moi, qui ai la bonne ou la mauvaise habitude d'écouter, et qui avais l'oreille à la serrure....

LUSSAN, à part, avec effroi.

Que va-t-elle me dire?

JUSTINE.

J'ai distingué, et très-clairement, ces mots: *Sot, faquin, impertinent valet. Je ne me possède pas; je suis furieux.* Si c'est là de la prose de Bossuet, vous conviendrez, monsieur, qu'elle n'est pas excellente.

LUSSAN.

Que signifie ce subterfuge, mademoiselle? Il vous sied bien de m'écouter, d'oser me tourner en ridicule!

JUSTINE.

Les grands mots ne m'intimident pas. Monsieur de Montbrun a votre cartel dans sa poche. Cette pièce est la mesure exacte de votre sagesse, et sa publicité renversera, sans retour, cet échafaudage, qui déja n'en impose plus ici.

LUSSAN, avec force.

Qu'ai-je entendu? Dupont a eu l'insolence de me jouer! Dupont n'est plus à mon service.

JUSTINE.

Je le prends au mien, monsieur.

LUSSAN.

Vous quitterez tous deux cette maison aujourd'hui.

JUSTINE.

Cela pourrait bien être, monsieur.

LUSSAN.

Il me suffira d'un mot pour déterminer ma cousine. Allez, et que Dupont se garde de paraître jamais devant moi.

JUSTINE.

Monsieur a fini. Il m'est permis de parler à mon tour.

LUSSAN, avec beaucoup d'humeur.

Oh, par grace, laissez-moi.

JUSTINE.

Que monsieur soit sobre le jour, puisqu'il le veut ; mais qu'au moins il repose la nuit. Qu'il permette de reporter à l'opticien ces vilains instruments qui sont là-haut, et de condamner la porte de ce grenier, qu'il nomme fastueusement son observatoire. (*Après un temps.*) Décidez-vous, monsieur. Achetez ma protection ; je la mets à ce prix.

LUSSAN.

Et que pouvez-vous pour moi, s'il vous plaît ?

JUSTINE.

Engager votre oncle à vous ménager ; vous faire rendre votre défi au baron ; sauver votre réputation ; vous affermir dans les prérogatives attachées au titre de sage, dont un mot peut vous dépouiller.

SCÈNE XI.

LUSSAN, JUSTINE, MONTBRUN, sortant
du cabinet.

MONTBRUN, à Justine.

Vous n'entendez pas vos intérêts, Justine. Laissez

SCÈNE XI.

ces instruments où ils sont. (*Contrefaisant Lussan.*) L'astronomie agrandit l'ame, élève l'homme, et lorsque son génie plane dans les cieux, il est étranger aux faiblesses, aux tracasseries qui agitent le pauvre genre humain. (*Il rit.*) Ah, ah, ah !

LUSSAN, couvrant son visage de ses mains.

Je suis au désespoir.

MONTBRUN.

Si Lussan se fût occupé d'astronomie, se serait-il emporté comme un homme du peuple, et contre qui? contre un valet qui ne peut se défendre. Eût-il voulu verser le sang de son semblable, lui, qui craindrait, dit-il, d'ôter une plume à un oiseau? Pour couvrir cette double faute, eût-il menti à Justine avec le sang-froid et la facilité d'un gascon? eût-il projeté d'abuser de son influence sur l'esprit d'une jeune femme pour lui faire congédier ses gens? Emportement, vengeance, orgueil, mensonge; voilà ce qui vient de signaler ce sage si supérieur à son siècle. (*Il rit.*) Ah, ah, ah !

LUSSAN, avec le ton d'une douleur profonde.

Et vous aussi, mon oncle !

MONTBRUN.

Et moi aussi, mon neveu. Ah, ah, ah !

LUSSAN, à Montbrun.

Par grace, tirez-moi de l'anxiété affreuse où je suis. Ma cousine est-elle instruite? Ai-je perdu sans retour son estime, son affection, sa confiance?

MONTBRUN.

Ta cousine n'est pas plus sage que toi, et je t'assure qu'elle n'a pas de reproches à te faire. Ah, ah, ah, ah! Vois-tu son air confus, affligé? Du courage, Adèle, reviens à toi. Lussan ne sera pas sévère. N'est-il pas vrai, mon ami? Ah, ah, ah!

JUSTINE, à Montbrun.

Le plus difficile est fait. Laissons-les à eux-mêmes.

(Ils sortent.)

SCÈNE XII.

ADÈLE, LUSSAN.

(Lussan doit mettre beaucoup de chaleur dans cette scène.)

ADÈLE.

Mon cousin, j'ose à peine vous regarder. J'ai des aveux pénibles à vous faire.

LUSSAN.

Et moi, ma cousine, et moi!

ADÈLE.

Je viens m'accuser franchement, implorer votre indulgence.

LUSSAN.

(*A part.*) Elle va me parler du billet du baron. (*Haut.*) Je me rappelle les derniers mots de mon oncle, et je vous entends. Vous avez été aussi victime de cette ligue que monsieur de Montbrun dirige impitoyablement contre nous.

ADÈLE.

Il est entré chez moi ce matin...

SCÈNE XII.

LUSSAN.

Guidé par la ruse, par la malignité.

ADÈLE.

J'étais devant ma glace. Je ne tiens pas à ma figure, vous le savez.

LUSSAN.

Mais il est naturel de soigner sa personne. Nos sentiments pour nous; l'extérieur pour les autres. Ils doivent savoir gré à des êtres tels que nous de vouloir bien descendre jusque là.

ADÈLE.

J'ai pour eux la condescendance d'être mise, coiffée comme tout le monde.

LUSSAN.

Et une glace devient un meuble nécessaire.

ADÈLE.

Mon oncle a prétendu que je m'arrêtais devant la mienne avec complaisance; que ma vanité rendait à ma figure un hommage secret; que notre prétendue sagesse n'est que l'orgueil d'attirer l'attention, d'occuper la renommée. La continuité, l'amertume de ses railleries m'ont mise hors de moi.

LUSSAN, s'écriant.

C'est bien là ce qu'il voulait.

ADÈLE.

J'ai senti que j'allais répondre avec une vivacité peu respectueuse.

LUSSAN.

C'est encore à cela qu'il comptait vous amener.

ADÈLE.

Je me suis contenue. Mais une aiguière m'est échappée, et la glace a volé en éclats.

LUSSAN.

Et comment être maître de soi, tracassé, tourmenté, torturé sans cesse par lui et ses affidés?

ADÈLE.

Monsieur de Montbrun m'a raillée de nouveau sur ce prétendu mouvement de colère.

LUSSAN.

Croit-il que la sagesse nous rende impassibles?

ADÈLE.

Je n'ai pas répliqué; mais, en me tournant un peu brusquement, j'ai renversé ce joli nécessaire de vermeil....

LUSSAN.

Ceci n'est qu'un accident.

ADÈLE.

Un pot au rouge a roulé sur le parquet.

LUSSAN.

Et mon oncle en a tiré de nouvelles conséquences.

ADÈLE.

Il veut que je paraisse quelquefois au salon, et il y a des jours où je suis d'une pâleur! d'ailleurs, j'en mets si peu! si peu!

LUSSAN.

Y a-t-il plus de mal à avoir un peu de rouge sur la joue qu'un gant sur la main?

ADÈLE.

Que vous êtes bon, Lussan; que vous êtes équi-

SCÈNE XII.

table! mon oncle ne voit pas comme vous. Casser une glace, renverser un nécessaire, mettre du rouge, sont de ces choses, dit-il, qu'un sage ne doit pas se permettre. Il m'a menacée de raconter cela partout. J'ai eu la faiblesse de craindre le public, et celle d'accepter....

(Elle s'arrête.)

LUSSAN.

Achevez, Adèle, achevez.

ADÈLE.

Une proposition... (*Un grand soupir.*) Ah! mon cousin!

LUSSAN.

Finissez, par grace.

ADÈLE, avec timidité.

Hé bien! j'ai promis...

LUSSAN.

Vous avez promis?

ADÈLE.

D'aller ce soir au bal de l'opéra avec madame d'Esteval.

LUSSAN.

Au bal de l'Opéra! Vous n'irez point.

ADÈLE.

Je suis au désespoir, mon cousin; mais j'ai promis.

LUSSAN.

Vous avez cédé à la violence de votre position. Une promesse qui n'est pas libre, parfaitement libre, n'engage à rien. Vous faire promettre d'aller au bal de l'Opéra! quelle indignité! Vous contraindre à vous donner en spectacle, à écouter de fastidieuses plaisanteries, les lieux communs qu'on adresse à toute femme un peu jolie...

ADÈLE, piquée.

Un peu jolie, monsieur?

LUSSAN.

Très-jolie, si vous le voulez, madame; qu'importe le plus ou le moins? Si vous persistez à tenir votre promesse....

ADÈLE.

Hé, comment m'en dispenser?

LUSSAN.

Je me brouille avec vous.

ADÈLE, lui souriant avec douceur.

Ne serait-il pas mieux de nous accompagner?

LUSSAN, s'écriant.

Moi, au bal de l'Opera!

ADÈLE.

Deux femmes y seraient déplacées. Et puis, tout ne sert-il pas d'aliment à la sagesse? Un spectacle tumultueux, insensé, ne nous affermira-t-il pas dans la vérité, la solidité de nos principes? D'ailleurs, qui nous reconnaîtra sous le masque?

LUSSAN.

Adèle, ma chère Adèle, renoncez à ce projet, je vous en conjure. N'y voyez que l'intention bien formelle qu'a mon oncle de nous couvrir publiquement de ridicule. Savez-vous où m'a déja poussé leur insidieuse adresse? A m'emporter contre Dupont, à

SCÈNE XII.

mentir à Justine, à vouloir m'armer contre un homme....

ADÈLE, d'un air de satisfaction.

Vraiment, mon cousin!

LUSSAN.

Mais, qu'est-ce que cela prouve? Qu'humiliés de notre supériorité, jaloux du calme inaltérable dont nous commencions à jouir, les conjurés, sentant l'impuissance de s'élever jusqu'à nous, veulent nous faire descendre jusqu'à eux.

ADÈLE.

Hé bien, cessons de les humilier; ils cesseront de nous poursuivre. Descendre jusqu'à eux est de la générosité, de la compassion, et, lorsqu'à l'aide d'un domino l'on peut se mettre bien avec tout le monde, n'y a-t-il pas de la bizarrerie à refuser de le prendre pour une heure ou deux?

LUSSAN, avec force.

Vous brûlez d'aller au bal.

ADÈLE, avec dépit.

Et vous avez pris sur moi un ascendant que vous poussez jusqu'à la tyrannie.

LUSSAN, faiblissant.

Moi, Adèle, moi!

ADÈLE.

Vous, monsieur, vous. Refuser de me donner la main, n'est-ce pas me contraindre à rester ici, à manquer à ma parole, à me faire passer dans l'esprit de madame d'Esteval pour une femme extraordinaire, extravagante?

LUSSAN.

Que vous importe l'opinion des autres? (*Tendrement.*) Me voyez-vous ambitionner d'autre estime que la vôtre?

ADÈLE, d'un ton caressant.

Ajoutez, par un peu de complaisance, aux sentiments que vous m'avez inspirés.

LUSSAN, avec force.

Non, madame, non, bien décidément non.

ADÈLE.

Hé bien, monsieur, je prends mon parti.

LUSSAN.

Et lequel?

ADÈLE.

Je me passerai de vous.

LUSSAN, exaspéré.

Comment, madame..!

ADÈLE.

Et je prierai le baron de vouloir bien m'accompagner.

LUSSAN, avec effroi.

Le baron, madame, le baron! C'est de tous les hommes celui que vous devez craindre le plus.

ADÈLE.

Et la raison, s'il vous plaît?

LUSSAN.

Il est très-bien fait, madame.

ADÈLE.

Soit.

SCÈNE XII.

LUSSAN.

Sa figure est distinguée.

ADÈLE.

Je le sais.

LUSSAN.

Il a trouvé l'art de captiver votre attention.

ADÈLE.

Je conviens qu'il est prévenant, plein d'égards, de complaisance.

LUSSAN.

Des égards, dites-vous! Il n'en connaît pas. Entreprenant dans sa conduite, audacieux dans son style...

ADÈLE, avec une ironie amère, et sortant.

Tout ce qu'il vous plaira, monsieur. Cherchez-lui des torts, imaginez-en. Vous ne lui ôterez pas un mérite essentiel à mes yeux, celui de ne pas tenir à ses idées.

LUSSAN, la ramenant.

Adèle, vous me désespérez ! Vous voulez ma honte....

ADÈLE.

Je ne veux plus rien, monsieur.

LUSSAN.

Écoutez-moi.

ADÈLE.

Et qu'avez-vous à me dire?

LUSSAN.

Il faut que je déroge à mes principes; il le faut, pour vous garantir de vous-même et des séductions du siècle. Je renonce, pour un moment, aux lois que je me suis imposées.

ADÈLE.

Ah! voilà un homme aimable!

LUSSAN, avec embarras.

Ce soir...

ADÈLE.

Ce soir?

LUSSAN.

Pendant qu'on me croira tout entier à l'étude...

ADÈLE.

Hé bien?

LUSSAN.

Je m'échapperai par mon escalier dérobé.

ADÈLE.

A merveilles.

LUSSAN.

Je me rendrai chez madame d'Esteval...

ADÈLE, avec la plus grande gaîté.

Il est charmant.

LUSSAN.

Je vous y trouverai. Nous prendrons des dominos, nous partirons, et....

SCÈNE XIII.

ADÈLE, LUSSAN, MONTBRUN, sortant du cabinet.

MONTBRUN.

Ah! ah! ah! Des dominos, des dominos pour nos deux sages, qui vont au bal de l'Opéra. De quelle

SCÈNE XIII.

couleur les voulez-vous? Ah! ah! ah! Et moi aussi j'irai au bal de l'Opéra. Je vous présenterai à tout Paris. Je raconterai votre conversion ; je m'en attribuerai l'honneur. On se moquera un peu de vous, et parbleu, vous l'avez bien mérité. Ah! ah! ah!

LUSSAN, à Adèle, en s'écriant.

Hé bien! madame, que vous disais-je?

ADÈLE.

Quoi! mon oncle! vous exécuteriez ce cruel projet!

MONTBRUN.

Peut-être même y ajouterai-je quelque nouvel incident. Ah! ah! ah!

LUSSAN, à Adèle, avec amertume.

J'abuse de l'ascendant que j'ai sur vous! Je suis un tyran!

ADÈLE, à Montbrun.

Non, monsieur, non, vous ne me présenterez pas à tout Paris; vous ne vous attribuerez rien. Je vais m'enfermer chez moi, et je n'en sortirai pas de huit jours.

MONTBRUN.

Vous le prenez sur ce ton là! (*A Lussan.*) Je garde le cartel dans ma poche. Le publier serait vous exposer, monsieur. Je me contenterai de le faire lire à sept à huit de mes amis.

ADÈLE, du ton de l'inquiétude.

Que dites-vous, mon oncle?

MONTBRUN, tirant un papier de sa poche.

Mais voici ce que je vais envoyer à mon imprimeur,

ce que je ferai afficher à tous les coins de rue. (*Il lit.*)
« Cinquante louis de récompense à qui trouvera et
« rapportera à M. de Montbrun, le bon sens d'un
« jeune homme, qui affecte l'austérité des principes,
« et dont la conduite et les discours sont sans cesse
« en opposition. Plus, le jugement d'une petite femme
« fort jolie, qui passe les nuits à lire Sénèque; mais
« qui est colère, et qui casse ses glaces; qui ne tient
« pas à sa figure et qui met du rouge, et qui, sur
« une menace assez légère, se hâte de troquer ses li-
« vres contre un masque. » (*A Adèle et à Lussan.*)
Ce soir au bal de l'Opéra, ou demain vous êtes affi-
chés vifs. Voilà mon dernier mot. Ah! ah! ah!

(Il sort.)

SCÈNE XIV.

ADÈLE, LUSSAN.

ADÈLE.

Je suis anéantie.

LUSSAN.

Je ne me possède pas.

ADÈLE.

Être l'objet des sarcasmes, des épigrammes de toute une ville!

LUSSAN.

Cela serait affreux!

ADÈLE.

Et je ne vois aucun moyen d'échapper à des piéges toujours renaissans.

SCÈNE XIV.

LUSSAN.

J'en connais un ; mais il exige du courage, et à votre âge, Adèle...

ADÈLE, avec une sorte de fierté.

J'ai vingt ans, mon cousin, et je suis votre élève. Parlez.

LUSSAN.

Je connais, dans la Suisse, une vallée riante et fertile. Là, l'homme laborieux et toujours occupé est indifférent aux actions des autres. C'est dans l'intervalle d'une bourgade à une autre que nous nous établirons. On n'épiera pas nos actions ; on n'écoutera pas nos discours ; on ne cherchera pas à surprendre notre pensée. Contempler la nature, jouir de ses beautés, cultiver les sciences, nous éclairer, nous chérir ; voilà quelle sera notre vie.

ADÈLE, à part.

Non, mon cher ami, non ; une femme de mon âge ne court pas le monde avec un jeune homme tel que vous. (*A part.*) Mais probablement mon oncle nous écoute encore, et j'ai une revanche à prendre, et une affiche à éviter. Feignons.

LUSSAN, avec timidité.

Vous réfléchissez, Adèle ; vous hésitez !

ADÈLE.

Je pense, mon cousin, qu'en Suisse nous trouverons des hommes qu'on aura soin d'instruire : monsieur de Montbrun a des correspondans partout. Nos voisins deviendront de nouveaux ennemis de notre tranquillité. Ils nous forceront à choisir un autre asyle, d'où la persécution nous chassera encore, jusqu'à ce qu'enfin fatigués, excédés, découragés, nous revenions ici prendre des fers dorés, et nous soumettre à ce que monsieur de Montbrun décidera de notre sort.

LUSSAN.

Où donc chercher un refuge contre les persécutions dont on nous accable?

ADÈLE.

Je vous le demande à vous qui avez voyagé?

LUSSAN, hors de lui.

Ah! ma cousine, ma cousine, quel trait de lumière! Nous partons pour Bordeaux.

ADÈLE.

Nous frêtons un vaisseau.

LUSSAN.

J'y embarque tout ce qui peut vous être utile ou agréable.

ADÈLE.

Nous voguons favorisés par les vents et la fortune.

LUSSAN.

Nous débarquons sur la côte tant désirée.

ADÈLE.

Laquelle, mon cousin?

LUSSAN.

Celle qui borde les Pyrénées. Nous gravissons les plus hautes montagnes; nous nous enfonçons dans quelque désert, où nous ne pouvons rencontrer, et à de longs intervalles, que quelques êtres étrangers à nos coutumes, à notre langage...

SCÈNE XIV.

ADÈLE.

Et nous sommes réellement seuls dans l'univers?

LUSSAN.

Que vous êtes bonne! combien je suis heureux; combien vous le serez vous-même! qu'il est beau, qu'il est doux de s'estimer réciproquement; de tout faire l'un pour l'autre; de trouver dans la reconnaissance, dans le cœur de l'objet, auquel on s'est exclusivement donné, le prix de ses soins, de ses attentions, de sa tendre sollicitude!

ADÈLE.

Quel tableau, mon cher cousin! votre bouche le pare d'un charme irrésistible.

LUSSAN.

Me permettez-vous de m'occuper des préparatifs de notre départ?

ADÈLE.

Je vous y invite, mon cher Lussan. (*Il sort; elle le rappelle.*) Écoutez-donc. Il n'y a pas un moment à perdre. Ce bal, où vous ne voulez pas que j'aille; cette affiche, qui nous couvrira de ridicule....

LUSSAN.

Prenez vos diamans; moi, mes effets précieux. Retirons-nous à l'instant dans quelque village des environs de Paris. Il sera facile d'y vivre ignorés pendant quelques jours. J'écris de là à mon homme d'affaires; il réalise toutes nos valeurs, et je transporte Adèle dans des lieux inaccessibles, où nous ne vivons que pour nous.

SCÈNE XV.

ADÈLE, MONTBRUN, sortant du cabinet.

MONTBRUN, en colère.

Ventrebleu, ceci passe la plaisanterie. Écoutez-moi, Lussan. (*Lussan sort.*) Restez, Adèle, je vous l'ordonne. Voilà deux têtes renversées, et qui, de moment en moment, deviennent plus incurables.

ADÈLE.

Mon cher oncle s'échauffe.

MONTBRUN.

Et j'ai tort, n'est-ce pas? Se retirer dans un désert! A-t-on jamais entendu parler d'un tel acte de démence?

ADÈLE.

Lorsqu'on maltraite ses parents, qu'on ne cesse de les poursuivre, doit-on s'étonner de leur voir prendre un parti désespéré?

MONTBRUN.

Et dites-moi, madame, avez-vous réfléchi aux conséquences d'une semblable démarche? Votre réputation vous est-elle devenue indifférente? N'est-ce pas en la respectant le premier que Lussan doit vous marquer son attachement? Que dira le monde?

ADÈLE.

Ce qu'il lui plaira.

MONTBRUN.

Corbleu, je ne vous conçois plus. La femme la plus réservée va suivre un insensé... je ne sais où. (*Avec effusion.*) Où trouveras-tu les avantages que tu dédaignes, et qui naissent ici sous tes pas? Entres-tu dans un cercle? tu fixes tous les regards; tu lis dans tous les yeux l'impression délicieuse que tu fais éprouver; tu es l'objet de tous les soins, de tous les hommages; on prévient tes désirs, et on s'estime heureux de voir sourire cette bouche-là, pour prix du léger service qu'on t'a rendu. Tu règnes à Paris, et tu ne seras pas même remarquée dans ton désert. A quoi sert-il d'être jolie, si personne ne s'en aperçoit, si on ne se l'entend jamais dire?

ADÈLE.

Vous revenez à mon amour-propre, mon oncle. Je n'en ai plus; je n'en veux plus avoir.

MONTBRUN.

Dites que vous le sacrifiez au sot plaisir de vous singulariser, à l'insupportable vanité qui vous domine. Elle vous fait oublier vos charmes, votre esprit, et vos qualités aimables; elle vous rend insensible à la satisfaction avec laquelle le monde apprendrait que vous lui êtes rendue, à l'empressement qu'il mettrait à aller au-devant de vous. Vous m'abandonnez au déclin de l'âge; vous me condamnez à vieillir, à mourir, privé des appuis que me destinait la nature, et, pour dernier malheur, vous voulez me forcer à vous haïr. Adèle, ma chère enfant, reviens à la raison; reviens à ton vieil oncle, qui te porte dans son cœur, qui ne peut vivre sans toi, et dont tu vas abréger la carrière.

ADÈLE.

C'en est trop. Il m'est impossible de résister plus

long-temps à tant de bonté. Rassurez-vous, mon cher oncle, et pardonnez-moi d'avoir voulu me venger un peu de vos espiègleries. Non, je ne pars point pour les Pyrénées; non, je ne passe pas les nuits à lire Sénèque; non, je n'ai pas le goût de la retraite.....

MONTBRUN.

Et qui te force à la contrainte que tu t'es imposée?

ADÈLE.

Un sentiment profond, irrésistible, qui pourrait faire le charme de ma vie.

MONTBRUN, s'écriant.

Tu aimes, Adèle! Ah, nomme-moi celui qui t'a su plaire. Quel qu'il soit, j'assurerai ton bonheur. Faut-il des démarches? je les ferai. De l'or? je le prodiguerai, et au moins la moitié de mes vœux sera remplie.

ADÈLE, avec timidité.

Ils peuvent l'être tout-à-fait, mon oncle.

MONTBRUN, s'écriant.

C'est Lussan que tu aimes!

ADÈLE.

Plus que je ne peux le dire, mon oncle, plus que je n'ose me l'avouer à moi-même, et en embrassant son système, je n'ai eu d'autre but que de lui prouver, que je peux tout lui sacrifier, excepté mon amour.

MONTBRUN, soupirant.

Ma chère enfant, que je te plains!

ADÈLE, gaîment.

Et pourquoi, mon oncle?

SCÈNE XV.

MONTBRUN.

Lussan n'aime pas.

ADÈLE.

Qui vous l'a dit?

MONTBRUN.

Ce matin encore, il a refusé ta main.

ADÈLE.

Par la crainte de ne pas l'obtenir de moi.

MONTBRUN, plein de joie.

Serait-il vrai? S'est-il déclaré; lui as-tu permis d'espérer; êtes-vous convenus de quelque chose?

ADÈLE.

Rien de tout cela, mon oncle.

MONTBRUN, avec impatience.

Hé, sur quoi donc juges-tu?....

ADÈLE.

Une femme ne se trompe jamais sur les sentiments qu'elle inspire.

MONTBRUN.

Ah!

ADÈLE.

Non, mon oncle, et les contrariétés, qui se sont succédées sans interruption aujourd'hui, ont plus avancé le dénoûment que des mois de méditation et de calcul.

MONTBRUN.

Je t'ai donc servie, sans m'en douter!

ADÈLE.

Vous avez amené Lussan au point de se déclarer

ou de partir, et, bien certainement, il ne s'éloignera pas....

MONTBRUN.

Ma foi, je n'en sais rien. L'opiniâtreté, la fausse honte de revenir sur ses pas.....

ADÈLE.

Ne tiendront pas contre la crainte de me perdre.

MONTBRUN.

Tu le crois?

ADÈLE.

J'en suis sûre, mon oncle.

MONTBRUN, l'embrassant.

J'en accepte l'augure. Du moins ce projet-ci est raisonnable; il me rit, et déja je me laisse aller aux douceurs de l'espérance.

(Il fait une fausse sortie.)

ADÈLE.

Ah, un mot, mon oncle, s'il vous plaît. Qu'est-ce donc que ce cartel dont vous parliez il y a un moment?

MONTBRUN.

Rien, rien, mon enfant. C'est une folie de ton sage, qui ne peut avoir de suites, et qui, par conséquent, ne doit pas t'alarmer.

(Il sort.)

SCÈNE XVI.

ADÈLE, LUSSAN.

LUSSAN.

Mon oncle paraît bien gai.

SCENE XVI. 337

ADÈLE.

Nous sommes enchantés l'un de l'autre.

LUSSAN.

Vraiment?

ADÈLE.

Il trouve tout simple qu'on aille chercher le bonheur où on croit le rencontrer.

LUSSAN.

Je ne m'attendais pas à cet excès de condescendance.

ADÈLE.

Oh, il a fallu l'acheter un peu.

LUSSAN, vivement.

Comment donc?

ADÈLE.

Mon oncle m'a fait remarquer qu'une très-jeune femme ne voyage pas avec un homme auquel elle ne tient que par les liens du sang.

LUSSAN.

Ce sont les plus solides.

ADÈLE.

Le monde ne juge pas que ce soient les plus respectables.

LUSSAN, ému.

Poursuivez, terminez, je vous en supplie.

ADÈLE.

J'ai été forcée de convenir que le titre d'époux est le seul qui convienne à mon compagnon de voyage.

LUSSAN, très-vivement.

Et cet époux, madame, cet époux?....

ADÈLE.

Ne craignez rien. Ceci ne peut vous regarder, vous qui avez un éloignement invincible pour le mariage; qui m'avez refusée ce matin encore....

LUSSAN.

Je vous ai refusée!... je vous ai refusée! oui, de la main de mon oncle, à qui il n'appartient pas de disposer de la vôtre. Mais....

ADÈLE.

Ne cherchez point à vous excuser. Je suis loin de vous en vouloir, et, fort heureusement, tout le monde ne voit pas comme vous. Le baron, que vous n'aimez pas, je ne sais par quelle raison.....

LUSSAN.

Vous allez me le faire détester.

ADÈLE.

Et pourquoi? c'est un honnête homme.

LUSSAN.

A la bonne heure.

ADÈLE.

Il est bien fait.

LUSSAN.

Mais pas trop.

ADÈLE.

Il est aimable.

LUSSAN.

Oh, pas du tout.

ADÈLE.

Et vous le trouviez plein de qualités, quand il devait me conduire au bal de l'Opéra. Au reste, mon

SCÈNE XVI.

cousin, il est inutile que le baron vous plaise, à vous. Il suffit que vous viviez en bonne intelligence, lorsque nous serons tous trois dans notre charmant désert, et...

LUSSAN.

Tous trois, dites-vous, tous trois! je serais témoin de la félicité.... Je suis outré, furieux, désespéré. Je tuerai votre baron.

ADÈLE, avec ironie.

Et la sagesse, mon cousin?

LUSSAN.

La sagesse! ah! si j'osais vous développer mes motifs, si vous saviez combien je suis loin de ceux que vous me prêtez!

ADÈLE.

Je ne sais pas deviner, mon cousin, et je n'entends que ce qu'on veut bien me dire. Le baron m'aime.

LUSSAN.

Oh! je le crois.

ADÈLE.

Il s'est expliqué. Voilà qui est positif.

LUSSAN, désespéré.

Et vous l'épousez, madame, vous l'épousez! Je pars; je m'éloigne pour jamais des lieux où je vous ai vue; je vivrai seul, en proie aux regrets, tourmenté, désespéré par les plus cruels souvenirs.

ADÈLE.

Vous sortez, je crois.

LUSSAN, *d'une voix étouffée.*

Adieu, madame, adieu.

ADÈLE.

Revenez, monsieur, revenez. Si vous sortez, je ne crois plus à cette affection, dont vous me parliez tout à l'heure avec tant de charme (*Avec une extrême sensibilité*), et que je partage si sincèrement.

LUSSAN.

Vous, madame, vous qui épousez le baron; qui vous plaisez à déchirer mon cœur! Quand on aime son cousin, on ne se joue pas de ses sentiments les plus chers; on lit dans son ame, on encourage sa timidité....

ADÈLE.

Quand on aime sa cousine, monsieur, on ne s'éloigne pas d'elle; on ne l'abandonne pas à son cœur (*attendrie*), à son cœur, qui... (*le tournant vers elle avec dépit*). Voyez seulement s'il a l'air de m'entendre. Et quelle est cette honte qu'il redoute tant? Celle de redevenir aimable? Quel est ce désespoir auquel il va se livrer? Il peut se l'épargner avec un mot. C'est pour le dire qu'il a tout fait jusqu'à présent; c'est pour l'y amener que je me suis prêtée à sa réforme prétendue, et un orgueil sans exemple l'empêche de le prononcer! Faut-il donc que je me déclare la première, cruel homme que vous êtes?

LUSSAN.

Et le baron, madame, le baron?

ADÈLE.

Ne s'occupe point de moi, et m'est tout-à-fait indifférent.

SCÈNE XVII.

LUSSAN, avec force, lui présentant le billet.

Et ce billet, madame, ce billet?

ADÈLE, jetant les yeux sur le papier.

Hé! c'est l'écriture de Justine.

LUSSAN, plein de joie.

De Justine, dites-vous?

ADÈLE.

Et c'est là-dessus que vous avez écrit un cartel au baron.

LUSSAN.

Adèle, ma divine Adèle, combien je me sens humilié! Mais combien mes fautes même doivent vous prouver mon amour. Non, il n'est pas de termes qui puissent rendre ce que je sens. (*Il tombe à ses genoux.*) Ce feu dévorant, trop long-temps concentré, brûlait, desséchait mon cœur. Je vous l'abandonne sans réserve; je me soumets à votre empire; disposez de moi et de mon sort.

ADÈLE, dans un doux ravissement.

Le voilà donc à mes pieds! que de peines il a fallu prendre pour l'amener là!

(Il tombe à ses genoux.)

SCÈNE XIV.

LUSSAN, ADÈLE, JUSTINE, MONTBRUN,
sortant du cabinet.

MONTBRUN.

Parbleu, nous en avons eu tous notre bonne part. Comment! c'est parce que tu es amoureux, que tu ne fais que des extravagances? C'est parce que tu es amoureux, que ce matin encore tu refusais ta cousine, et que tu me faisais enrager, moi et tous ceux qui prennent à toi quelque intérêt? Quel diable d'amour est donc le tien?

JUSTINE.

C'est un amour d'un genre neuf, monsieur.

LUSSAN.

Que vous dirai-je, mon oncle? Ce goût de la retraite, que j'ai fait partager à ma cousine, n'était que le désir de passer les journées entières avec elle. L'austérité de mes principes n'avait pour objet que de l'éloigner de ces êtres aimables, qui l'environnaient sans cesse. Trop modeste pour être sûr de plaire; trop aimant pour n'être pas un peu jaloux, je la transportais dans des déserts, où elle n'aurait pu aimer que moi. A la première ville où nous nous serions arrêtés, je lui offrais mon cœur et ma main, et je faisais de l'adorer l'unique affaire du reste de ma vie.

MONTBRUN.

Avouez du moins, monsieur l'original, qu'il est absurde d'aller chercher à trois cents lieues ce qu'on a près de soi, et que le dessein d'être parfaitement sage est d'un charlatan ou d'un fou.

ADÈLE.

Ménagez la sagesse, mon cher oncle : c'est à elle que je dois la certitude d'être si parfaitement aimée.

MONTBRUN, à Adèle.

J'aurais bien aussi quelques petites choses à te dire, à toi; mais vous me rendez l'un et l'autre trop heureux en ce moment, pour que je n'oublie point le passé. Ah ça, nous allons ce soir au bal de l'Opéra.

LUSSAN.

Et j'y rirai le premier de ma bizarre originalité.

MONTBRUN.

C'est cela, mon ami, c'est cela! Voilà le moyen le plus sûr de désarmer les railleurs. Justine, demain matin, tu iras chercher le notaire.

JUSTINE.

Et je le prierai de rédiger deux contrats.

MONTBRUN.

Je t'entends, friponne. J'ai perdu, j'ai perdu, et j'en suis enchanté. Allons, mes enfants, ne pensons plus qu'à jouir de tout avec modération : c'est là la véritable sagesse, ou je ne m'y connais pas.

FIN DES MEMNON FRANÇAIS.

L'ORPHELIN,

COMÉDIE

EN TROIS ACTES ET EN PROSE.

PERSONNAGES.	ACTEURS.
DÉRICOURT.	MM. Villeneuve.
BLINVILLE, jeune homme, ami de Déricourt.	Varennes.
JULIEN, orphelin, élevé chez Déricourt.	Saint-Clair.
FRANCISQUE, vieux domestique.	Frogères.
Madame DÉRICOURT, épouse de Déricourt.	Mmes Germain.
ADÈLE, leur fille.	Saint-Clair.
HÉLÈNE, vieille domestique.	Pélicier.

La scène est dans un salon de la maison des champs de Déricourt.

Représentée pour la première fois, à Paris, sur le théâtre de la Cité, le 1er prairial, l'an second de la république Française.

L'ORPHELIN,
COMÉDIE.

ACTE PREMIER.

SCÈNE I.
HÉLÈNE, FRANCISQUE.

HÉLÈNE, rangeant.

Allons donc, tu ne finis rien. Des tables, des tasses, et tout ce qu'il faut.

FRANCISQUE, rangeant.

Depuis une heure vous ne me laissez pas le temps de respirer. Je suis cependant d'une activité.....

HÉLÈNE.

Dans notre métier on n'en a jamais assez.

FRANCISQUE.

La vilaine chose que le service.

HÉLÈNE.

Il est plus agréable d'être servi.

FRANCISQUE.

Aussi, si je deviens maître....

HÉLÈNE.

Que feras-tu ?

FRANCISQUE.

Je me servirai moi-même.

HÉLÈNE.

Tu ne te plaindras de personne.

FRANCISQUE.

Mais aussi personne ne se plaindra de moi.

HÉLÈNE.

Si tout le monde pensait ainsi....

FRANCISQUE.

Il n'y aurait ni maîtres ni domestiques, et chacun serait à sa place.

HÉLÈNE.

Et de quoi vivrions-nous ?

FRANCISQUE.

Manque-t-on jamais avec des bras et du courage ?

HÉLÈNE.

Il y a vingt ans que tu sers, et tu n'as pas encore fait ces réflexions.

FRANCISQUE.

C'est qu'autrefois je n'étais qu'un valet, et aujourd'hui je suis un homme.

(Ils vont et viennent en préparant le déjeuner.)

HÉLÈNE.

Tu n'as pas à te plaindre du citoyen Déricourt.

FRANCISQUE.

Non, certes.

HÉLÈNE.

Et de sa femme ?

FRANCISQUE.

Encore moins.

HÉLÈNE.

Pour leur fille...

FRANCISQUE.

Tout le monde l'aime, et on la servirait pour rien.

HÉLÈNE.

Oui, tout le monde l'aime, et je crois que Blinville...

FRANCISQUE.

Que Blinville...

HÉLÈNE.

Pourrait avoir des projets...

FRANCISQUE.

Projets inutiles.

HÉLÈNE.

Tu crois cela?

FRANCISQUE.

Parbleu, si je le crois! Julien ne la quitte plus. Ils n'ont jamais l'air de se chercher, et ils se rencontrent toujours.

HÉLÈNE.

Ils ont été élevés ensemble.

FRANCISQUE.

Et ils s'aiment sans le savoir.

HÉLÈNE, vivement.

Tu me fais frémir.

FRANCISQUE.

Ah! pourquoi? Julien est pauvre en apparence; mais il a l'estime de notre citoyen, et il la mérite; il est poli, spirituel, et joli garçon, ce qui ne gâte rien.

HÉLÈNE.

Oui; mais Julien ne connaît pas ses parents.

FRANCISQUE.

Aujourd'hui il n'en faut plus; on est l'enfant de soi-même.

HÉLÈNE.

A la bonne heure. Mais Blinville a une fortune acquise, et il est aussi joli garçon.

FRANCISQUE.

Le plus joli garçon est toujours le préféré.

HÉLÈNE.

Et tu crois que le préféré c'est Julien?

FRANCISQUE.

Cela n'est pas douteux, et notre citoyen trouvera cela de son goût, car il est riche sans être fier, et bon...

HÉLÈNE.

Sans être dupe.

FRANCISQUE.

Est-on jamais dupe quand on fait le bonheur de ses enfants?

HÉLÈNE, détournant la conversation.

Finissons d'arranger tout. Blinville se lève matin; il a déjà fait sans doute le tour du parc, et il va rentrer avec son appétit ordinaire.

FRANCISQUE.

Je ne sais pourquoi je ne puis vous parler de Julien que vous ne changiez de conversation.

HÉLÈNE, embarrassée.

C'est toi qui en changes, puisqu'il ne doit être question en ce moment que du déjeuner.

FRANCISQUE.

Tenez, Hélène, c'est une remarque que j'ai faite

ACTE I, SCÈNE I.

cent fois, vous n'aimez pas Julien. C'est pourtant vous qui l'avez apporté ici à l'âge de deux ans; vous pleuriez en le présentant à notre citoyenne; elle pleurait en le recevant, et j'aurais pleuré aussi si elle ne m'eût renvoyé.

HÉLÈNE.

Oh! tu vas me rappeler des choses que je sais mieux que toi.

FRANCISQUE.

Sans doute vous les savez mieux que moi; voilà pourquoi, quand je vous en parle, vous prenez un air de mystère...

HÉLÈNE.

De mystère? Et à propos de quoi?

FRANCISQUE.

Que sais-je? Ecoutez donc, il pouvait y en avoir dans le temps. Notre citoyen passe en Amérique pour recueillir une succession; il éprouve des difficultés; son absence dure trois ans, et à son retour il trouve...

HÉLÈNE, vivement.

Un enfant malheureux que sa femme a recueilli.

FRANCISQUE.

Je ne sais pourquoi mes idées reviennent aujourd'hui là-dessus, car, depuis dix-huit ans, j'avais à peu près oublié tout cela. Il est toujours vrai qu'Adèle et Julien feraient un bien joli ménage.

HÉLÈNE, détournant encore la conversation.

Mais, Francisque, nous causons... nous causons... et nous ne pensons pas que le temps s'écoule.

FRANCISQUE, tirant sa montre.

Sept heures.

HÉLÈNE.

Et le citoyen Blinville?

FRANCISQUE.

Il est sûrement de retour de sa promenade. Je vais voir s'il n'a besoin de rien. (*Regardant les tables.*) Tout me paraît prêt.

HÉLÈNE.

Oh! tout absolument.

FRANCISQUE.

Au revoir, Hélène.

HÉLÈNE.

Adieu, Francisque.

SCÈNE II.

HÉLÈNE, SEULE.

Il m'a vraiment embarrassée, et cependant il ne peut rien savoir. Ce triste secret n'est connu que de la citoyenne Déricourt et de moi, et il ne reste nulle trace d'une faiblesse.... Malheureux Julien, que ta naissance a coûté de larmes! Heureusement le temps verse, sur les blessures les plus profondes, un baume consolateur qui les fait oublier. Quand à cet amour imaginaire ou véritable, je ne crois pas, toutes réflexions faites, qu'on doive s'en alarmer : ils n'ont que des vertus qu'il sera facile de diriger vers le but le plus avantageux.

SCÈNE III.

HÉLÈNE, DÉRICOURT, BLINVILLE.

DÉRICOURT.

Bonjour, Hélène. Monte chez ma femme; dis-lui que Blinville et moi avons déja respiré le grand air, et que nous ne serons pas fâchés de déjeuner...

BLINVILLE.

Si elle veut bien être des nôtres.

(Hélène sort).

SCÈNE IV.

DÉRICOURT, BLINVILLE.

DÉRICOURT.

Suivons notre conversation. Adèle a dix-huit ans.

BLINVILLE.

Elle est charmante.

DÉRICOURT.

Autrefois un père se croyait déshonoré, s'il n'attendait tranquillement qu'on vînt lui demander sa fille. Nos aïeux, grands connaisseurs en bienséances, l'avaient jugé ainsi : pour moi, qui pense qu'un honnête homme ne peut avoir de guide plus sûr que son cœur, et je passe sur les formalités d'usage. Blinville, tu es mon ami?

BLINVILLE.

Et je me sens digne de l'être.

DÉRICOURT.

Tu trouves ma fille charmante ; tu viens de le dire.

BLINVILLE.

C'est ainsi que la jugent tous les honnêtes gens.

DÉRICOURT.

Toutes les femmes honnêtes estiment aussi mon ami.

BLINVILLE.

Mais toutes ne l'aiment pas.

DÉRICOURT.

Adèle a le cœur libre, et l'homme aimable qui aura mon aveu ne craindra pas un refus de ma fille.

BLINVILLE.

Cela ne suffit pas à un homme délicat.

DÉRICOURT.

Tu as raison ; mais comme je ne puis en conscience faire l'amour pour toi, tu prendras la peine de t'annoncer.

BLINVILLE.

Il serait dur d'être éconduit.

DÉRICOURT.

Tu l'aimes donc, mon ami ?

BLINVILLE.

J'y suis au moins très-disposé.

DÉRICOURT.

Tu trouveras aussi Adèle disposée à t'aimer : les bons cœurs sympathisent.

BLINVILLE.

Je le désire, mon ami.

ACTE I, SCÈNE IV.

DÉRICOURT.

Si cependant elle est prévenue pour un autre, je n'insisterai pas ; tu te consoleras, et moi aussi. Malheur aux pères qui sacrifient le bonheur de leurs enfants à leurs arrangements particuliers ! Mais ne nous arrêtons pas à une idée qui n'a nulle espèce de fondement. Revenons, mon ami. Voici mon plan : je n'ai qu'Adèle, et je ne veux pas m'en séparer. En te nommant mon gendre, je m'attache de plus près à mon ami ; j'acquiers des droits plus réels sur son cœur ; j'assure à jamais mon repos, en donnant ma fille au plus honnête homme que je connaisse, et, pour que personne n'ait à se plaindre de la fortune, je compte associer Julien à mon commerce.

BLINVILLE.

Et tu feras bien ; c'est un jeune homme estimable.

DÉRICOURT.

C'est ainsi que je l'ai jugé, et m'occuper de sa félicité, c'est ajouter à celle de ma femme. A mon retour d'Amérique elle me présenta cet enfant, que je ne gardai d'abord que par complaisance. Ma fortune était bornée alors ; ma citoyenne était très-jeune, et je pouvais avoir plusieurs enfants... Enfin, j'ai adopté celui-ci. Je n'ai pas même voulu pénétrer le mystère de sa naissance qui, dans le fond, m'intéresse peu ; d'ailleurs, quand j'en ai parlé, ma femme a montré une répugnance marquée pour toute espèce d'explication. Sans doute Julien doit le jour à quelqu'un qui l'intéresse fortement, et qui cependant doit être honnête, car ma femme ne se prêterait pas....

BLINVILLE.

Peut-être une amie égarée...... un moment de délire, de faiblesse....

DÉRICOURT.

Quoi qu'il en soit, j'ai respecté son secret. Je me suis attaché à cet enfant; je l'ai élevé avec Adèle; il a grandi sous mes yeux, et il a surpassé mes espérances. Ses travaux ont secondé les miens; je lui dois une partie de ma fortune, et je m'acquitterai envers lui en assurant la sienne. Je viens de t'ouvrir mon ame tout entière. Si tu trouves dans mes projets quelque chose qui te répugne, dis-le-moi avec la franchise qui vient de te parler par ma bouche.

BLINVILLE.

Je n'y vois que de nouvelles raisons de t'estimer davantage.

DÉRICOURT.

Nous sommes donc d'accord?

BLINVILLE.

Oui, si tout le monde ici pense comme moi.

DÉRICOURT.

Tu ne dois pas douter du consentement de mon épouse, et je t'aurai bientôt ménagé une occasion de lui parler de nos desseins, car il convient que tu lui demandes sa fille. Allons, embrasse-moi, mon gendre.

BLINVILLE.

De tout mon cœur, mon beau-père.

(Ils s'embrassent.)

DÉRICOURT.

Les voici.

SCÈNE V.

DÉRICOURT, BLINVILLE, ADÈLE, JULIEN,
La citoyenne DÉRICOURT.

ADELE, *courant à son père, et l'embrassant.*

Bonjour, papa.

DÉRICOURT.

Bonjour, ma fille.

JULIEN.

Citoyen, je vous salue.

DÉRICOURT.

Bonjour, mon enfant. (*Prenant la main de sa femme.*) Et toi, ma bonne amie, comment te trouves-tu?

LA CITOYENNE DÉRICOURT.

J'ai très-bien reposé.

DÉRICOURT.

Tant mieux : je veux que cette journée soit heureuse, et un sommeil paisible rend l'imagination plus calme et plus riante. Déjeunons d'abord ; nous parlerons ensuite d'affaires sérieuses.

(*On s'assied ; la citoyenne Déricourt au bout de la table à la droite; son mari, Blinville, Adèle et Julien en face de la citoyenne Déricourt.*)

BLINVILLE, *servant.*

Je crois, citoyenne, que vous avez très-bien fait de venir habiter votre terre. Un ciel serein, un air pur, des arbres non taillés, des eaux qui ne sont pas contraintes, l'activité, la gaîté naïve des villageois, la satisfaction de leur être utile et d'en être béni, tout cela dissiperait la plus opiniâtre mélancolie.

(Il mange.)

DÉRICOURT.

Et le plaisir d'avoir près de soi un époux prévenant et sensible; une fille adorée, et si digne de l'être; un second enfant.....

LA CITOYENNE DÉRICOURT, à part.

Un second enfant!

DÉRICOURT.

Et un ami fidèle, qui t'entourent sans cesse et semblent ne respirer que pour toi : que de moyens d'être heureuse!

LA CITOYENNE DÉRICOURT.

Aussi le suis-je, monsieur.

DÉRICOURT, se récriant.

Monsieur, monsieur! ce nom est proscrit, et dans aucun temps n'a pu me convenir.

LA CITOYENNE DÉRICOURT.

Pardon, mon ami, mon bon ami.

DÉRICOURT.

Voilà ce qui s'appelle parler.

LA CITOYENNE DÉRICOURT.

C'est l'habitude, l'usage.....

DÉRICOURT.

L'habitude! oh, non, non; tu n'as pas toujours eu cette habitude. Pour l'usage, il peut séduire et entraîner ces femmes qui, étrangères dans leurs maisons, sont indifférentes pour leurs époux; mais toi, dont l'attachement, la vertu....

ACTE, I, SCÈNE V.

LA CITOYENNE DÉRICOURT, à part.

Ma vertu!

DÉRICOURT.

Toi dont l'attachement, la vertu sont avoués, même par l'envie, dois-tu....

BLINVILLE, l'interrompant.

Laissons cela, mon ami : la louange la plus méritée embarrasse toujours un peu. Comment la jeune Adèle trouve-t-elle le café?

ADÈLE.

Excellent, citoyen.

DÉRICOURT.

Julien fête la hure, et il y a des droits. (*A Blinville.*) Le gibier est rare ; mais l'espiègle a guetté un sanglier.....

BLINVILLE, présentant son assiette.

Julien, fais donc les honneurs de ta chasse.

DÉRICOURT.

Il devient galant ; c'est à ma fille qu'il a présenté le jarret....

JULIEN, avec timidité.

Sa mère me l'avait permis.

DÉRICOURT.

Oui, Julien, oui, oui. (*A Blinville.*) J'avoue que la tendresse mutuelle de ces enfants est pour moi une douce jouissance.

ADÈLE, poussant Julien.

Bon.

DÉRICOURT, à sa femme.

Tu en jouis également, et je veux prouver à Julien

combien je suis reconnaissant du cadeau que tu m'as fait.

LA CITOYENNE DÉRICOURT, à part.

Reconnaissant! (*Haut, avec timidité.*) Vous avez déja fait beaucoup pour lui.

DÉRICOURT.

Il est plaisant que tu t'en aperçoives la première. Au reste, son zèle, son intelligence, sa probité, attendent leur récompense, et ce que je ne ferais pas par amitié pour lui, je le ferai par esprit de justice.

JULIEN.

Ah, citoyen!

DÉRICOURT.

Mes enfants, écoutez-moi. J'ai commencé avec peu de chose, et mes désirs étaient bornés, ainsi que mes moyens. Je n'ai jamais pensé que l'industrie d'un négociant fût sa propriété; j'ai toujours cru, au contraire, que cette industrie devait tourner au profit de la société, et que sa fortune particulière tenait à la fortune publique. Aussi n'ai-je point calculé ce que pouvait me rapporter la misère de mes semblables; je ne me suis pas gorgé du sang des malheureux; j'ai rempli mes magasins dans les années d'abondance; je les ai ouverts dans les temps de disette; j'ai vendu à tout prix, et je me suis dit : mon travail me rendra plus tard ce que je prête aujourd'hui à l'humanité souffrante. Les spéculations d'un honnête homme le trompent rarement, et j'ai prospéré au-delà de mes espérances. Je ne vous rappelle pas ces faits pour me targuer d'avoir fait mon devoir; mais parce que le

ACTE I, SCÈNE V.

bon exemple des pères est, pour les enfants, un encouragement à la vertu. Enfin, je suis riche; mon commerce est immense. Je ne suis plus jeune; il me faut un homme sur qui je puisse me reposer, et cet homme, c'est Julien.

ADÈLE, poussant Julien.

A merveille.

DÉRICOURT.

Nous passerons aujourd'hui notre acte de société; je supporterai les pertes, et je te mets d'un quart dans les bénéfices.

JULIEN.

Quelles expressions pourraient....

DÉRICOURT.

Point de remercîment; je remplis un devoir sacré. Je ne crois pas que ma fille se plaigne des avantages.....

ADÈLE.

Au contraire, papa.

DÉRICOURT, à sa femme.

Pour toi, ma bonne amie, tu seras aussi indulgente que ta fille. Julien t'est cher; tu l'as connu avant moi; tu t'y es intéressée la première. Lui faire du bien, c'est sans doute remplir tes vœux; c'est au moins vouloir te faire ma cour..... Des larmes, ma tendre amie, des larmes!

LA CITOYENNE DÉRICOURT, se jettant dans son sein.

Tu m'accables du poids de la reconnaissance.

DÉRICOURT.

Ah! laisse-les couler, si le sentiment te les arrache. Je pouvais craindre que l'intérêt...

ADÈLE.

Paix donc! paix donc! ne connais-tu pas le cœur de ma mère?

DÉRICOURT.

Blinville, donne la main à ma femme; allez faire un tour sous les tilleuls. (*On se lève.*) (*A sa femme.*) Il a quelque chose à te confier, et vous serez là à merveille : cette allée donne des souvenirs heureux : il y a bientôt vingt ans que je t'y déclarai mon amour. Les arbres ont vieilli ; mon cœur est resté le même. Tu baisses les yeux, Adèle. Il vient un temps où une jeune personne a de quoi réfléchir, à moins toutefois qu'elle n'ait le bon esprit de se résoudre gaîment à ce qu'ont fait ses aïeules, et à ce que feront probablement ses petites-filles. (*A Blinville.*) Allons, va, mon ami; à mon âge on commence à compter les moments, et on est pressé de jouir. (*Blinville sort avec la citoyenne Déricourt.*) Je passe dans mon cabinet. Julien, on fait ses affaires à la campagne comme à la ville : tu viendras me trouver dans un moment.

SCÈNE VI.

JULIEN, ADÈLE.

ADÈLE.

Eh bien, mon ami, commences-tu à te rassurer?

JULIEN.

Un cœur comme le mien peut-il être sans inquiétude!

ADÈLE.

Il est des inquiétudes bien peu raisonnables.

JULIEN.

Il en est aussi de trop bien fondées.

ADÈLE.

Julien, tu te plais à te tourmenter, et je n'aime pas cela. N'as-tu pas entendu mon père? Ne sens-tu pas ce que ses procédés semblent nous promettre pour l'avenir? Qui t'a dit qu'il n'a pas prié Blinville de pressentir ma mère sur un mariage....

JULIEN.

Fille trop confiante! qui t'a dit qu'il ait pensé à moi?

ADÈLE.

Et à qui veux-tu donc qu'il pense? Crois-tu que notre amour ait échappé à sa pénétration.

JULIEN.

Je serais désespéré qu'il en ait le moindre soupçon. Mes sentiments sont purs comme l'objet qui me les inspire; mais on juge les hommes sur les faits, et les apparences sont contre moi. Ses bienfaits même....

ADÈLE.

Dis donc les faibles marques de sa reconnaissance.

JULIEN.

Cette prétendue reconnaissance ajoute à mon ingratitude.

ADÈLE.

Toi ingrat! toi, Julien!

JULIEN.

Je le suis, Adèle; je le suis. Ai-je dû t'aimer! Ai-je dû te le dire!

ADÈLE.

Oui, mon ami, tu as dû m'aimer, parce que tu m'as trouvée aimable; tu as dû me le dire, parce qu'un honnête homme dit toujours ce qu'il pense.

JULIEN.

Et devais-tu m'écouter ?

ADÈLE, avec sentiment.

Faut-il écouter tous les hommes, et être sourde pour celui seul qu'on préfère ?

JULIEN.

Adèle, l'effet le plus cruel des passions est de se dissimuler toujours ce qu'elles ont de répréhensible. A quel point nous égare déja ce feu brûlant qui nous laisse à peine des intervalles de raison! Tu nous juges innocents, nous qui aimons en secret; qui blessons, par une réserve coupable, tes parents et mes bienfaiteurs! Si nos lois ne frappent point encore les ingrats, l'opinion publique les flétrit : oserons-nous la braver?... Adèle, tu t'attendris !

ADÈLE.

Julien, tu rends mon existence pénible.

JULIEN.

Pardon ; mais je te dois la vérité.

ADÈLE.

Il fallait penser tout cela plutôt.

JULIEN.

Réfléchit-on à quinze ans ?

ADÈLE.

Mon ami, tu t'exagères les obstacles qui semblent nous séparer, et ton imagination se peint tout en noir. Ma mère était riche aussi, et mon père, qui, comme toi, n'avait que des vertus, obtint l'aveu de ses parents.

JULIEN.

Il connaissait les siens; ils étaient considérés, et j'ignore qui je suis.

ADÈLE.

Ce sont tes parents qu'il faut plaindre. Tu charmerais leur vieillesse; mais tu n'as besoin de personne.

JULIEN.

Quel sera mon appui?

ADÈLE.

Ta probité et mon cœur. Julien, estimes-tu mon père et ma mère?

JULIEN.

Je fais plus, je les respecte.

ADÈLE.

Tu les connais donc bien?

JULIEN.

Je le crois.

ADÈLE.

Et tu les crains!

JULIEN.

Je me rends justice.

ADÈLE, avec un peu d'humeur.

Non, monsieur, non, vous ne vous la rendez pas, et si vous ne changez d'idées et de langage, je me brouille avec vous.

JULIEN.

En aurais-tu le courage?

ADÈLE.

Eh! n'as-tu pas celui de m'affliger?

JULIEN.

Parle donc, mon Adèle; dis-moi, que dois-je faire?

ADÈLE.

Te laisser conduire, cruel homme que tu es. Tu crains mes parents; mais Blinville est leur meilleur ami; il a leur confiance et la mienne; c'est à lui que je parlerai. Incapable de feindre, je lui ouvrirai mon cœur. S'il me blâme, je rougirai pour la première fois de ma vie; s'il m'approuve, je lui confie le soin de notre félicité. Songe que ma mère t'aime autant que moi; que mon père t'estime, te considère...

JULIEN.

S'ils résistent?....

ADÈLE.

Alors je prendrai ta main, je te conduirai vers eux, nous tomberons à leurs pieds, et je leur dirai : Voilà l'homme que j'ai choisi; lui seul peut faire mon bonheur, et vous ne m'en séparerez pas.

JULIEN.

Que ce moment est à craindre!

ADÈLE.

Non, Julien, non, il ne l'est pas. S'ils me refusaient aujourd'hui....

JULIEN.

Je serais banni, perdu, déshonoré.

ADÈLE.

Rien de tout cela, mon ami. Un honnête homme

en déshonore-t-il un autre pour une faute involontaire? Oublie-t-il, en un moment, dix ans de travaux soutenus, d'affection et de soins? Depuis dix-huit ans, mon bonheur est leur unique étude, et ce qu'ils me refuseraient aujourd'hui, ils me l'accorderaient demain.

JULIEN.

Ah! chère Adèle, que ne te dois-je pas!

ADÈLE.

M'occuper de tes intérêts, n'est-ce pas ménager les miens?

JULIEN.

Charmante fille!

ADÈLE.

L'heure t'appelle; ne te fais pas attendre : c'est en remplissant ses devoirs actuels qu'on se rend digne de s'en imposer d'autres (*souriant avec tendresse*) dont je partagerai le poids. (*Julien lui baise la main.*) Embrasse-moi, mon ami. Le vice ménage les apparences; l'innocence se fie à la vertu.

(Julien l'embrasse et sort.)

SCÈNE VII.

ADÈLE, SEULE.

Aimable jeune homme, la fortune a des torts avec toi; c'est à l'amour à les réparer. Qu'une femme est heureuse de pouvoir tout pour son amant! Julien sera tendre, prévenant comme mon père; je serai caressante, attentive, vertueuse comme ma mère. L'harmonie de notre petit ménage leur rappellera leur jeunesse, et fera le bonheur de leurs vieux jours.

SCÈNE VIII.

BLINVILLE, ADÈLE.

ADÈLE, avec réserve.

Citoyen, vous quittez ma mère?

BLINVILLE.

Oui, citoyenne.

ADÈLE.

Il s'agit d'affaires importantes?

BLINVILLE.

Très-importantes en effet.

ADÈLE.

Qui me sont étrangères?

BLINVILLE.

Qui vous touchent de très-près.

ADÈLE, avec timidité.

Blinville, je suis naturellement curieuse.

BLINVILLE.

Et cette curiosité est bien naturelle.

ADÈLE.

Sans doute, puisqu'on s'est occupé de moi.

BLINVILLE.

Je suis bien plus curieux de savoir comment vous prendrez la chose.

ADÈLE.
Ne me faites donc pas languir.
BLINVILLE.
Je brûle de parler....
ADÈLE.
Et moi de vous entendre.
BLINVILLE.
Et cependant je suis d'un embarras....
ADÈLE, vivement.
Ma mère ne serait-elle pas de l'avis de mon père?
BLINVILLE.
Au contraire, ils pensent l'un comme l'autre.
ADÈLE.
Et vous pensez comme eux?
BLINVILLE.
Absolument.
ADÈLE.
Je puis donc être tranquille?
BLINVILLE.
Je voudrais bien pouvoir l'être autant.
ADÈLE.
Blinville, vous me parlez avec une ambiguité...
BLINVILLE.
Vous n'êtes pas très-claire vous-même.
ADÈLE.
C'est que je suis bien aise de voir venir.
BLINVILLE.
Et moi aussi.
ADÈLE.
Ce n'est pas le moyen de nous entendre..

BLINVILLE.

J'en conviens.

ADÈLE.

Il faudrait vous prêter un peu.

BLINVILLE.

Je le sens bien.

ADÈLE.

Allons, courage!

BLINVILLE, l'examinant.

Vos parens ne respirent que pour vous, et ils voudraient vous établir.

ADÈLE.

Ah! on veut me marier.

BLINVILLE.

Ce projet vous effraie?

ADÈLE.

Pas du tout.

BLINVILLE.

Vous l'approuvez donc?

ADÈLE.

C'est selon.

BLINVILLE.

Comment?

ADÈLE.

Si mes parens me marient pour eux...

BLINVILLE.

Ils en sont incapables.

ADÈLE.

S'ils me marient pour moi...

ACTE I, SCÈNE VIII.

BLINVILLE.

Vous y consentirez?

ADÈLE, souriant.

Il faudra se résigner.

BLINVILLE.

Il serait dur pour votre époux de ne devoir votre main qu'à votre résignation.

ADÈLE, avec timidité.

Avant que je m'explique davantage, dites-moi, Blinville, quel est l'homme qu'on me destine.

BLINVILLE.

Je le crois estimable.

ADÈLE.

Jeune?

BLINVILLE.

Oui.

ADÈLE.

Aimable?

BLINVILLE.

C'est à vous à prononcer.

ADÈLE.

Il demeure?

BLINVILLE.

Dans cette maison.

ADÈLE.

Son nom?

BLINVILLE.

Est-il nécessaire de vous le dire?

ADÈLE.

Non, mon cher Blinville. De quel poids mon cœur

est soulagé! Quoi! mon père ne condamnera pas un amour...

BLINVILLE.

C'est lui qui l'a fait naître.

ADÈLE.

C'est vrai au moins : en fixant ce jeune homme près de lui....

BLINVILLE.

Il laissait entrevoir ses desseins.

ADÈLE.

Blinville, je serai donc heureuse?

BLINVILLE, lui prenant la main.

J'ose vous le promettre, ma chère Adèle.

ADÈLE.

Je vous dois un aveu : dès long-temps j'avais prévenu le choix de mes parens....

BLINVILLE.

Vous êtes trop honnête.

ADÈLE.

Et si j'avais prévu leur facilité, avec quel empressement je vous aurais découvert mes sentimens secrets!

BLINVILLE, à part.

Cette jeune personne a des expressions singulières.

ADÈLE.

Mais je craignais que des préjugés, mal éteints peut-être....

BLINVILLE.

Que dites-vous?

ACTE I, SCÈNE VIII.

ADÈLE.

Je tremblais que le défaut de fortune...

BLINVILLE.

Je ne vous entends plus.

ADÈLE.

Vous ne voulez donc pas m'entendre?

BLINVILLE, la fixant.

Mais de qui me parlez-vous?

ADÈLE, vivement.

De qui me parlez-vous vous-même?

BLINVILLE, après un temps.

Adèle, vous aimez Julien?

ADÈLE.

Eh! qui pourrais-je aimer que lui?

BLINVILLE.

Il m'en coûte de détruire une erreur qui vous est chère; mais...

ADÈLE, très-vivement.

Ce n'est pas lui que mon père a nommé?

BLINVILLE.

Non, Adèle.

ADÈLE.

Ah! malheureuse!

BLINVILLE.

Malheureuse! non, vous ne le serez pas. On a cru que je pouvais vous convenir; on s'est trompé, voilà tout. Julien a votre cœur; vos parens sont raisonnables : il aura votre main; je crois pouvoir l'espérer.

ADÈLE.

Vous croyez qu'ils consentiront?....

BLINVILLE.

Ils ne désirent que votre bonheur.

ADÈLE.

Mon cher Blinville, voudrez-vous bien leur en parler?

BLINVILLE.

Oui, Adèle; oui, je leur en parlerai.

ADÈLE.

Que vous êtes généreux!

BLINVILLE.

Pas trop, en vérité. Le sacrifice est pénible; mais je sens qu'il est nécessaire.

ADÈLE.

Mettez le comble à vos bontés. Julien souffre; Julien est inquiet...

BLINVILLE.

Et Adèle partage sa juste impatience. Voyons : je me flattais tout à l'heure d'être votre époux; je me borne maintenant à l'emploi de confident. Convenons de nos faits. Je vais tout simplement déclarer à votre père que vous ne m'aimez pas.

ADÈLE.

C'est bien dur.

BLINVILLE.

Mais c'est bien vrai.

ADÈLE.

A la bonne heure; mais....

BLINVILLE, reprenant.

Je lui dirai donc que vous ne m'aimez pas, et que j'en suis très-fâché; que vous en aimez un autre, qui justifie votre tendresse par mille bonnes qualités...... N'est-ce pas cela ?

ADÈLE.

Oui, c'est cela précisément.

BLINVILLE.

Et que l'homme qui plaît à sa fille est celui qui lui convient le mieux.

ADÈLE.

C'est charmant, c'est admirable.

BLINVILLE.

N'est-il pas vrai? Je l'entends ; éloignez-vous.

ADÈLE, fait quelques pas et revient.

Vous donnerez un certain développement à vos idées.

BLINVILLE.

Oh, je les développerai dans toute leur étendue.

ADÈLE, même jeu.

Prenez cela d'un peu loin.

BLINVILLE.

C'est bien mon intention.

ADÈLE, sortant.

Je m'abandonne entièrement à vous.

BLINVILLE.

La mission est originale ; mais je la remplis volontiers, et je serais désolé de ne pas réussir.

SCÈNE IX.

DÉRICOURT, BLINVILLE.

DÉRICOURT, gaîment.

Tu vas me trouver un peu enfant; mais j'avoue mon faible : j'aime à jouir, surtout quand mes jouissances sont intimement liées à celles de ce que j'ai de plus cher. Tu as vu ma femme, tu quittes ma fille, et je te trouve un air de gaîté qui me persuade que tout va bien.

BLINVILLE.

J'espère au moins que ça ira.

DÉRICOURT.

Ma femme consent?

BLINVILLE.

Oui, ta femme consent à mon mariage; elle m'a même témoigné sa satisfaction d'une manière infiniment flatteuse, et que je ne dois sans doute qu'à l'amitié qui m'unit à toi.

DÉRICOURT.

Pour ma fille, je suis bien certain....

BLINVILLE.

Elle consent aussi à se marier. Elle m'a ouvert son cœur avec la franchise et l'énergie d'une jeune personne qui aime pour la première fois.

DÉRICOURT.

Hé bien, te voilà, avec tes craintes et ta ridicule modestie!

ACTE I, SCÈNE IX.

BLINVILLE, à part.

Elles n'étaient pas mal fondées.

DÉRICOURT.

Ah ça, mon ami, il faut terminer promptement.

BLINVILLE.

Oui, le plus tôt sera le mieux.

DÉRICOURT.

Faire venir le notaire.

BLINVILLE.

Et signer le contrat.

DÉRICOURT, fausse sortie.

Je vais le demander à l'instant.

BLINVILLE.

Je te le conseille, et s'il survenait quelques difficultés, je tâcherais de les lever avant son arrivée.

DÉRICOURT.

Des difficultés! je n'en prévois pas, à moins que tu les fasses naître.

BLINVILLE.

Au contraire, je suis l'homme du monde le plus accommodant.

DÉRICOURT.

Je donne à ma fille la moitié de ma fortune.

BLINVILLE.

C'est plus qu'il en faut à un homme raisonnable.

DÉRICOURT.

Je connais la tienne. Finissons cette affaire aussi gaîment que nous l'avons ébauchée, et que demain il n'en soit plus question.

BLINVILLE.

Il y a un petit incident qui m'embarrasse un peu, et dont il faut cependant te donner connaissance.

DÉRICOURT.

Un incident!

BLINVILLE.

Oui.

DÉRICOURT.

Qui t'embarrasse? Explique-toi; je lève toutes les difficultés.

BLINVILLE.

Je vais parler. Ta fille se marie....

DÉRICOURT.

Après?

BLINVILLE.

Mais ce n'est pas avec moi.

DÉRICOURT.

Ce n'est pas avec toi?

BLINVILLE.

Non, ce n'est pas avec moi.

DÉRICOURT.

Blinville!

BLINVILLE.

Oh! tu vas te fâcher. Crois-tu que je sois le seul homme au monde qui puisse épouser ta fille?

DÉRICOURT.

Je ne connais personne qui lui convienne comme toi.

BLINVILLE.

Mais Adèle a quelqu'un qui lui convient davantage.

DÉRICOURT.

Adèle a une inclination, et elle me l'a cachée!

BLINVILLE.

Les filles ont toujours une arrière-pensée, et le père le plus aimé et le plus respectable inspire une sorte de crainte qui repousse la confiance.

DÉRICOURT.

Ne suis-je pas son meilleur ami?

BLINVILLE.

Sans doute.

DÉRICOURT.

Elle devait tout me déclarer.

BLINVILLE.

Je te le déclare; n'est-ce pas la même chose?

DÉRICOURT.

Je ne t'aurais pas exposé à un désagrément....

BLINVILLE.

Je ne me plains pas; qu'as-tu à dire?

DÉRICOURT, rêvant.

Adèle ne t'aime pas! cela m'étonne.

BLINVILLE.

Moi, je ne vois là rien d'étonnant.

DÉRICOURT.

Voilà qui dérange furieusement mes projets.

BLINVILLE.

Pourquoi? J'ai un revenu bien passable et bien acquis, je le mangerai avec toi. Tu avais un ami; hé bien, tu en auras deux.

DÉRICOURT.

En comptant le gendre futur?

BLINVILLE.

Le gendre futur.

DÉRICOURT.

Tu le connais donc?

BLINVILLE.

Parfaitement.

DÉRICOURT.

Et tu approuves le choix de ma fille?

BLINVILLE.

Il est digne d'elle et de toi.

DÉRICOURT.

Ton suffrage est d'un grand poids. Cependant, mon ami, je suis bien aise, avant de répondre, de savoir quel est l'homme qui se propose.

BLINVILLE.

C'est trop juste. Voici son portrait physique et moral : il est jeune.

DÉRICOURT.

Après?

BLINVILLE.

De la figure la plus heureuse.

DÉRICOURT.

C'est quelque chose.

BLINVILLE.

Il a des talents.

DÉRICOURT.

Tant mieux.

ACTE I, SCÈNE IX.

BLINVILLE.

Le cœur excellent.

DÉRICOURT.

Bon, cela.

BLINVILLE.

Et toutes les vertus qui rendent un homme estimable.

DÉRICOURT.

A merveilles!... Adèle l'aimait en silence, et elle a attendu pour se déclarer qu'il fût question de la donner à un autre! Mon ami, cette réserve m'afflige, parce que je ne la mérite point. L'homme que tu viens de peindre peut prétendre à tout, et Adèle devait assez compter sur son père pour se confier entièrement à lui. Ce jeune homme a-t-il du bien?

BLINVILLE.

Pas le sou; mais qu'importe?

DÉRICOURT.

Un peu de fortune ne gâterait rien; au reste le bonheur ne s'achète pas. Son nom?

BLINVILLE.

Julien.

DÉRICOURT.

Blinville!

BLINVILLE.

Déricourt?

DÉRICOURT.

Que me proposez-vous?

BLINVILLE.

Ce que vous venez d'approuver : le nom du prétendu ne fait rien à la chose.

DÉRICOURT.

Le nom ne fait rien ; mais l'homme est tout.

BLINVILLE.

Julien sera donc ton gendre ?

DÉRICOURT.

Discutons d'abord ; je répondrai ensuite.

BLINVILLE.

Oh, tu vas opposer de vieux et ridicules préjugés au plus doux penchant de la nature ?

DÉRICOURT.

Pas du tout ; mais je veux voir comment vous vous y prendrez avec votre sang-froid et votre esprit, pour excuser la conduite de Julien.

BLINVILLE.

Je ne crois pas qu'elle ait besoin de l'être.

DÉRICOURT.

C'est un peu fort. Un jeune homme que j'ai élevé, pour qui j'ai tout fait....

BLINVILLE.

Et qui s'est acquitté par son respect, sa reconnaissance, par dix ans de travaux et l'accroissement rapide de ta fortune.

DÉRICOURT.

Oser aimer ma fille, et l'aimer en secret ! ingratitude, séduction.

BLINVILLE.

Ni l'un ni l'autre. Il aime Adèle, et il a raison,

car elle est fort aimable. Tous deux jeunes, intéressants, sensibles, ils devaient se plaire et se sont plu. Égaré par tes préventions, tu cherches un coupable; mais, comme l'a très-bien dit un grand homme, entre jeunes gens du même âge il n'y a de séducteur que l'amour.

DÉRICOURT.

Tu es tolérant à un point....

BLINVILLE.

C'est que je suis raisonnable.

DÉRICOURT.

Et je ne le suis pas, n'est-il pas vrai?

BLINVILLE.

Quelquefois, mon ami, quelquefois.

DÉRICOURT.

C'est trop honnête, en vérité. Il est cependant bien naturel de désirer savoir à qui on s'allie, et Julien qui ne connaît pas sa famille......

BLINVILLE.

Nous y voilà : toujours les préjugés à la place des principes! Connais-tu un homme plus estimable que Julien.

DÉRICOURT.

Non.

BLINVILLE.

N'est-il pas....

DÉRICOURT, avec impatience.

Il est tout, vous me l'avez déja dit, honnête, sage, laborieux, intelligent.

BLINVILLE.

Avec ces qualités, a-t-on besoin de parens? Il y a quelques années, un homme nul se parait encore des vertus de ses ancêtres, et nous admirions un sot décoré d'un grand nom. Bêtise, puérilité! L'homme que j'admire, moi, n'est pas celui qui brille d'un éclat emprunté; mais celui qui ne doit rien aux autres, et tout à lui-même, et cet homme, c'est Julien. Tu es tellement pénétré de cette vérité, que tu l'associes à ton commerce, et tu lui refuses Adèle! Toi, bon citoyen, bon mari, bon père, tu ne rougirais pas de condamner ta fille à dévorer son cœur; à ne voir en toi que l'auteur de ses peines! Tu perdrais son estime, celle de ta femme et la mienne pour de vaines opinions! Mais je connais mon ami; il ne peut être heureux que du bonheur de sa famille; il abjurera un moment d'erreur, et couronnera la tendresse de deux enfans, pour qui je ne l'aurai pas vainement imploré.

DÉRICOURT.

Blinville, je suis ferme; mais sans obstination, et jamais je n'ai résisté à de bonnes raisons. Si je croyais que ma femme approuvât....

BLINVILLE.

Laissons agir Adèle et Julien : l'amour est éloquent. Ils parleront à son cœur, et le cœur d'une mère a tant de plaisir à se rendre!

DÉRICOURT.

D'ailleurs, elle aime tant cet aimable jeune homme...

ACTE I, SCÈNE X.

BLINVILLE.

Que tu n'auras peut-être que le mérite de l'avoir prévenue.

DÉRICOURT.

Je le voudrais, mon ami, et je suis enchanté que tu aies victorieusement combattu, non pas des préjugés, mais les faibles craintes qui m'ont un instant arrêté.

BLINVILLE, le contrefaisant.

Le notaire, vite le notaire, car tu es pressé de jouir, surtout quand tes jouissances tiennent, d'aussi près, à celles de ce que tu as de plus cher.

DÉRICOURT, souriant.

Oui, le notaire, et à l'instant.

SCÈNE X.

DÉRICOURT, LA CITOYENNE DÉRICOURT, HÉLÈNE, BLINVILLE.

DÉRICOURT, très-gaîment, à sa femme.

Ma femme, j'envoie chercher mon notaire, et dans deux heures, je l'espère, tout le monde ici sera parfaitement heureux. Je te ménage une surprise..... mais une surprise!...... Adèle te contera cela, elle te contera cela.

(Il sort avec Blinville.)

SCÈNE XI.

La Citoyenne DÉRICOURT, HÉLÈNE.

HÉLÈNE.

Une surprise! que peut-ce être?

LA CITOYENNE DÉRICOURT.

Sans doute quelque nouveau bienfait.

HÉLÈNE.

Que cette journée est heureuse! que de raisons elle vous donne de dissiper enfin des alarmes.....

LA CITOYENNE DÉRICOURT.

Mes remords me restent.

HÉLÈNE.

Vous êtes cruelle envers vous-même; vous vous jugez avec une rigueur....

LA CITOYENNE DÉRICOURT.

Est-il un être vertueux qui puisse m'absoudre?

HÉLÈNE.

En est-il un qui vous fasse un crime d'un moment de faiblesse effacé par dix-huit ans de vertus?

LA CITOYENNE DÉRICOURT.

Heureuse fille, tu ne connais pas l'état d'un cœur tourmenté par le souvenir d'une faute irréparable. Julien vivra dans l'aisance; mais il devra tout à Déricourt, à Déricourt que j'ai trompé, que je trompe encore, et que je ne peux éclairer sur cet affreux évènement. Homme bienfaisant, époux sensible, il est loin de soupçonner que ses qualités mêmes ajoutent à mes tourments.

HÉLÈNE, à part.

Que son état me touche!

LA CITOYENNE DÉRICOURT.

J'avoue cependant que le mariage d'Adèle et de Blinville adoucit l'amertume de ma situation. Ma fille épouse un homme aimable; elle sera heureuse, et ce lien calme des craintes qui devenaient plus vives chaque jour.

HÉLÈNE.

Que pourriez-vous craindre encore?

LA CITOYENNE DÉRICOURT.

Te l'avouerai-je, ma chère Hélène? J'avais cru remarquer, entre Adèle et Julien, de ces choses qui ne ressemblent pas à la simple amitié : regards furtifs, soupirs contraints, extrême confiance, extrême réserve, gaîté sans cause, tristesse sans motif, la pâleur de la crainte, le coloris de l'espoir et de la pudeur.... Rien n'échappe à l'œil d'une mère. J'ai frémi, cent fois, en pensant que le crime, ainsi que la vertu, peut être héréditaire; alors je me suis reprochée d'avoir gardé près de moi ce malheureux Julien. Cependant, que pouvais-je faire? Trop fière pour confier ma faiblesse, trop tendre pour abandonner un enfant à qui, toute coupable qu'elle est, la nature devait une mère, j'ai mieux aimé exposer mon repos que son existence........ Mais Déricourt, Déricourt, qui parle de ma vertu, qui nomme Julien son second enfant, qui me remercie!.... L'affreuse vérité est loin de son esprit; elle est tout entière dans sa bouche, et me tue..... Hélène, Hélène!

HÉLÈNE.

Calmez-vous, de grace, calmez-vous......... Des larmes!

LA CITOYENNE DÉRICOURT.

Je n'ai pas même la triste satisfaction de leur donner un libre cours. Ah! laisse-les couler ces larmes que je ne puis verser que dans ton sein.

HÉLÈNE, se remettant très-promptement.

C'est Francisque. Remettez-vous ; rentrez.

LA CITOYENNE DÉRICOURT.

Hélène, tu m'aimeras toujours; tu me l'as promis. Je ne t'ai que trop affligée de ma douleur ; mais si j'ai perdu mes droits à ton estime, j'en ai encore à ta sensibilité.

(Hélène lui baise la main ; elle l'embrasse, et rentre.)

SCÈNE XII.

HÉLÈNE, FRANCISQUE.

HÉLÈNE.

Eh, où vas-tu dans cet équipage?

FRANCISQUE.

Je suis courrier ; je vais à Paris, et toutes mes idées, que vous traitiez de chimères, sont pourtant réalisées.

HÉLÈNE.

Quels contes il me fait!

FRANCISQUE.

Vous verrez qu'on ne pourra pas croire ce qu'on a vu et entendu.

ACTE I, SCÈNE XII.

HÉLÈNE.

Et qu'as-tu entendu? Voyons.

FRANCISQUE.

Adèle embrassait son père, et Julien était à ses genoux.

HÉLÈNE.

Qu'est-ce que cela prouve?

FRANCISQUE.

Qu'on les marie.

HÉLÈNE, émue.

Te tairas-tu avec tes suppositions?

FRANCISQUE.

Je suppose à présent! et le notaire que je vais chercher...

HÉLÈNE.

C'est pour le mariage d'Adèle.

FRANCISQUE.

Avec Julien.

HÉLÈNE.

Avec Blinville.

FRANCISQUE.

Avec Julien, vous dis-je. Il remerciait le citoyen Déricourt avec une tendresse, un feu, un.....

HÉLÈNE.

Il l'associe à son commerce, et le notaire doit dresser l'acte de société.

FRANCISQUE, étonné.

Bah!

HÉLÈNE, le contrefaisant.

Bah! Adèle épouse Blinville; c'est une affaire arrangée de ce matin.

FRANCISQUE.

Blinville n'avait pourtant pas l'air de l'épouseur ; il était debout devant la cheminée, la tête sur son coude, et rêvant je ne sais à quoi.

HÉLÈNE.

Mais tu écoutes, et tu observes avec une grande exactitude.

FRANCISQUE.

Quand on écoute et qu'on observe, il n'en coûte pas plus de bien entendre et de bien voir....... Si on m'avait consulté, Adèle ne serait pas sa femme.

HÉLÈNE.

On a eu très-grand tort de ne pas te demander ton avis.

FRANCISQUE.

Vous croyez rire : si ceux qui nous emploient ont plus d'argent que nous, nous avons quelquefois plus de bon sens qu'eux, et l'un vaut bien l'autre. J'ai pourtant bien de la peine à croire que je me sois trompé.

HÉLÈNE.

Eh, mon dieu, que t'importe ?

FRANCISQUE.

Je le saurai avant mon retour.

HÉLÈNE.

Comment cela ?

FRANCISQUE.

Le notaire préparera le contrat, et je lirai par-dessus son épaule.

HÉLÈNE.

Pars donc ; c'est le moyen d'être plus tôt instruit.

FRANCISQUE.

Vous avez raison. Je pars à l'instant; mais j'étais bien aise de vous faire mes adieux.

HÉLÈNE.

Je te remercie.

FRANCISQUE, sortant.

Vous savez que je n'ai jamais manqué l'occasion de vous faire une honnêteté.

SCÈNE XIII.

HÉLÈNE, seule.

Quelle curiosité! quel bavardage! ce garçon m'inquiéterait, si ce mariage n'était définitivement arrêté. Cependant, ses réflexions sur Adèle et Julien, les observations de leur mère me tourmentent malgré moi, quoique les faits les contredisent. Cette digne femme a raison : il n'est pas de repos pour un coupable, puisque la seule amitié qui m'attache à elle est si inquiète et si pénible.

(Dans l'entr'acte, des domestiques viennent ôter ce qui a servi au déjeuner, et préparent la table pour le troisième acte.)

FIN DU PREMIER ACTE.

ACTE SECOND.

SCÈNE I.

HÉLÈNE, La Citoyenne DÉRICOURT.

LA CITOYENNE DÉRICOURT.

Hélène, mon trouble me suit partout. J'ai eu tantôt un moment de relâche, et maintenant mes craintes renaissent avec plus de force encore.

HÉLÈNE.

Vous êtes ingénieuse à vous créer des chimères....

LA CITOYENNE DÉRICOURT.

Non, je ne me livre point à des chimères; je vois juste, et je pressens tout ce que j'ai à redouter.

HÉLÈNE.

Qui peut donc faire renaître vos alarmes?

LA CITOYENNE DÉRICOURT.

Je viens de passer devant le cabinet de mon mari, j'ai aperçu Adèle et Julien; un coup d'œil rapide comme l'éclair a confirmé mes soupçons : j'ai cru voir le délire, l'ivresse de l'amour. Déricourt jouissait de leurs transports. Hélas! il les croit innocents!

HÉLÈNE.

Vous le dirai-je? Des pressentiments pénibles m'ont agitée et m'agitent encore.

LA CITOYENNE DÉRICOURT.

Avec un homme tel que Déricourt, Adèle et Julien n'auront eu besoin que de se déclarer. Blinville, lui-même, peut favoriser une flamme qu'il est incapable de sentir. Que les gens sans passions sont heureux! S'ils n'ont pas de jouissances, du moins n'ont-ils pas de regrets... Hélène, il est une main invisible qui ne laisse rien impuni, et qui va s'appesantir sur moi.

HÉLÈNE.

Vous oubliez vos amis; vous vous oubliez vous-même. Vous périrez victime de l'illusion ou de la réalité.

LA CITOYENNE DÉRICOURT.

Le tombeau est le seul asyle qui me reste. Heureuse si mon repos n'y est pas troublé, ou par d'horribles souvenirs, ou par les vengeances que j'ai attirées sur ma tête.

(Elle s'assied.)

SCÈNE II.

La Citoyenne DÉRICOURT, JULIEN, HÉLÈNE, qui sort dans le courant de la scène.

JULIEN.

Tout ce qui intéresse les hommes, l'estime des honnêtes gens, les dons de la fortune, les faveurs de l'amour se réunissent aujourd'hui pour me faire oublier mes premiers malheurs. Votre aveu manque encore à ma félicité.

LA CITOYENNE DÉRICOURT.

Que dites-vous?

JULIEN.

Je vous dois mon éducation, mes mœurs, et une existence que vous m'avez conservée. Ma reconnaissance m'acquitterait, si on pouvait jamais s'acquitter de tels bienfaits. Cependant vous pouvez y mettre le comble, ou plutôt, si vous devez rejeter mes prières, vous n'avez rien fait pour moi.

LA CITOYENNE DÉRICOURT.

Entends-tu, Hélène, entends-tu?

JULIEN.

Vous avez une fille à laquelle je ne pouvais pas prétendre, et que je ne devais point aimer. Une fièvre ardente me consumait, et je n'en connaissais pas le remède; j'étais tout à Adèle, et je ne soupçonnais pas le danger. Adèle, élevée avec moi, habituée à me voir, à inspirer et à sentir cette douce confiance qui surprend les ames, Adèle m'aimait, et elle ignorait encore qu'elle eût un cœur.

LA CITOYENNE DÉRICOURT, à part.

Quelle horrible confidence!

JULIEN.

Un homme sensible connaît notre situation, et il porte nos vœux aux pieds de votre époux. Déricourt n'a pas dédaigné un homme qui n'a pour lui que l'active amitié de ses protecteurs; il m'a accueilli; il a regardé sa fille, elle a rougi, et il m'a nommé son gendre.

LA CITOYENNE DÉRICOURT, tombant dans un fauteuil.

Ah! malheureuse! voilà le dernier coup.

ACTE II, SCÈNE II.

JULIEN.

Vas, m'a-t-il dit, vas trouver ma femme; dis-lui que je te destine à faire le bonheur de ma fille, et ses bras te seront ouverts.

LA CITOYENNE DÉRICOURT, se relevant en désordre.

Julien.... Julien... tu veux.... tu espères!...

JULIEN.

Je ne veux rien, mais je supplie. Sans Adèle, il n'est pas de bonheur pour moi; sans moi, il n'en est point pour Adèle.

LA CITOYENNE DÉRICOURT, avec un désespoir contraint.

Non, jamais... jamais....

JULIEN, suppliant.

Adèle est votre fille, et vous m'avez tenu lieu de mère.

LA CITOYENNE DÉRICOURT.

Eh! je le suis, malheureux!

JULIEN.

Ah! si je pouvais vous croire!

LA CITOYENNE DÉRICOURT.

Ah! si je pouvais l'oublier!

JULIEN.

Et vous me refusez Adèle!

LA CITOYENNE DÉRICOURT, se remettant.

Vous n'êtes pas nés l'un pour l'autre.

JULIEN.

Opposez-moi des raisons; je les combattrai, je les détruirai.

LA CITOYENNE DÉRICOURT.

Vous le croyez, jeune homme!

JULIEN.

J'en suis certain.

LA CITOYENNE DÉRICOURT.

Ah! si je pouvais parler!

JULIEN.

Je vous en conjure.

LA CITOYENNE DÉRICOURT.

Je me tais.

SCÈNE III.

La Citoyenne DÉRICOURT, JULIEN, ADÈLE.

JULIEN.

Adèle, on me repousse. Ce que je dois à tes parents, la honte attachée au malheur de ma naissance, et qui pourtant ne devrait pas tomber sur moi...

LA CITOYENNE DÉRICOURT.

Tais-toi, de grace, tais-toi.

JULIEN.

Tout m'impose silence. Mais toi, qui m'as donné ton cœur, toi qui as l'aveu de ton père, tu feras parler la nature et la raison. Viens, mon Adèle, secours-moi, tombe avec moi aux genoux d'une mère sensible qui me rejette, et qui ne te résistera pas.

ADÈLE ET JULIEN, à genoux.

Ma mère!

LA CITOYENNE DÉRICOURT.

Seriez-vous à mes pieds, si je pouvais me rendre à

ACTE II, SCÈNE III.

vos prières? Quoi! tu veux être mère, et tu ne soupçonnes pas encore la force, l'abandon du sentiment qui m'attache à toi?

ADÈLE.

Je ne sais, ma mère; mais il me semble que ma fille n'embrasserait pas en vain mes genoux. Qu'est devenue cette tendre sollicitude qui ne s'occupait que de ma félicité?

LA CITOYENNE DÉRICOURT.

Cruel enfant! le cœur d'une mère change-t-il jamais?

ADÈLE.

Prouvez-le-moi. Je suis malheureuse, suppliante, et vous me résistez.

LA CITOYENNE DÉRICOURT.

J'ai prononcé l'arrêt; rien ne peut le faire révoquer.

ADÈLE, se levant, d'un ton ferme.

Mon père a aussi prononcé.

LA CITOYENNE DÉRICOURT.

Oserez-vous vous en prévaloir?

ADÈLE, montrant Julien.

Eh! que lui reprochez-vous?

LA CITOYENNE DÉRICOURT.

Rien.

JULIEN.

Et elle ne sera pas à moi!

LA CITOYENNE DÉRICOURT.

Non, jamais.

JULIEN, d'une voix étouffée.

Vous êtes injuste, tyrannique.

ADÈLE, très-vivement.

Julien, tu parles à ma mère. (*A sa mère.*) Pardonnez-lui, pardonnez-lui, ma mère. Il s'est oublié; c'est la première fois de sa vie, ce sera la dernière.

JULIEN.

Oui, je m'égare.... Mais dois-je payer vos bienfaits par le sacrifice le plus déchirant?

LA CITOYENNE DÉRICOURT,
prenant la main d'Adèle, et la fixant.

Adèle, sois toujours vertueuse. La pente du crime est facile; la femme la plus chaste peut être faible, et le souvenir d'une faiblesse est si cuisant!

ADÈLE.

Qu'ont de commun ces étranges réflexions et notre amour?

LA CITOYENNE DÉRICOURT.

Votre amour! votre amour!... ah! je l'avais prévu, le crime est héréditaire.

ADÈLE.

Je ne vous entends plus.

LA CITOYENNE DÉRICOURT.

Puisses-tu ne jamais m'entendre!

ADÈLE.

Ma mère, je vous implore pour la dernière fois. Ayez pitié de votre fille. Elle a votre sensibilité, elle a votre ame tout entière. Vous avez aimé; souvenez-vous-en. Oui, vous avez aimé, ma mère. Et vous me défendez d'avoir un cœur!

LA CITOYENNE DÉRICOURT, les pressant contre son sein.

Mes enfants, si vous saviez le mal que vous me faites; si vous pouviez lire dans ce cœur que vous brisez et dont les peines sont bien plus amères que les vôtres!.... Ménagez une mère qui vous aime; ne l'exposez plus à des combats, inutiles pour vous et pénibles pour elle; gardez surtout de l'accuser auprès de son époux : ses prières, son autorité, tout serait sans effet. Vous ajouteriez à mes maux, sans rien changer à ma résolution.

JULIEN.

Nous en mourrons et vous l'aurez voulu.

LA CITOYENNE DÉRICOURT, d'un ton sec et avec délire.

La douleur ne tue pas.... Non, Julien, elle ne tue pas.

ADÈLE, éplorée.

Eh! que dirons-nous à mon père?

LA CITOYENNE DÉRICOURT.

Je ne sais... mais mon repos est entre vos mains. Consultez votre délicatesse, votre reconnaissance; elles vous inspireront... Allez, mes enfants, laissez-moi.

ADÈLE.

Viens, mon ami, viens. Si nous ne pouvons être heureux, nous pourrons du moins pleurer ensemble.

SCÈNE IV.

La Citoyenne DÉRICOURT, seule.

Quelle épreuve, quelle épreuve! j'ai senti plus de vingt fois l'affreuse vérité prête à m'échapper, et mes forces sont épuisées. (*Elle s'assied.*) Ce jeune homme est né pour mon malheur et pour le sien... Que dis-je? la nature les entraîne l'un vers l'autre : la nature trompe-t-elle jamais? Mon secret est encore à moi; je puis me taire encore; je puis couronner des feux.... Où vais-je m'égarer? Malheureuse! un crime que les sauvages mêmes ont en horreur!

SCÈNE V.

La Citoyenne DÉRICOURT, FRANCISQUE.

FRANCISQUE, faisant grand bruit.

J'arrive de Paris, et j'en reviens à toute bride.

LA CITOYENNE DÉRICOURT.

Tu m'importunes, bon Francisque.

FRANCISQUE, dans l'excès de la joie.

Vous êtes triste. Vous avez deviné le secret d'Adèle, et vous croyez encore qu'on la marie à Blinville. Détrompez-vous; on la donne à Julien, le notaire me suit, l'acte est dressé, je l'ai vu, je l'ai lu... Ce pauvre Julien! Je me sens rajeunir de vingt ans. Oh! j'en perdrai l'esprit.

LA CITOYENNE DÉRICOURT, se levant avec force.

Sors, sors, je le veux... je t'en prie.

FRANCISQUE, stupéfait.

Vous ne m'avez donc pas entendu ?

LA CITOYENNE DÉRICOURT.

Sors, te dis-je; je veux être seule.

FRANCISQUE, sortant.

Si j'y comprends rien que le diable m'emporte !

SCÈNE VI.

La Citoyenne DÉRICOURT, seule.

Ils semblent tous ligués contre moi. Ce domestique veut prouver son attachement, et il déchire ma blessure. Quelle insupportable existence ! Ciel ! Blinville !

SCÈNE VII.

La Citoyenne DÉRICOURT, BLINVILLE.

BLINVILLE.

Je quitte Adèle et Julien; ils souffrent, ils gémissent, et c'est vous qui faites leur malheur. J'aurais cru que la mère la plus aimante et la plus respectable motiverait du moins un refus, qui sans doute est établi sur les raisons les plus fortes, mais que personne ne peut prévoir.

LA CITOYENNE DÉRICOURT.

Vous ne pouvez les prévoir; mais elles existent. Vous voyez mon état; il est cruel : plaignez-moi, et n'exigez rien de plus.

BLINVILLE.

Non, citoyenne, je ne m'en tiendrai pas à une compassion stérile : permettez-moi quelques réflexions. Vous les supporterez, car vous les trouverez raisonnables. Votre époux a consenti au bonheur de sa fille et d'un jeune homme que vous aimez tendrement. Peut-être le désir de vous plaire l'a-t-il déterminé autant que mes instances. Le mariage est arrêté ; vos enfants se font un plaisir de vous l'annoncer eux-mêmes ; ils viennent vers vous avec la confiance que leur inspirent un amour innocent et l'habitude de vos bontés; ils en espéraient une preuve nouvelle, et ils n'éprouvent qu'une sévérité sèche, repoussante, et qui ne persuade jamais.

LA CITOYENNE DÉRICOURT.

Je n'ai point de torts envers ces jeunes gens.

BLINVILLE.

Je le crois, je me plais à le croire. Mon estime me répond de vous, et vous la justifierez en expliquant votre refus avec la franchise que vous devez à la mienne.

LA CITOYENNE DÉRICOURT.

Je ne le puis.

BLINVILLE.

Citoyenne, il le faut.

LA CITOYENNE DÉRICOURT, à part.

Ils ne me laisseront pas un moment de repos.

BLINVILLE.

Mon amitié vous paraît exigeante ; c'est qu'elle

est vive, raisonnée, et qu'elle sent les maux que peut causer votre silence. Des enfants au désespoir ; un époux sensible, mais ferme, qui peut se rendre à des raisons solides ; mais qui ne supportera pas une réserve offensante ; la paix bannie de votre maison ; des divisions, des haines, dont les tristes effets nous seront communs à tous, voilà, citoyenne, voilà quelle sera une famille si long-temps unie, si long-temps heureuse, et qui le serait toujours sans votre inconcevable résistance.

LA CITOYENNE DÉRICOURT.

Je vous éclairerais d'un mot ; mais ce mot ajouterait aux maux que vous redoutez. Ne peut-on avoir un secret pour son ami ?

BLINVILLE.

Non, madame, on n'en a point de cette nature. Une ame honnête ne sacrifie pas ce qui l'entoure à des fantaisies, à des caprices, pardonnez-moi le mot ; oui, madame, à des caprices : vous parleriez si vous pouviez avoir raison.

LA CITOYENNE DÉRICOURT.

Hé bien, je parlerai : vos importunités m'excèdent. Vous voulez que je perde votre estime, votre amitié, celle de mon époux, de mes enfants ; vous voulez que je me perde moi-même : je vais vous satisfaire. Aussi bien ce secret m'accable, m'oppresse, et je ne puis le renfermer plus long-temps.

BLINVILLE.

Je frémis.

LA CITOYENNE DÉRICOURT.

Ce Julien que j'aime si tendrement, et qui veut épouser Adèle...; ce Julien, sans qui je ne peux vivre, et qui peut-être me croit son ennemie... (*Se cachant dans le sein de Blinville.*) Je ne puis achever... : non, je n'achèverai point. Blinville, je suis une femme criminelle, qui n'ose envisager son époux, qui tremble devant son ami, et qui court cacher ses larmes, ses remords et son désespoir.

SCÈNE VIII.

BLINVILLE, seul.

Je suis anéanti, confondu. La femme, la plus honnête en apparence, serait-elle la plus coupable ? Ce Julien qu'elle aime si tendrement; ce Julien, sans qui elle ne peut vivre; son époux qu'elle n'ose envisager... : une passion désordonnée et terrible s'est-elle emparée de ce cœur, qui ne semblait fait que pour des sentiments doux ? Est-ce à cette passion qu'elle immole son Adèle ? Julien est-il son complice ? Que dis-je ? ses transports près de cette fille aimable ne sont pas étudiés; c'est une ame brûlante qui s'exhale, et à qui le crime est encore étranger. C'est donc à sa jalousie que cette femme sacrifie ces enfants, et je le souffrirais, moi, ennemi de l'oppression et de l'injustice ! Non, que le coupable souffre, et que la vertu soit heureuse !

SCÈNE IX.

DÉRICOURT, BLINVILLE.

DÉRICOURT, très-gaîment.

Le notaire est arrivé, le contrat est prêt; nous allons sourire à la joie douce de ces enfants, et tu partageras avec moi et leur bonheur et leur reconnaissance. A propos, as-tu vu ma femme?

BLINVILLE, contraint.

Elle sort d'avec moi.

DÉRICOURT.

Nos jeunes gens lui ont parlé? Elle est instruite?

BLINVILLE.

Oui, elle sait tout.

DÉRICOURT.

Elle a dû marquer sa surprise...

BLINVILLE.

Oh! d'une manière très-prononcée.

DÉRICOURT.

Et sa joie égale la mienne?

BLINVILLE.

Pas tout-à-fait, mon ami.

DÉRICOURT.

Comment donc? dissimulerait-elle le plaisir que lui fait ce mariage? Les femmes, comme les filles, auraient-elles une arrière-pensée?

BLINVILLE.

Ta gaîté est souvent très-piquante; mais ce n'est pas en ce moment.

DÉRICOURT.

Je marie ma fille ; je la marie selon son cœur, et je ne serais pas gai !

BLINVILLE.

Elle n'est pas mariée encore : tu n'es pas heureux en projets.

DÉRICOURT, reprenant le ton sérieux.

J'espère que celui-ci ne rencontre aucun obstacle?

BLINVILLE.

Au contraire, il en est un qui m'effraie, et que tu ne pourras lever qu'en déployant toute ta fermeté.

DÉRICOURT.

Tu m'effraies à mon tour. Qu'avons-nous donc à craindre?

BLINVILLE.

Une opposition formelle de la part de ton épouse.

DÉRICOURT, surpris.

Cela ne se peut pas.

BLINVILLE.

Cela est.

DÉRICOURT.

Et quelles sont les raisons de cette opposition?

BLINVILLE.

Elle refuse d'en donner aucune.

DÉRICOURT.

Tu vois bien que c'est une plaisanterie.

BLINVILLE.

Non, non ; rien n'est moins plaisant.

DÉRICOURT.

Que dois-je penser de ceci? Quels peuvent être les motifs de son refus?

BLINVILLE.

Si je parlais à un homme sans caractère, j'emploierais des détours, j'adoucirais des images...

DÉRICOURT.

J'ai toujours eu la force d'entendre la vérité.

BLINVILLE.

Hé bien, tu l'entendras. Cette confidence me peine, car je vais t'affliger; mais je n'écoute que la voix de l'innocence et les lois de l'équité.

DÉRICOURT.

Quelque chose que tu aies à m'apprendre, parle: je suis homme, et résigné.

BLINVILLE.

Tes enfants ont vu ta femme; ils ont présenté leurs vœux, elle les a rejetés; ils ont supplié, elle s'est montrée inexorable ; ils l'ont quittée le désespoir dans le cœur, et sont venus déposer leur douleur dans le mien. Je l'ai attaquée à mon tour avec les forces réunies de l'amitié, de la délicatesse et du raisonnement; même refus, même silence. Des passions violentes se heurtaient, et la jetaient dans un désordre effrayant ; enfin, des mots entrecoupés m'ont donné des soupçons que la réflexion a confirmés.

DÉRICOURT.

Achève : quels sont ces soupçons ?

BLINVILLE.

Les passions sont terribles ; leurs ravages inattendus et rapides, et la femme la plus sage n'a pas toujours des forces suffisantes à leur opposer.

DÉRICOURT, s'écriant.

Ma femme s'est manqué!

BLINVILLE.

Ta femme a combattu long-temps; ses remords attestent....

DÉRICOURT.

Et que m'importent ses combats et ses remords!

BLINVILLE.

Ces mots qui m'ont frappé vont fixer ton opinion, et t'expliquer la conduite de ton épouse : « Ce Julien « que j'aime tendrement, et qui veut épouser Adèle...; « ce Julien sans qui je ne peux vivre...; mon époux « que je n'ose envisager....; son ami devant qui je « suis tremblante... »

DÉRICOURT.

Julien est l'amant de ma femme, et il prétend à ma fille !

BLINVILLE.

Julien est pur.

DÉRICOURT.

Ah! si je pouvais le croire!

BLINVILLE.

Je te réponds de lui.

DÉRICOURT.

Ma fille sera donc heureuse, et mon imprudente épouse pleurera sa folie.

BLINVILLE.

Oui, qu'Adèle soit heureuse; tu dois le vouloir et l'ordonner. Mais sa mère te devient-elle étrangère?

Une erreur, dont elle gémit, lui ôte-t-elle ses droits à ta pitié? L'abandonneras-tu à ses peines?

DÉRICOURT.

Non, mon ami: je sais trop combien nous sommes faibles, et combien nous avons tous besoin d'indulgence. Si je n'ai à lui reprocher que l'erreur d'un moment; si elle peut entendre encore le langage du devoir et de la vertu; si j'ai conservé quelque ascendant sur son ame, je la ferai rougir, je la ramenerai, et je lui rendrai son époux.

SCÈNE X.
FRANCISQUE, DÉRICOURT, BLINVILLE.

FRANCISQUE, avec désordre et empressement.

Julien est renfermé; il veut être seul; il marche à grands pas; il ne voit ni n'entend rien. Je voulais le consoler, car je suis son ami. Vas, m'a-t-il dit, selle-moi un cheval; je pars, je quitte cette maison pour jamais. J'ai voulu répliquer; il m'a poussé hors de sa chambre, et je viens savoir si je dois lui obéir.

DÉRICOURT.

Garde-t'en bien. Remonte chez ce jeune homme; dis-lui que je veux le voir à l'instant, et que je lui défends de sortir d'ici sans mon ordre.

SCÈNE XI.
DÉRICOURT, BLINVILLE.

DÉRICOURT.

Il ne consulte que la reconnaissance et l'honneur.

Je l'en estime davantage ; mais il ne partira pas. S'il faut une victime, ce n'est pas lui qui doit s'offrir. Mon parti est pris, et je serai inébranlable.

BLINVILLE.

Poursuis, et tu seras juste envers tout le monde. Je te laisse. Montre-toi père tendre, époux sévère, et n'oublie pas que l'extrême indulgence, en relâchant les liens de la société, tend à sa dissolution.

SCÈNE XI.

DÉRICOURT, seul.

Vingt ans d'une conduite irréprochable démentis en un jour; le délire de la jeunesse dans l'âge de la raison; l'opinion publique méprisée, et pour qui? pour un enfant qui ne s'occupe pas d'elle. Toi, que j'ai tant aimée, tu ne penses pas que ta fille, innocente et vertueuse, aime aussi ce Julien, devant qui elle n'a point à rougir !

SCÈNE XII.

DÉRICOURT, JULIEN.

DÉRICOURT.

Ma fille vous est chère; je vous l'ai accordée, et vous vous éloignez. Ma femme est tout pour vous, et vous m'oubliez, moi, à qui cependant vous devez quelque chose. Vous abandonnez Adèle, à qui vous devez plus encore, et vous ne prévoyez pas les suites de votre démarche. Des occupations nouvelles, des

ACTE II, SCÈNE XIII.

objets intéressants vous distrairont peut-être ; mais que restera-t-il à ma fille quand elle vous aura perdu ? Le regret de vous avoir aimé ; le vide d'un cœur pour qui l'amour est un besoin, et dans lequel rien ne vous remplacera jamais. Pensez-y mûrement, jeune homme, et sachez que le vain orgueil de remplir des devoirs exagérés ne peut en imposer à un homme de mon caractère.

JULIEN.

Je n'ai point d'orgueil, je n'exagère rien ; mais je connais mes devoirs, et je les remplirai, tout cruels qu'ils sont. Je n'amènerai pas chez vous la discorde ; je ne l'y verrai point exercer ses fureurs, et deux époux, jusqu'ici fortunés, ne me reprocheront pas de les avoir désunis.

DÉRICOURT.

Je m'attends à ces divisions ; j'y suis préparé, et j'y saurai mettre un terme.

JULIEN.

Je saurai, moi, les prévenir.

DÉRICOURT.

Dis que tu les rendras plus amères. Ma fille me redemandera Julien, et je te redemanderai à sa mère.

JULIEN.

Sa mère me rejette.

DÉRICOURT.

Tu n'en soupçonnes pas la cause ?

JULIEN.

Non ; mais je veux la respecter.

DÉRICOURT.

Tu serais indigné, si tu la connaissais.

JULIEN.

Quel langage! quel front sévère!..... Vous accusez votre épouse!

DÉRICOURT.

Si je l'accuse! (*Se reprenant.*) Non, mon ami, je ne l'accuse point....... : elle est toujours digne de moi.

JULIEN.

Ah, je ne suis donc pas tout-à-fait malheureux!

DÉRICOURT, avec une feinte indifférence.

Des préjugés..... des erreurs..... qui m'affectent, et qui ne changent rien à mes projets. L'aspect de votre félicité me consolera de bien des peines. (*Julien fait un mouvement.*) Je n'en ai point en ce moment; je suis heureux et tranquille.... Mais l'âge, les infirmités qu'il amène..... Renonce à ton dessein. Tu dois cette marque de condescendance à ma fille; tu la dois à ma vive amitié. Demeure près de moi; je t'en prie, je te l'ordonne, et tu ne voudras ni m'affliger ni me désobéir. Mon cher enfant, mets en moi toute ta confiance; ne t'alarme pas d'un obstacle passager, et je crois qu'il n'en est aucun qui puisse arrêter un bon père.

SCÈNE XIV.

JULIEN, SEUL.

Il ne s'explique pas; mais il en dit assez pour confirmer ma résolution. Oui, le coup est porté. Il n'y a plus ici ni harmonie ni estime. Que Déricourt me blâme ou m'approuve, je sortirai de cette maison, et mon absence y rétablira l'ordre et la paix, que ma faiblesse en bannirait sans retour. Mais Adèle... Adèle ! la laisser seule ici ; l'abandonner à elle-même ; me la représenter, sans cesse, combattant ses désirs et dévorant son cœur! Cette idée insupportable me poursuivra partout.

SCÈNE XV.

JULIEN, ADÈLE.

JULIEN.

La voici. (*A Adèle.*) Viens prononcer entre l'amour et le devoir ; viens soutenir mon courage, ou me rendre à jamais méprisable ; décide enfin du sort de ta mère, et dis-moi qui doit l'emporter d'elle ou de ton amant.

ADÈLE.

Si j'en suis réduite à cette cruelle alternative....

JULIEN.

Il faut opter, et promptement. Demain, ce soir, dans une heure peut-être il ne sera plus temps.

ADÈLE.

Et c'est moi que tu interroges ! Consulte ta probité : il faut n'écouter qu'elle.

JULIEN.

Je partirai donc.

ADÈLE.

Pars. Je sais souffrir et me taire.

JULIEN.

J'emporterai ton image.

ADÈLE.

Et tu me garderas ton cœur?

JULIEN.

Quand on aime une fois.....

ADÈLE.

Ah, oui; c'est pour la vie.

JULIEN, avec enthousiasme.

Je pars pour l'armée. La gloire et l'amour élèveront mon ame.

ADÈLE.

Sois Français, sois républicain (*montrant son cœur*): ta récompense est là.

JULIEN.

Je la mériterai. Bien servir sa patrie, bien aimer sa maîtresse....

ADÈLE.

C'est tout ce que peut un honnête homme; c'est tout ce qu'on peut attendre de lui.

JULIEN, en pleurs.

Adieu, Adèle.

ADÈLE, pressant sa main.

Adieu..... adieu.... Jusques à quand?

(Ils s'embrassent.)

JULIEN.

Nous nous attendrissons : ce n'est point dans les pleurs qu'on s'arrache à ce qu'on aime.

ADÈLE.

Nous faisons assez pour la nature; donnons un moment à l'amour. (*Ils s'embrassent encore.*) Voilà mon portrait; je le destinais à mon époux. Mon père t'en a donné le titre; depuis long-temps ton Adèle t'avait nommé en secret. Ce portrait est à toi; qu'il nourrisse ta tendresse, qu'il t'encourage à la vertu. Je sors. Mon ami, ne cherche plus à me revoir. Les forces humaines ont un terme, et l'épreuve ne peut aller plus loin.

SCÈNE XVI.

JULIEN, SEUL, après avoir considéré le portrait en silence.

Voilà donc tout ce qui m'en reste; voilà mon unique consolation!....... Adèle seule me tiendra compte de mes souffrances; les autres m'oublieront dans le sein du repos.

SCÈNE XVII.

JULIEN, FRANCISQUE.

FRANCISQUE.

Tu m'as renvoyé, et je te cherche; tu veux souffrir seul, et je viens m'affliger avec toi.

JULIEN.

Tu m'as élevé; tu t'es toujours montré mon ami; je t'ai donné ma confiance, et tu l'as trahie.

FRANCISQUE.

Je n'ai cherché qu'à te servir; j'ai pu me tromper; mais mes intentions étaient bonnes.

JULIEN.

Cela ne suffit pas toujours, tu le vois. Tu m'as exposé à des reproches qui m'honorent; mais que tu devais m'épargner.

FRANCISQUE.

Puis-je réparer ma faute?

JULIEN.

Tu le peux, et tu le feras.

FRANCISQUE.

Parle : Francisque est tout à toi.

JULIEN.

Mon bon ami, j'attends de toi un service. C'est le dernier que tu me rendras.

FRANCISQUE.

Ordonne.

JULIEN.

Prépare tout pour cette nuit; je m'éloignerai sans prendre congé de personne. Je t'adresserai quelquefois des lettres pour Adèle; tu les lui remettras, et tu me feras parvenir les siennes.

FRANCISQUE.

Tu es décidé?

JULIEN.

Irrévocablement.

FRANCISQUE.

Hé bien, tu partiras; mais j'attends une grace à

ACTE II, SCÈNE XVII.

mon tour, et ta condescendance te répondra de la mienne.

JULIEN.

Explique-toi; tu me connais.

FRANCISQUE.

Je suis vieux, mais j'ai de quoi n'être à charge à personne. Ce que je possède est bien à moi : c'est le fruit de mon travail et de vingt ans d'économie. Je puis être utile à un ami malheureux, que sa douleur empêchera de penser à sa fortune. Julien, je te suivrai, et je ne suis discret qu'à cette condition. Mes consolations seront simples comme moi; je ne te ferai pas de phrases; mais j'ai un bon cœur, et tu entendras son langage.

JULIEN.

Honnête et respectable homme!...... Et voilà ceux qu'un fol orgueil humiliait! Francisque, ta proposition ne m'étonne pas, mais je ne puis l'accepter.

FRANCISQUE.

Ton refus m'offense, Julien. Crois-tu que le soutien de ton enfance ne soit pas digne d'être le compagnon de ta jeunesse?

JULIEN.

Je vais à l'armée; je vais mener une vie errante, laborieuse, et ton âge ne te permet plus.....

FRANCISQUE.

Ne suis-je pas Français aussi? N'ai-je pas comme toi une patrie à défendre, et du sang à lui offrir?

JULIEN.

Je ne résiste plus; oui, nous partirons ensemble.

Mon ami, sois actif et discret. Je serai dans ce salon à minuit; nous quitterons ces lieux en silence, ces lieux où tu as passé tes beaux jours, et où ce matin encore la fortune m'avait flatté de l'espoir le plus doux et le plus mensonger.

SCÈNE XVIII.
FRANCISQUE, SEUL.

Oui, je le suivrai partout, et que puis-je faire de mieux? Déricourt trouvera un domestique, et Julien chercherait en vain un ami : l'infortune n'en donne pas encore. Ah! voilà la confidente.

SCÈNE XIX.
FRANCISQUE, HÉLÈNE.

HÉLÈNE.
Je te trouve enfin : il y a au moins une heure que je te cherche.

FRANCISQUE, avec aigreur.
C'est bien dommage.

HÉLÈNE.
Adèle a confié à sa mère le projet de Julien ; elle l'approuve....

FRANCISQUE.
C'est bien heureux.

HÉLÈNE.
Mais elle veut le voir en secret, avant qu'il s'éloigne, et je te prie de te charger de la commission.

FRANCISQUE.

Faites vos commissions vous-même, et ne m'en rompez pas la tête.

HÉLÈNE.

Francisque le prend sur un ton bien haut.

FRANCISQUE.

Francisque n'aime pas ceux qui font leur cour par toutes sortes de moyens. Croyez-vous que je ne vous aie point observée comme j'observe tous les autres? Croyez-vous que votre haine pour Julien m'ait échappé? C'est vous qui le perdez : aussi, je ne vous aime pas, je vous le dis franchement. J'ai vécu avec vous politiquement ; mais je n'ai jamais été votre dupe, et je suis peut-être le seul de la maison que vous n'ayez pas trompé.

(Il s'éloigne.)

HÉLÈNE.

Et ma commission, aimable Francisque ?

FRANCISQUE.

Qu'on soit dans ce salon à minuit : on nous y trouvera.

SCÈNE XX.

HÉLÈNE, SEULE.

Voilà comment sont faits les trois quarts des hommes. Ils jugent sur les apparences, et leur jugement est sans appel.

SCÈNE XXI.

HÉLÈNE, BLINVILLE.

BLINVILLE, avec le plus grand sang-froid.

Vous êtes fort bien avec la citoyenne Déricourt. Je vous engage à faire de sérieuses réflexions sur les évènements de ce jour; je vous invite à tourner votre crédit vers le bien général; à sentir enfin qu'une complaisance sans bornes peut, en vous maintenant dans l'esprit de la femme, vous perdre sans retour dans celui du mari. Il peut être temps encore de penser à vos vrais intérêts; souvenez-vous de la leçon, et laissez-moi.

SCÈNE XXII.

BLINVILLE, SEUL.

Ces deux femmes sont intimement unies. Celle-ci, froide et réfléchie, exerce sur l'autre un empire absolu. Elle eût pu lui épargner des fautes graves; elle eût pu au moins en prévenir les suites funestes, en se concertant avec un époux, à qui elle doit aussi quelques égards.

SCÈNE XXIII.

DÉRICOURT, BLINVILLE.

DÉRICOURT, hors de lui.

Ne pensons plus aux moyens doux : l'égarement est

au comble, et ne me laisse plus d'espoir. J'ai tout tenté, et je n'ai recueilli que la honte de m'être inutilement abaissé devant elle.

BLINVILLE, à part.

Ah! je l'avais prévu.

DÉRICOURT.

Je l'ai priée, conjurée de penser à sa gloire, à l'honneur, au repos d'un époux; je l'ai menacée d'user de mon autorité : elle s'est montrée sourde à mes prières, rebelle à ma volonté. Je lui ai reproché sa passion criminelle, et mes justes reproches l'ont révoltée. Elle n'a point d'amour pour Julien, dit-elle; ce détestable amour ne peut entrer dans son cœur; mais jamais il ne sera l'époux d'Adèle. Enfin, des larmes, des sanglots ont terminé cet entretien qui décide du malheur de ma vie.... J'étais prêt à pardonner; j'avais tort, je le sens..., mais j'étais attendri; je sortais à pas lents... Pas un effort pour me retenir, pas un mot qui pût me désarmer. Le nom de Julien errait sans cesse sur ses lèvres, et m'a rendu mon courage, en réveillant mon indignation.

BLINVILLE.

Tu as fait ce que te prescrivait ta délicatesse. Cette démarche était nécessaire, puisqu'elle pouvait être utile; une seconde entrevue serait déplacée et dangereuse.

DÉRICOURT.

Moi, retourner près d'elle! je serais un lâche d'en avoir seulement la pensée. Je la reverrai, mais pour la dernière fois, et pour la contraindre à signer.

BLINVILLE.

Ce moment sera dur, sans doute; on mettra tout en œuvre pour te désarmer.

DÉRICOURT.

Manége inutile! Mon cœur lui est à jamais fermé; il ne sera accessible à aucun sentiment, pas même à la pitié.

BLINVILLE, lui présentant la main.

Tu es un homme, et tu as droit à mon respect.

DÉRICOURT, à demi-voix.

Évitons cependant un éclat inutile; que ces scènes d'horreur se passent loin des étrangers. Ce salon est isolé; vers minuit tout reposera, hors la coupable et ses victimes. C'est alors, c'est ici que je terminerai ce mariage; il sera fait sous de cruels auspices! Puisse-t-il être plus heureux que le mien!

FIN DU SECOND ACTE.

ACTE TROISIÈME.

SCÈNE I.

FRANCISQUE, seul.

(Il fait nuit.)

Tout est prêt; la valise est faite, les chevaux sellés, la grille ouverte; rien ne peut nous retenir..... Oui; mais ces chevaux ne nous appartiennent pas...... Hé bien, on les renverra par un commissionnaire. Après cela, cherche... bien fin qui nous trouvera. (*Tirant son porte-feuille.*) J'ai ici de quoi soutenir mon jeune ami deux ans au moins. Pendant ce temps-là, son chagrin s'adoucira; il s'occupera, on le connaîtra, et il percera : c'est alors qu'il sera véritablement l'enfant de lui-même.

SCÈNE II.

FRANCISQUE, JULIEN.

JULIEN.

Es-tu là?

FRANCISQUE.

Me voici.

JULIEN.

As-tu tout préparé?

FRANCISQUE.

Tout absolument.

JULIEN.

Sans avoir été aperçu?

FRANCISQUE.

De personne au monde.

JULIEN.

Ne perdons pas un moment.

FRANCISQUE.

Est-il minuit?

JULIEN.

Oui; pourquoi?

FRANCISQUE.

La citoyenne Déricourt va descendre; elle veut vous voir, vous parler.

JULIEN.

Francisque, encore une indiscrétion.

FRANCISQUE.

J'ai été impénétrable pour ceux qui s'opposent à votre départ : il était inutile d'en faire un mystère à celle qui voudrait vous voir bien loin.

JULIEN.

A la bonne heure; mais tu pouvais m'épargner un entretien inutile et fatigant.

FRANCISQUE.

On l'a demandé. Le refuser, c'était s'exposer à de nouvelles démarches, à des importunités qui nous auraient ôté la liberté d'agir.

JULIEN.

Ton but est rempli ; éloignons-nous.

(Il fait quelques pas.)

FRANCISQUE.

Je vous suis.

JULIEN, s'arrêtant.

C'est ici que j'ai passé dix-huit ans avec elle ; c'est ici que nous nous sommes livrés avec sécurité aux douces sensations d'une flamme innocente ; c'est ici que mon malheur se préparait au sein même de la félicité !.... (*Bien tristement.*) Au point du jour, Adèle viendra dans ce salon, que nous aimions tant ; elle parcourra ces bosquets, où nous avons si souvent folâtré ; elle s'assiéra sur ces gazons où les heures s'écoulaient pour nous avec tant de rapidité ; partout elle cherchera Julien, et Julien n'y sera plus ! Ah ! Francisque, quels souvenirs me poursuivent en ce moment !... (*Avec désordre.*) Partons, partons.

SCÈNE III.

FRANCISQUE, JULIEN, La Citoyenne DÉRICOURT, portant une bougie qu'elle place sur la table en entrant. On lève la rampe à demi.

FRANCISQUE.

On vient.... Ah ! c'est la citoyenne Déricourt.

JULIEN.

Vous avez voulu me voir, madame. Pouvez-vous désirer ma présence ? croyez-vous que la vôtre puisse me consoler ?

LA CITOYENNE DÉRICOURT.

Francisque, veillez à cette porte.

SCÈNE IV.

La Citoyenne DÉRICOURT, JULIEN.

LA CITOYENNE DÉRICOURT.

Vous avez droit de tout penser, et je suis préparée à ce que vous m'allez dire; mais, écoutez-moi. Notre séparation était inévitable, vous le sentirez peut-être un jour. Cette séparation sera longue, bien longue, et j'ai voulu vous voir pour la dernière fois; vous embrasser encore; pleurer sur vous et sur moi; vous donner des conseils, qui ne vous seront pas inutiles, et vous assurer que je ne vous abandonnerai jamais.

JULIEN.

Ne parlez pas de nouveaux dons; les vôtres sont trop chers. Un homme de mon caractère n'a besoin de personne; je saurai supporter mon sort, si je ne puis vaincre l'adversité, et vos conseils, autrefois si précieux, sont superflus en ce moment.

LA CITOYENNE DÉRICOURT.

Ah! Julien, que d'erreurs ont causées la prévention et l'injustice!

JULIEN.

La prévention! l'injustice! C'est vous qu'elles subjuguent; c'est moi seul qu'elles accablent. Ne me retenez pas, et laissez-moi partir.

LA CITOYENNE DÉRICOURT.

Un moment. Rends-moi ton cœur...

JULIEN.

Je ne le puis.

LA CITOYENNE DÉRICOURT.

C'est ta meilleure amie, qui te presse, qui te conjure de ne pas la repousser; c'est une mère égarée et sensible, qui souffre par toi et pour toi, qui voudrait... qui ne peut...

JULIEN, d'une voix étouffée.

Une mère!... une mère!

LA CITOYENNE DÉRICOURT, se reprenant.

Je t'en ai tenu lieu; j'en ai rempli les devoirs.

JULIEN.

Ne me rappelez pas le passé; vous l'effacez de ma mémoire. Si je vous dois beaucoup, fais-je moins aujourd'hui? Je renonce à tout ce qui m'attache à la vie; je quitte Adèle, je me dérobe à votre époux; je me jette dans un monde inconnu, sans support, sans espoir, sans autre ami qu'un vieux domestique, qui compatit à mes maux, et qui veut les partager; je m'expose à tout, je brave tout, et pour qui? pour vous seule, femme absolue et barbare.... Non, je n'ai plus de mère... je n'en ai plus; vous avez mis entre nous une éternelle séparation.

LA CITOYENNE DÉRICOURT.

Tu m'accuses, tu m'outrages, et je ne puis te blâmer.

JULIEN.

Dans l'état où je suis, sais-je ce que je fais?

LA CITOYENNE DÉRICOURT.

Me connais-je moi-même? Ma tête n'est plus à moi... mon désordre est au comble... mes idées n'ont plus de suite.... de liaison... Julien, je perds en toi la moitié de mon être. Je ne puis ni te voir, ni me séparer de toi. Je n'oppose à tes vœux que l'impuissance.... le désespoir.... des larmes stériles qui ne peuvent t'apaiser... Oui, tu me hais; tu le dois, je le sens, j'en suis convaincue; mais quelque indigne que je t'en paraisse, que je goûte encore une fois le plaisir d'être mère. Julien... mon fils, mon cher fils, mes bras te sont ouverts; crains-tu de t'y précipiter? (*Julien balance.*) Julien!

(Il se jette dans ses bras.)

SCÈNE V.

FRANCISQUE, La Citoyenne DÉRICOURT, JULIEN.

FRANCISQUE.

J'ai vu de la lumière chez Blinville; j'ai cru entendre la voix de Déricourt. Il y a du mouvement dans la maison : hâtons-nous, ou nous sommes découverts.

LA CITOYENNE DÉRICOURT.

Adieu, malheureux enfant! Quelque part que tu fuies, mes yeux seront toujours ouverts sur toi. Écris-moi, je le veux, je t'en supplie. Tes lettres adouciront mes peines. Je les lirai à Adèle; elle en a besoin comme moi. Adieu....; ne connais que la vertu, n'écoute et ne suis qu'elle. Oublie ta première existence ; remplis la carrière honorable où tu vas te jeter ; que tes exploits et ta gloire parviennent jusqu'à moi ; que j'en jouisse en secret, et que je me dise : Julien est un héros ; il me fait oublier sa naissance. (*Julien fait une fausse sortie.*) Viens, cher enfant, que je t'embrasse encore ; dis-moi que tu ne me hais point, et je serai plus tranquille.

JULIEN, l'embrassant.

Vous haïr ! Je le voudrais en vain.... je n'en ai pas la force.

(Il se jette dans ses bras, la regarde ensuite avec attendrissement, va pour l'embrasser encore, s'arrête et sort en désordre.)

SCÈNE VI.

FRANCISQUE, La Citoyenne DÉRICOURT.

LA CITOYENNE DÉRICOURT.

Honnête Francisque, je compte sur toi. Tu ne l'abandonneras point ?

FRANCISQUE.

L'abandonner ! non, citoyenne, non. Il y a là un bon cœur.

LA CITOYENNE DÉRICOURT.

Prends ce porte-feuille, ne le ménage pas ; qu'il ne manque de rien.... Qu'il m'écrive, souviens-t'en bien, Francisque ; qu'il m'écrive, et toi, sois toujours son guide et son ami. Allez, partez, et que le ciel veille sur vous et vous conserve.

SCÈNE VII.

La Citoyenne DÉRICOURT, seule.

Ah! s'il existe un juste équilibre entre le bien et le mal, quelles doivent être les jouissances de la vertu, puisqu'un moment suffit pour empoisonner la vie la plus heureuse!... Julien est perdu pour moi; mon supplice commence, et chaque jour le rendra plus insupportable. Un époux menaçant d'un côté, une fille souffrante de l'autre; tous deux m'accusant d'une rigueur qui n'est pas dans mon ame, et qui fait leur tourment; leur tendresse, leur estime perdue; l'abandon qui suit le mépris; une fin douloureuse et prochaine, voilà mon sort, et je l'ai voulu.... Ne te plains pas, malheureuse! Il fallait penser tout cela avant de trahir ton devoir, ta vertu, ton époux. L'infamie ne t'a point effrayée, et tu crains de souffrir!

SCÈNE VIII.

ADÈLE, DÉRICOURT, JULIEN, La Citoyenne DÉRICOURT, BLINVILLE, tenant deux flambeaux qu'il pose sur une table.

(La rampe se lève tout-à-fait.)

DÉRICOURT, tenant Julien par la main.

Vous partez! vous partez! Rentrez, jeune homme; soyez docile, et laissez-vous conduire. Voilà ton Adèle, la voilà.... regarde; vois ses larmes, et fuis si tu le peux.

JULIEN.

Adèle, mon Adèle!

ADÈLE.

T'ai-je retrouvé, ou vais-je te perdre encore?

DÉRICOURT.

Vous ici, madame! Vous m'avez prévenu. Nous allons terminer des débats qui n'ont que trop duré. Vous ne me contraindrez pas, je l'espère, à user de mes droits. Ne m'opposez pas une résistance inutile, et préparez-vous à obéir.

LA CITOYENNE DÉRICOURT.

Gardez-vous de m'y contraindre.

DÉRICOURT.

Point de mots; des faits. Si je me suis trompé, si vous ne tenez à Julien que par des sentiments purs et honnêtes, prouvez-le-moi : voilà le contrat, signez.

LA CITOYENNE DÉRICOURT.

Vous ordonnez un crime.

DÉRICOURT.

Je veux vous en épargner un.

LA CITOYENNE DÉRICOURT.

Je le consomme, si j'obéis.

DÉRICOURT.

Si vous obéirez! c'est le seul parti qui vous reste.

LA CITOYENNE DÉRICOURT.

Je tombe à vos genoux. Ayez pitié de moi... Je n'ai fait qu'une faute en ma vie...

DÉRICOURT.

Sachez la réparer.

LA CITOYENNE DÉRICOURT.

Elle est irréparable.

DÉRICOURT.

Tout se répare avec du courage.

LA CITOYENNE DÉRICOURT.

Du courage! la mort.

DÉRICOURT, la relevant.

Pour la dernière fois, obéissez.

LA CITOYENNE DÉRICOURT.

Je parle si vous insistez, et si je dis un mot je vous anéantis.

DÉRICOURT, la prenant par la main, et l'entraînant vers la table.

Je n'écoute plus rien. Venez, madame... venez... voilà la plume..., prenez..., signez... signez...

LA CITOYENNE DÉRICOURT, s'échappant et traversant le théâtre.

Non, non, non; je ne signerai point un inceste! Tous deux sont mes enfants.

(Elle tombe dans un fauteuil, à gauche; Adèle tombe dans les bras de Blinville et Déricourt sur la table. Julien est debout au milieu du théâtre, l'œil fixe et dans l'attitude du désespoir. On garde un long silence.)

DÉRICOURT.

Quel coup!... (*Il retombe sur la table.*) (*A Blinville.*) Ah! mon ami! mon ami!... Ma fille! ma chère Adèle!... (*A sa femme.*) Quel mal vous venez de me faire! Je croyais vous forcer à redevenir estimable, et maintenant tout espoir est perdu! Quel coup! quel coup!... (*Il retombe et se relevant avec une colère concentrée.*) Vous avez en effet commis une faute irréparable. Je ne m'abaisserai pas à vous la reprocher : prononcez vous-même, et rendez-nous justice à tous deux.

LA CITOYENNE DÉRICOURT.

Je me la rends depuis le jour où je me suis manqué. J'ai passé dix-huit ans dans les regrets et dans les larmes; aujourd'hui même encore vous en avez été témoin.

DÉRICOURT.

Regrets inutiles : il est des choses que l'homme délicat ne saurait oublier.

LA CITOYENNE DÉRICOURT.

Je ne demande pas l'oubli d'une coupable erreur : on ne doit rien attendre de ceux dont on a perdu l'estime. Mais ne me déshonorez pas par un éclat scandaleux; n'étendez pas sur ma vie entière une tâche que j'ai peut-être effacée; ne me chassez pas enfin de votre maison. J'y vivrai seule, retirée; je m'interdirai les plaisirs les plus simples; j'éviterai votre présence; je ne verrai que ma fille, quand vous voudrez me le permettre, et si vous daignez me la confier encore.

DÉRICOURT.

Non, madame; nous ne pouvons désormais habiter ensemble. Notre séparation se fera sans bruit : un éclat me déshonorerait autant que vous; mais il faut nous séparer (*la citoyenne Déricourt et Adèle se jettent à ses genoux, les bras étendus vers lui*), et je penserai dans un moment de calme aux moyens qu'il conviendra d'employer.

ADÈLE, en pleurs.

Pardonnez-lui, pardonnez-lui, mon père!

DÉRICOURT, à sa femme.

Vous êtes à mes genoux : votre intérêt seul vous

occupe. Voyez l'état cruel où vous réduisez vos enfants; comptez les pleurs qu'ils vont verser ; calculez les ravages d'une passion désespérée dans deux cœurs qu'elle a totalement subjugués; songez à l'avenir affreux qui les attend. Que ce tableau soit toujours présent à votre pensée, et qu'il soit votre éternel supplice. (*La citoyenne Déricourt se traîne sur ses genoux et embrasse ceux de son mari.*) Laissez-moi, laissez-moi. O femmes! femmes! si vous réfléchissiez combien le vice est bas, avant de vous y livrer!

(Adèle et sa mère se relèvent.)

ADÈLE.

Ne pensez plus à nous, mon père. Nous nous vaincrons, je l'espère.... je crois pouvoir vous le promettre... Je m'accoutumerai, par degrés, à ne voir dans Julien (*avec un soupir*) que mon frère.

DÉRICOURT, avec un mouvement d'horreur.

Ton frère!.... ton frère!... (*Il regarde Julien et voit son désespoir.*) Rassure-toi, Julien; je suis sévère, mais juste. Ce n'est pas à toi qu'on peut reprocher ta naissance ; je ne te punirai pas des fautes de ta mère.

JULIEN.

Vous m'accordez encore de la pitié! Ah! je puis donc aussi vous supplier pour cette mère infortunée!

(Il tombe à ses genoux.)

JULIEN, LA CITOYENNE DÉRICOURT ET ADÈLE, tombant aux genoux de Déricourt.

Grace! pardon! pardon!

ACTE III, SCÈNE VIII.

DÉRICOURT, attendri.

Laissez-moi, laissez-moi, vous dis-je. Quand vous surprendriez mon cœur, ma raison demeurerait inaltérable, et je serais inflexible.

BLINVILLE.

Inflexible! et pourquoi? L'homme raisonnable calcule les circonstances plus ou moins graves ; il ne cède pas au mouvement de son orgueil blessé ; il ne connaît que la justice, et se la rend à lui-même et aux autres.

DÉRICOURT.

Je suis juste, et je le prouve.

BLINVILLE.

Non, vous ne l'êtes point et vous ne pouvez l'être. Vous avez dans cette affaire un intérêt trop majeur pour prononcer avec impartialité. (*Les relevant.*) Relevez-vous, famille intéressante; c'est moi qui suis votre défenseur. — Le vice me révolte comme vous. Si je croyais qu'il pût atteindre encore votre épouse, je l'abandonnerais à son sort. Elle fut coupable sans doute; mais quand? à un âge où l'on n'est pas en garde contre des piéges qu'on ne soupçonne point, où l'on a succombé avant d'avoir pensé à se défendre. Mari trop sévère, vous la condamnez sur un moment d'oubli; c'est sur sa vie entière que j'établis mon jugement. Pendant vingt ans, elle a fait votre bonheur; pendant vingt ans, sa douceur, sa tendresse, ses qualités morales et domestiques ont fait envier votre sort à tous les époux, et vingt ans de bonheur n'effacent-ils pas une faute dont vous ne devez l'aveu qu'à un effort dont la vertu seule est capable? Oui, si le vice ne lui faisait horreur, si elle en avait l'habitude, elle eût laissé marier ses enfans, et, par un second crime, elle enveloppait le premier dans des ombres éternelles. Cette idée a révolté son ame honnête et pure; elle n'a pas balancé entre elle et son devoir. Est-ce à ce trait qu'on peut reconnaître une femme coupable? J'ose n'y voir, moi, qu'une femme autrefois égarée; mais aujourd'hui repentante et vertueuse. Si ces raisons ne te persuadent pas, ce n'est plus ton esprit que je prétends convaincre, c'est ton cœur que je veux attaquer avec toute la force du sentiment. Époux trop sensible, crois-tu pouvoir te séparer d'une épouse adorée? En auras-tu la force, si tu en as en effet l'intention? Qui la remplacera dans cette ame qu'elle remplit tout entière, et pour qui l'habitude d'aimer est devenue un besoin? Crois-tu que l'amitié lui suffise? détrompe-toi. Dépositaire de tes plaisirs, tu ne me chercheras plus pour me confier des peines que je voulais t'épargner; tu les dévoreras en silence; ta solitude te sera insupportable, et tu appelleras en vain une épouse bannie et déshonorée, que sa disgrace te rendra plus chère encore. Alors sa faute disparaîtra devant une longue suite d'années; tu ne penseras qu'aux qualités aimables qui pouvaient embellir la fin de ta carrière, et tu la termineras au sein des ennuis et des regrets..... Déricourt, mon cher Déricourt, ne t'arme pas d'une sévérité dont les effets retomberaient sur toi. Haine aux pervers; indulgence au faible. Il est si doux de pardonner, surtout à ce qu'on aime! voilà ta femme ; elle attend son arrêt ; ajoute, à tous les droits, que tu as déja sur elle, les droits sacrés de la reconnaissance.

(Il prend la main de la citoyenne Déricourt et la met dans celle de son mari ; elle la couvre de ses larmes. Déricourt se tourne vers elle, la regarde avec attendrissement et lui ouvre ses bras.)

DÉRICOURT.

Mais ces enfans... ces malheureux enfans !...

BLINVILLE.

Julien voyagera, il le faut; il doit en sentir la nécessité. L'espoir alimente l'amour; mais l'amour s'éteint avec l'espoir. L'absence les ramènera bientôt à cet état calme et tranquille qu'ils n'osent se promettre aujourd'hui.

DÉRICOURT.

Puisses-tu, mon digne ami, consoler un jour mon Adèle ! C'est à présent mon unique désir.

FIN DU TROISIÈME ACTE.

LES MOEURS,

ou

LE DIVORCE,

COMÉDIE

EN UN ACTE ET EN PROSE.

PERSONNAGES.	ACTEURS.
THÉVENIN.	MM. Villeneuve.
DURVAL, amant d'Émilie.	Saint-Clair.
La Citoyenne THÉVENIN.	Mmes Germain.
ÉMILIE, fille de M. et Me Thévenin (1).	Saint-Clair.

La scène est à Paris, chez Thévenin.

Représentée, pour la première fois, sur le théâtre de la Cité, la quatrième Sans-Culotide de la seconde année républicaine.

---

(1) Ce rôle exige beaucoup de grace, de légèreté, et surtout de gaite.

LES MOEURS,
OU
LE DIVORCE,
COMÉDIE.

SCÈNE I.

ÉMILIE, DURVAL.

DURVAL.

Je vous épouse donc?

ÉMILIE.

Non, Durval, vous ne m'épousez pas.

DURVAL.

Je ne vous épouse pas!

ÉMILIE.

Non, vous ne m'épousez pas.

DURVAL.

Je vous aime, vous m'aimez; vous venez au moins de me le dire, et vous voulez....

ÉMILIE.

C'est précisément parce que je vous aime, que je ne vous épouse pas.

DURVAL.

Qui donc épouserez-vous?

ÉMILIE.

Personne.

DURVAL.

Voilà des mots.....

ÉMILIE.

Qui renferment bien des choses.

DURVAL.

Moi, je ne vois pas cela.

ÉMILIE.

Oh! l'amour-propre, l'obstination, l'assommante manie de vouloir toujours avoir raison, surtout avec les femmes.

DURVAL.

Vous ne me persuaderez jamais, avec votre esprit et vos graces, que j'aie tort en voulant vous épouser.

ÉMILIE.

Je ne vois pas qu'il soit nécessaire de vous persuader : il me suffit d'être convaincue.

DURVAL.

De l'esprit, encore de l'esprit, et toujours de l'esprit, au lieu du sentiment.

ÉMILIE.

De l'esprit! mais je crois que j'en ai, et j'en suis bien aise.

DURVAL.

Vous le croyez? Moi j'en suis sûr, et cela me désespère.

ÉMILIE.

Il serait plus commode sans doute de n'avoir à combattre que la timidité d'un enfant, sortant des mains de la nature; sans défiance et sans art; bien incapable de vous juger vous autres hommes, et de vous craindre et de vous éviter.

DURVAL.

Oh! on a vu de ces femmes philosophes, maîtresses d'elles-mêmes, revenir enfin à cette nature, dont elles ne s'étaient peut-être écartées que par amour-propre, par obstination, ou par l'assommante manie de vouloir toujours avoir raison, surtout avec les hommes.

ÉMILIE.

Citoyen Durval, vous êtes un impertinent.

DURVAL.

Convenez au moins que vous m'avez donné l'exemple. D'ailleurs, on peut être un impertinent et avoir raison.

ÉMILIE.

C'est bien difficile.

DURVAL.

Aux yeux des femmes prévenues, obstinées, et.....

ÉMILIE.

Continuez, et je vous épouserai bien moins.

DURVAL.

Qu'importe le plus ou le moins, puisque vous ne m'épousez pas?

ÉMILIE.

Non certes, je ne vous épouse pas.

DURVAL.

Point d'humeur; elle est inutile, puisque je suis résigné.

ÉMILIE, piquée.

Vous êtes résigné?

DURVAL.

Vous ne me ferez peut-être pas un crime de savoir prendre mon parti?

ÉMILIE.

Ah! vous prenez votre parti.

DURVAL.

Je pourrais vous amuser davantage en proie à la douleur, au désespoir; mais c'est un petit plaisir que je ne compte pas vous procurer.

ÉMILIE.

Poursuivez, citoyen; vous êtes charmant.

DURVAL.

Je n'en crois rien : vous me prouvez le contraire.

ÉMILIE.

Mais je crois, en vérité, qu'il s'amuse à son tour.

DURVAL.

Vous avez monté la conversation sur ce ton-là; je prends l'unisson.

ÉMILIE.

Et vous trouvez cela plaisant?

DURVAL.

Non-seulement plaisant, mais très-utile. Toujours la paix? Quoi de plus triste, de plus fastidieux? Quelques mots piquants, entre gens qui s'aiment, réveillent le cœur, dissipent cette léthargie qui tuerait bientôt le sentiment, et puis n'est-il pas des femmes qui ont besoin de quereller, comme il en est qui,

SCÈNE I.

toutes à la tendresse, n'éprouvent que le besoin d'aimer?

ÉMILIE.

Point d'application, s'il vous plaît; vous savez que je ne les aime pas.

DURVAL.

Il faut cependant vous décider à vous entendre dire vos vérités, ou devenir raisonnable.

ÉMILIE.

Encore!

DURVAL.

Oui, à devenir raisonnable.

ÉMILIE.

Je vous assure, en dépit de votre petit ton piquant, que jamais je n'ai eu tant de raison qu'en ce moment.

DURVAL.

Vous ne prétendez pas sans doute, en ce moment, faire l'éloge de la raison des femmes? (*Émilie fait un mouvement.*) Ne vous emportez pas, et raisonnons, puisque vous êtes raisonnable.

ÉMILIE.

Soit : raisonnons.

DURVAL.

La conséquence la plus naturelle de la raison est une conduite raisonnée. Voulez-vous bien me faire sentir la force du raisonnement sublime et profond qui vous détermine à refuser ma main?

ÉMILIE.

C'est donc pour en venir tout bonnement à cette

question que vous vous bataillez depuis un quart-d'heure? Eh, mon cher ami, que ne vous expliquiez-vous? je vous aurais d'abord mis à votre aise. Je vous aime, beaucoup trop sans doute; mais enfin je vous aime.

DURVAL.

C'est quelque chose : après.

ÉMILIE.

Et je ne serai jamais à vous, parce que les hommes sont vains, exigeans, volages, sans délicatesse, sans considération, sans ménagemens pour une femme honnête et sensible; toujours cruels dans leur conduite, souvent sans décence dans leurs procédés; enfin....

DURVAL.

Oh, vous ne tarissez pas. Supposons la justesse du principe, ce qui heureusement n'est pas démontré, vous conviendrez au moins qu'il est des exceptions....

ÉMILIE.

Et que s'il n'en existait pas, il faudrait en faire une en votre faveur?

DURVAL.

Je crois en vérité que vous me devez cela.

ÉMILIE.

Je crois qu'un patriote ardent, servant la chose publique par goût, honoré de la confiance de ses concitoyens, et la justifiant par son zèle et son intelligence; je crois, dis-je, que, sous ces rapports, je dois à Durval ma plus sincère estime; mais je crois aussi que tous les amans, tendant au même but, doivent

SCÈNE I.

avoir les mêmes idées et le même langage, et, si on les en croit, tous auront les droits les plus réels à une heureuse exception. Aussi, n'est-ce pas sur cette classe d'hommes que je juge votre détestable espèce. Parlons des maris, mon cher Durval. En connaissez-vous beaucoup qui rendent leurs femmes heureuses ; qui conservent long-temps ces qualités séduisantes qui vous gagnent les cœurs ; qui ne passent promptement à la froideur, à la négligence, à l'oubli, et qui souvent se permettent pis encore ?

DURVAL.

Je connais, ne vous en déplaise, des ménages où règnent la plus douce harmonie, les vertus paisibles, une félicité inaltérable, et j'en connais beaucoup.

ÉMILIE.

Oh, beaucoup! vous mentez.

DURVAL.

Dès que vous niez les faits.....

ÉMILIE.

Finissons.... Citez-m'en quatre.

DURVAL.

J'en citerais cent.

ÉMILIE.

Hé bien, citez-les.

DURVAL.

Vermond, Dubreuil, Courval (*cherchant*), Courval.... Courval.....

ÉMILIE.

En voilà trois.... : après ?

DURVAL.

Oh, vous êtes d'une vivacité! Je n'ai pas le recensement de Paris dans ma poche.

ÉMILIE.

En voilà trois, et je conviens des qualités rares de ces trois hommes. Mais, mon cher ami, si je voulais citer à mon tour, j'en nommerais mille qui sont précisément le contraire de Vermond, de Dubreuil et de Courval, et, en vérité, je ne jouerai point à un jeu qui présente autant de chances défavorables.

DURVAL.

Écoutez donc. On n'est ordinairement porté à très-mal penser des autres que par un très-grand fond de bonne opinion de soi-même. Ainsi, vous devez trouver en vous tout ce qui peut vous rassurer et fixer ces monstres que vous redoutez tant.

ÉMILIE.

Nous plaisantions tout à l'heure; nous parlons raison maintenant. Souvenez-vous-en, et n'attendez rien de ces flagorneries d'usage, qui ne me surprendront pas, malgré l'amour-propre que vous voulez bien m'accorder.

DURVAL.

Pourquoi ce ton sérieux? n'attachez donc pas à ces prétendues flagorneries une importance que je n'y mettais point.

ÉMILIE.

C'est-à-dire que pour la seconde fois vous mentez, et avec le dessein bien positif de mentir.

SCÈNE I.

DURVAL.

Savez-vous que vous m'embarrassez? votre esprit prend toutes les formes, et avec une promptitude à laquelle je n'ai pas le temps de me préparer.

ÉMILIE.

Donnez donc au citoyen le temps de prendre ses avantages.

DURVAL.

Vous êtes sans pitié; vous abusez des vôtres.

ÉMILIE.

Revenons et généralisons nos idées. Si les femmes les plus intéressantes, par leurs qualités physiques et morales, sont tous les jours trompées, que dois-je attendre, moi qui m'apprécie à ma juste valeur, et qui ai assez de bon sens pour ne pas me mettre au-dessus de ce qui vaut mieux que moi?

DURVAL.

Les femmes qui vous ressemblent, car je ne dirai mot de celles qui valent mieux que vous, les femmes qui vous ressemblent sont heureuses lorsqu'elles veulent l'être.

ÉMILIE.

Et c'est leur faute lorsqu'elles ne le sont pas?

DURVAL.

Mais je le crois.

ÉMILIE.

C'est où je vous attendais, et où je vous arrête. Je n'irai pas bien loin pour vous trouver un triste exemple qui ne vous laissera rien à répliquer. Quelle femme est plus belle que ma mère? Quelle femme joint autant de graces à tant de modestie? Quelle femme sait mieux qu'elle allier la gaîté décente à l'extrême sensibilité; opposer enfin toutes les vertus de son sexe à tous les vices du vôtre, et quelle femme fut aussi constamment malheureuse?

DURVAL.

Je dois vous ménager dans une mère respectable, et je m'interdis toute espèce de réflexions. Je pourrais cependant....

ÉMILIE, vivement.

Justifier mon père? ah! tant mieux : je l'aime tant! Il ne manque à mon cœur que de l'estimer davantage.

DURVAL.

Les torts les plus légers sont en effet des fautes graves lorsqu'ils affligent une femme comme votre mère; mais ne croyez-vous pas que le ressentiment caché qu'inspirent ces mêmes torts, fait succéder la froideur à l'amabilité? Ne croyez-vous pas que le dépit, la jalousie même exagèrent des erreurs qui ne sont souvent que l'écart de l'esprit, et que le cœur ne se livre enfin à ces passions que lorsque l'objet qui l'avait rempli le rend à lui-même, en s'éloignant insensiblement? Nous jugeons toujours les autres relativement à notre intérêt, et nos idées sont nécessairement celles des individus dont les goûts, les besoins, la situation ont des rapports si variés, et pourtant si directs avec les nôtres. Voilà ce qui vous attendrit sur le sort d'une mère, qui est à plaindre sans doute; mais dont les maux ne sont pas sans remède, et qui

SCÈNE I.

vous portent à juger tous les hommes avec une sévérité que vous vous reprocherez plus tard.

ÉMILIE.

Monsieur, vous avez une façon de voir qui n'annonce pas une moralité bien sévère, et qui n'est pas faite pour me ramener à votre sexe en général, ni à vous en particulier. Je conçois qu'une femme négligée qui aurait la force d'aimer seule, de ne rien perdre de sa gaîté, ne laisserait nulle espèce d'excuse au traître qui la néglige ; mais observez que c'est la douleur seule de ce cruel abandon qui absorbe ses qualités aimables; observez que le spectacle d'une femme malheureuse et souffrante est sans force sur un époux inconstant. Que serait-ce donc si sa femme, toujours gaie, toujours aimable, semblait ignorer sa conduite ou l'autoriser par une apparente indifférence ?... Il ne m'écoute pas! bien loin d'avoir des mœurs, ils ne peuvent même en supporter le langage. Adieu, mon cher ami. Je vous jure, par l'amour que j'ai pour vous, de ne jamais vous appartenir.

(Elle fait une fausse sortie.)

DURVAL.

Un moment; ne jurez de rien. Je ne suis pas exagéré ; mais j'ai des mœurs, quoi que vous en disiez, et je vous le prouverai.

ÉMILIE.

Je vous en défie.

DURVAL.

Je vous paraissais distrait lorsque je ne pensais qu'à vous en donner des preuves qui détruiront jusqu'à l'ombre du soupçon. Votre père est léger; mais il a le cœur bon, et c'est d'une grande ressource. Ce soir je le ramène, je le corrige, je le rends à sa femme; je le jure par l'amour que j'ai pour vous. Après cela, serai-je un monstre, un...

ÉMILIE.

Ah! vous serez du moins un monstre bien aimable.

DURVAL.

Et vous m'épouserez malgré votre serment?

ÉMILIE.

Oh! vous mettez vos services à un prix...

DURVAL.

Rien pour rien; c'est ma devise : allons, êtes-vous décidée?

ÉMILIE.

Tenez votre promesse, et comptez sur ma générosité. (*Durval tire ses tablettes et écrit.*) Que faites-vous?

DURVAL, se dictant.

Tenez votre promesse, et comptez sur ma générosité. (*A Émilie, lui présentant le crayon.*) Signez:

ÉMILIE.

Mais c'est un engagement que cela?

DURVAL.

Je vous connais, et je prends mes sûretés : signez.

ÉMILIE, signant.

Nous avons beau faire; il faut toujours en passer par ce que veulent ces fripons-là.

DURVAL.

Maintenant, ma femme, convenons de nos faits.

SCÈNE II.

ÉMILIE.

Oh le vilain homme! le vilain homme!

DURVAL.

Votre mère seule est dans le secret de nos amours; votre père ne voit encore en moi qu'un étourdi, raisonnable parfois, et c'est à ces deux titres que je dois sa confiance. Je vais le trouver, et faire agir toute l'activité de mon imagination. Que votre mère quitte ce grand négligé qui lui sied à merveilles; mais qui ne convient pas à mes projets. De la toilette, beaucoup de toilette. La nature est belle sans doute; mais quelquefois l'art l'embellit encore. Je pars, reposez-vous sur moi. (*Il recule deux pas, salue profondément et d'un air très-grave, et s'approchant.*) Voulez-vous bien me permettre....

ÉMILIE.

Quoi?

DURVAL.

D'embrasser mon épouse.

ÉMILIE, lui faisant une très-profonde révérence.

Tenez votre promesse, et comptez sur ma générosité.

(*Durval sort.*)

SCÈNE II.

ÉMILIE, SEULE.

J'avais envie de connaître les détails de son plan; mais il a de l'esprit, il m'aime, et il fera tout ce que peut faire un homme intéressé au succès. Il y aurait peut-être eu de la maladresse à ne pas lui laisser en entier le mérite de l'invention et de l'exécution, et à ne pas m'en rapporter à son amour-propre. Pauvres gens, qui ignorent encore que le plus adroit n'est, pour une femme habile, qu'un instrument monté au ton qui lui convient! Ne détruisons pas une erreur qui assure notre empire; ne révélons pas les secrets du corps. Voici ma mère : oublions Durval et son amour et ses espérances, à qui cependant j'ai donné un certain degré de probabilité, et surtout soyons gaie. Si nos saillies ne font pas rire les affligés, au moins leur font-elles un moment oublier leurs chagrins.

SCÈNE III.

ÉMILIE, La Citoyenne THÉVENIN.

ÉMILIE.

J'ai de grandes nouvelles à t'apprendre. De grands évènemens se préparent; de grands succès nous sont promis.

LA CITOYENNE THÉVENIN.

Toujours enjouée! quel heureux caractère!

ÉMILIE.

Ce petit homme que tu trouves si aimable, et que je me plais tant à tourmenter, veut absolument m'épouser.

LA CITOYENNE THÉVENIN.

Il a raison; je lui crois des mœurs, et je te conseille de te rendre.

SCÈNE III.

ÉMILIE.

Je n'en suis pas éloignée; j'ai même signé une promesse de mariage.....

LA CITOYENNE THÉVENIN.

Une promesse de mariage!

ÉMILIE.

Oui; mais conditionnelle, et qui ne m'engage à rien, si dans la journée tu ne deviens aussi gaie que moi.

LA CITOYENNE THÉVENIN.

Je ne te comprends pas.

ÉMILIE.

Les clauses de notre traité sont le retour d'un fripon qui va te trouver plus aimable que jamais, et ton pauvre petit cœur rendu à un état de calme et de bonheur que rien ne troublera plus.

LA CITOYENNE THÉVENIN.

Encore des chimères.....

ÉMILIE.

Que tu ne nous empêcheras pas de réaliser.

LA CITOYENNE THÉVENIN.

Puisses-tu ne pas apprendre un jour que le flambeau de l'amour, une fois éteint, ne se rallume jamais!

ÉMILIE.

Et qui t'a dit qu'il soit éteint? une étincelle couve sous la cendre et produit tout à coup un nouvel incendie.

LA CITOYENNE THÉVENIN, souriant.

Je ne crois pas à ton étincelle.

ÉMILIE.

Tiens, sers-toi à propos de ce sourire enchanteur, et je vois déja pétiller l'étincelle.

LA CITOYENNE THÉVENIN.

Que tu es folle, ma chère enfant!

ÉMILIE.

Regardez-moi, s'il vous plaît. Quelle heureuse physionomie! quels traits délicats et expressifs! que de graces! que de charmes! Cette teinte de langueur rend ce séduisant ensemble plus intéressant encore. Attirons seulement un coup d'œil de comparaison, et la comparaison rétablit ton empire.

LA CITOYENNE THÉVENIN.

Finis, mon Émilie; finis ces mauvaises plaisanteries.

ÉMILIE.

Permettez-moi du moins de vous représenter, avec tout le sérieux que vous exigez, que ce négligé affecté ne vous sied point du tout; que lorsque la nature a tout fait pour vous, c'est l'outrager que cacher ses dons sous cette triste enveloppe, et que vous devez à la reconnaissance de les mettre dans le jour le plus évident. Le docteur Durval prétend que l'art peut encore embellir la nature, et je suis assez de l'avis du docteur. Passez à votre toilette; je suis coiffeuse, marchande de modes, et j'entre en exercice.

LA CITOYENNE THÉVENIN.

Mais quelle folie leur passe donc par la tête?

ÉMILIE.

Le docteur a celle du mariage; j'ai des engage-

SCÈNE III. 457

ment avec lui, et si son projet échoue, sans qu'il y ait de sa faute, il s'emportera, il pressera, il faudra que j'épouse, sans tirer de ce mariage le principal avantage que je m'en promettais, et vous sentez le désagrément..... Allons, prête-toi un peu, ton intérêt l'exige, l'amitié te l'ordonne, et tu leur seras fidèle à tous deux.

LA CITOYENNE THÉVENIN.

Mais pour que je me prête raisonnablement à cette fantaisie, il faudrait au moins me mettre dans la confidence.

ÉMILIE.

Je n'y suis pas moi-même; mais que risques-tu? une toilette. Cela fait passer un moment. Que de femmes sont heureuses d'avoir une toilette!

LA CITOYENNE THÉVENIN.

C'est quelque chose de bien nul pour un être pensant.

ÉMILIE.

Hé bien! j'agirai; tu penseras, et pour ne pas te distraire de ta délicieuse mélancolie, je ne dirai mot.

LA CITOYENNE THÉVENIN.

C'est ce dont je doute un peu.

ÉMILIE.

Parions.

LA CITOYENNE THÉVENIN.

Quoi?

ÉMILIE.

Un baiser.

LA CITOYENNE THÉVENIN, souriant.

C'est jouer à qui perd gagne.

ÉMILIE, embrassant sa mère.

C'est gagner tous les deux; ce qui vaut mieux encore.

SCÈNE IV.

ÉMILIE, DURVAL, LA CITOYENNE THÉVENIN.

DURVAL, avec empressement.

J'allais chercher Thévenin; je l'ai aperçu du coin de la rue, sérieux et pensif, contre son ordinaire. Je suis retourné, parce que j'aime mieux qu'il me rencontre ici. (*A la citoyenne Thévenin.*) Citoyenne, je vous retrouve dans vos habits de deuil, et je n'aime pas cela. (*A Émilie.*) Ma tendre amie, vous êtes toujours rétive; vous n'avez pas exécuté mes ordres. Ce sont vos affaires, je vous en avertis : vous avez signé, vous avez tacitement contracté l'obligation de me seconder. Quand j'aurai fait ce que j'aurai pu, nous verrons de qui viendront les fautes, et alors, malheur à vous! je vous épouse impitoyablement, et sans rémission.

ÉMILIE, à sa mère.

Ne t'ai-je pas dit que tu me ferais gronder, et que cet homme-là n'entendrait pas raison?

LA CITOYENNE THÉVENIN.

Ah ça, mon cher ami, il y a quelque temps que je me prête à des saillies à peu près inintelligibles : j'espère que vous vous expliquerez.

SCÈNE IV.

DURVAL.

Non pas, s'il vous plaît. Je n'entends partager avec personne les honneurs du succès. Je veux que la fière Émilie convienne enfin que les hommes, tout bonnement, tout naturellement, sont aussi fins, aussi adroits qu'une femme qui en a fait son unique étude.

ÉMILIE.

Donnez-vous carrière, mon bon ami. Peut-être aurons-nous le malheur d'être époux, et je vous arrêterai.....

DURVAL.

Pas si aisément que vous le croyez bien.

LA CITOYENNE THÉVENIN.

Enfin, je ne saurai rien?

DURVAL.

Oh! pardonnez-moi. J'ai des bases qu'il faut bien vous communiquer : d'abord, je suis votre amant, et votre amant aimé.

LA CITOYENNE THÉVENIN.

J'aurai bien de la peine à me prêter à cela.

DURVAL.

C'est jouer la comédie un moment ; voilà tout. Songez d'ailleurs que ce moment sera le seul où on aura pu vous jurer qu'on vous aime sans s'exposer à votre colère, et où vous pourrez être infidèle sans avoir rien à vous reprocher.

ÉMILIE.

Je devine, je devine.

DURVAL.

En partie, en partie.

LA CITOYENNE THÉVENIN.

Enfin, vous êtes mon amant : après?

DURVAL.

Vous n'en saurez pas davantage, s'il vous plaît. Je ne veux pas vous fatiguer la tête; je vous épargnerai jusqu'à la peine de penser et de réfléchir. Soyez mon amante, bien tendre et bien aimée; ayez l'air de combattre, si vous le voulez; le tableau en sera plus animé. De la gaîté, de la coquetterie, surtout devant témoin. Soyez, en badinant l'amour, d'une indifférence révoltante pour tout autre. On prendra de l'humeur, vous en rirez; on voudra s'expliquer, vous persiflerez; on deviendra tendre, pressant, vous résisterez; on tombera à vos genoux, et vous pardonnerez.

ÉMILIE.

Enfin, nous savons tout.

DURVAL.

Non, vous ne savez rien : il y a des moyens préparatoires qui doivent conduire aux grandes scènes. Je vous ai confié le dénouement; mais vous ignorez comment je l'amènerai.

LA CITOYENNE THÉVENIN.

J'aime assez sa manière d'être raisonnable.

ÉMILIE.

Elle a quelque chose de persuasif.

LA CITOYENNE THÉVENIN.

Je commence à croire qu'il réussira.

SCÈNE V.

ÉMILIE.

Mais, je commence à le craindre.

DURVAL.

Je ne suis donc pas loin d'invoquer votre générosité ?

LA CITOYENNE THÉVENIN.

Moi, je vous appuierai.

ÉMILIE.

Et moi, je me rendrai.

DURVAL.

Ne perdez pas un moment. Thévenin rêve ; mais Thévenin marche ; il va rentrer. Qu'il trouve mon amante parée comme pour un jour de bal, et qu'au gré de nos communs désirs on termine aujourd'hui un double mariage.

ÉMILIE.

Allons, ma bonne amie ; allons donc. Durval, c'est moi qui vais la parer ; vous applaudirez à mon ouvrage, et vous direz....

DURVAL.

C'est Vénus embellie par les Graces.

(Elles sortent. Émilie passe son bras droit autour du cou de sa mère ; en se tournant, elle présente sa main gauche à Durval, qui la baise.)

SCÈNE V.

DURVAL, SEUL.

La sensible Émilie veut encore avoir l'air de disputer la victoire, et sa fierté n'attend qu'un prétexte pour se rendre! Oh! cet amour, cet amour, il sera toujours, en dépit d'elle, le maître absolu des deux sexes, et l'heureux conciliateur de leurs petits démêlés.

SCÈNE VI.

DURVAL, THÉVENIN.

THÉVENIN.

Te voilà, Durval? Tu me négliges; je ne te vois plus.

DURVAL.

Mon cher Thévenin, mon amitié n'est pas exigeante; sois indulgent à ton tour. Parlons de toi. Tu ne parais pas gai, et cependant tu as mille raisons de l'être : la fortune, les plaisirs, et surtout l'amour...

THÉVENIN.

Oh! l'amour, mon ami; il est souvent dans notre tête, et rarement dans notre cœur.

DURVAL.

Je te vois venir. Tu te fatigues de Rosalie?

THÉVENIN.

Mais, je le crois.

DURVAL.

C'est cependant une des belles femmes de Paris.

THÉVENIN.

Elle est belle, d'accord; mais c'est une tête sans expression.

DURVAL.

Grande, bien faite.

SCÈNE VI. 463

THÉVENIN.

Mais, point de formes, point de graces.

DURVAL.

De l'esprit.

THÉVENIN.

Oh! pas du tout.

DURVAL.

De la gaîté, au moins.

THÉVENIN.

A force de Champagne ; mais sans finesse, sans agrément. Du bruit, et voilà tout.

DURVAL.

Enfin, tu ne l'aimes plus.

THÉVENIN.

Je ne crois pas même l'avoir jamais aimée.

DURVAL.

Le goût du plaisir, l'amour-propre....

THÉVENIN.

Ma foi, voilà à peu près ce qui nous attache à cette espèce de femmes.

DURVAL.

Il est vrai qu'on n'a qu'un moment avec elles; mais au moyen de l'inconstance, ce moment se renouvelle toujours.

THÉVENIN.

Et la satiété le suit.

DURVAL.

Tu te décourages trop promptement. Je soupe aujourd'hui avec une femme charmante....

THÉVENIN, *avec intérêt et curiosité.*

Qui donc?

DURVAL.

La jeune Élise, qui ne respire que pour l'amour.

THÉVENIN.

Ton Élise sera bête à miracle.

DURVAL.

Non pas, s'il vous plaît. C'est à la vérité de l'esprit simple, sans culture, l'esprit de la nature, enfin; mais c'est le véritable.

THÉVENIN.

Et le seul qui puisse plaire.

DURVAL.

Je te présente ce soir.

THÉVENIN.

Allons, soit.

DURVAL.

Ces sortes de complaisances paraissent déplacées, maintenant qu'on s'avise d'avoir des mœurs ; mais pourvu qu'on observe les bienséances, quel mal font aux autres des faiblesses qu'on a soin de leur cacher?

THÉVENIN.

Oh! sans doute.

DURVAL.

Pour moi, je ne connais rien d'aussi fastidieux que les mœurs.

THÉVENIN.

Elles ne présentent rien à l'imagination qui la réveille, qui la pique.

SCÈNE VI.

DURVAL.

Les mœurs ne sont qu'une vertu de convention qui contraint les hommes, qui resserre, qui isole leur ame, lorsque la nature ne leur présente l'attrait du plaisir que pour les forcer de s'y rendre.

THÉVENIN.

Ce que tu dis-là, je le pensais depuis long-temps; mais il a toujours manqué à mon bonheur....

DURVAL.

Quoi ?

THÉVENIN.

Une femme aimante, mais honnête; faible, mais réservée....

DURVAL.

Une femme enfin qui tienne à son époux par les procédés, et à son amant par un sentiment de préférence, justifié par ses rares qualités.

THÉVENIN.

C'est cela précisément.

DURVAL.

Tu ne penses pas que ces femmes honnêtes cessent de l'être en ce moment, et que la seule différence qui les distingue alors des femmes galantes, est dans les petits soins qu'elles exigent, dans le mystère dont il faut couvrir ses démarches, dans un mari fâcheux qu'il faut craindre et éviter, et tout cela me paraît insupportable. Tu n'estimes pas Rosalie : estimeras-tu davantage une femme qui se manque à elle-même, qui outrage son époux, qui oublie ses enfants ?

THÉVENIN.

Si une forte passion la détermine....

DURVAL.

En sera-t-elle plus estimable? D'ailleurs, est-ce à quarante ans qu'on inspire ces passions? Mon ami, soyons justes, et partageons les femmes en deux classes : celles qui sont vraiment honnêtes, et celles qui ne le sont point. Respectons les unes, amusons-nous des autres, et allons souper chez Élise.

THÉVENIN.

Allons souper chez Élise. (*Un temps.*) Mais dis-moi donc où tu as passé cette décade entière? On ne t'a rencontré nulle part.

DURVAL.

Il y a donc une décade entière que tu n'as paru chez toi?

THÉVENIN.

Et j'ai peut-être tort, je l'avoue.

DURVAL.

Moi, je ne vois pas cela.

THÉVENIN.

Enfin, c'est donc chez moi que tu as passé la décade?

DURVAL.

Tant que les journées ont pu s'étendre.

THÉVENIN.

Dans le dessein de nous y voir?

DURVAL.

Pas du tout : si j'avais voulu te voir, je t'aurais cherché partout, excepté chez toi; d'ailleurs, ta société est délicieuse ; mais tu n'es pas aimable en famille, et c'est tout simple : cet entourage est ennuyeux.

THÉVENIN.

Tu es franc, Durval.

DURVAL.

C'est un bien petit mérite ; mais j'ai du moins celui-là.

THÉVENIN.

Tu as passé ici une décade ; tu ne m'y cherchais pas..... Mon Émilie serait-elle pour quelque chose dans cette longue retraite ?

DURVAL.

Ton Émilie ? Non. Elle est jolie ; mais son caractère n'a nulle analogie avec le mien. Elle est d'un esprit difficile, prodigue de traits méchants, toujours satisfaite d'elle-même et mécontente des autres : cet ensemble ne me convient pas. Pardon, mon ami, si je m'explique librement ; mais je suis franc, comme tu l'observais tout à l'heure.

THÉVENIN.

Tu as un but, cependant, car cette assiduité n'est pas dans ton caractère.

DURVAL.

Mon cher ami, je tente une conquête.....

THÉVENIN.

Une conquête....

DURVAL.

Qui exige de l'adresse, de la connaissance du cœur

humain, et qui flatte singulièrement mon amour-propre.

THÉVENIN.

Durval, tu n'aimes pas ma fille?

DURVAL.

Non, sans doute.

THÉVENIN.

C'est me dire ce que je ne devrais pas entendre.

DURVAL.

Eh! pourquoi? Tu me confies tes faiblesses; je les excuse, je les encourage. Ne puis-je te confier les miennes à mon tour?

THÉVENIN.

Quelle diable de différence!

DURVAL.

Mais je crois que tu mets de l'importance à cela, toi, libertin aimable, qui ne connais que la philosophie du plaisir?

THÉVENIN.

Enfin, monsieur fait l'amour à ma femme.

DURVAL.

Je ne m'y suis attaché d'abord que pour te servir: elle épiait tes démarches; elle éclatait en plaintes, en reproches.....

THÉVENIN.

Et du désir de m'être utile, tu as passé tout naturellement à celui de plaire.

DURVAL.

Oh! tout naturellement. Maintenant, ta femme,

SCÈNE VI. 469

occupée de ses propres affaires, ne se mêlera plus des tiennes : c'est charmant, mon bon ami.

THÉVENIN, rêvant.

Il est vrai que je l'ai un peu négligée.

DURVAL.

Et c'est tout simple. Sa femme! toujours sa femme!

THÉVENIN, rêvant.

Elle est bien, ma femme.

DURVAL.

Très-bien.

THÉVENIN.

Mais elle est sage.

DURVAL.

N'importe. Je m'aperçois qu'elle a besoin d'un consolateur, et puis je n'ai que vingt-cinq ans, et je peux justifier ces fortes passions dont tu parlais tout à l'heure, ces passions qui déterminent une femme honnête à se rendre.

THÉVENIN.

Oui, ces femmes honnêtes qui se manquent à elles-mêmes, qui outragent leurs époux, qui oublient leurs enfans.

DURVAL.

Oh! ce sont de ces réflexions que nous faisons quelquefois, nous autres hommes; mais qui n'échappent jamais qu'aux femmes indifférentes.

THÉVENIN.

C'est-à-dire, que la mienne ne l'est plus?

DURVAL.

Mais, je me plais à le croire.

THÉVENIN.

Moi, j'aime à me persuader le contraire. Durval, vous êtes fort aimable, mais....

DURVAL.

Ta femme a déja eu la bonté de me le dire.

THÉVENIN.

Vous en êtes aux déclarations?

DURVAL.

Depuis quelques jours, nous nous sommes tout dit.

THÉVENIN.

Vous en êtes donc....

DURVAL, en riant.

Oh! nous en sommes.... nous en sommes....

THÉVENIN.

Parbleu! je prétends le savoir.

DURVAL.

Eh, mon dieu! que t'importe?

THÉVENIN.

C'est un peu fort, monsieur Durval.

DURVAL.

Allons, ne va-t-il pas être jaloux sans amour, et, seulement pour me contrarier; me punir de la confidence que je lui ai faite, uniquement pour rassurer sa conscience timorée? Que de maris seraient enchantés de pouvoir couvrir leurs erreurs des peccadilles de leurs femmes!

SCÈNE VII.

THÉVENIN.

C'est assez plaisanter : expliquez-vous, je vous en prie, et très-sérieusement.

DURVAL.

Je vais rire avec ta femme de la petite scène que nous venons d'avoir ensemble. Je t'assure qu'elle s'en amusera beaucoup.

THÉVENIN.

Elle en est déja au point de donner du ridicule à la vertu !

DURVAL.

Oh, la vertu ! mot vide des sens, tu le sais bien. Au revoir, mon bon ami. A onze heures chez Élise : je veux que tu t'amuses.

(Il sort.)

THÉVENIN.

Oh ! certainement chez Élise : je ne te laisserai pas ici.

SCÈNE VII.

THÉVENIN, seul.

J'avais d'abord remarqué, dans cet homme, une affectation d'immoralité qui me faisait soupçonner quelques desseins ; je croyais y voir l'intention de m'ouvrir les yeux sur ma conduite, en renchérissant sur mes erreurs, et cet homme, qui pouvait avoir un but estimable, ne s'occupait que de ses intérêts ! La vertu seule donnerait-elle des amis ? N'a-t-on sans elle que des victimes ou des compagnons de ses débauches ?...

A quel degré d'avilissement suis-je déja descendu! On aime ma femme; on se flatte de lui plaire, et on me méprise assez pour oser me le dire!

SCÈNE VIII.

THÉVENIN, ÉMILIE.

ÉMILIE.

Eh, te voilà, mon bon ami! Que je t'embrasse pour les absences passées, et pour celles que tu te permettras encore. (*Elle l'embrasse.*) Toujours aimable, lors même qu'on a à se plaindre de toi! C'est au moment où on te croit à peu près perdu qu'on te retrouve, et le plaisir de la surprise ajoute à celui de te revoir.

THÉVENIN.

Toujours sensible, mon Émilie; toujours indulgente.

ÉMILIE.

Il me sierait mal de te faire des reproches. Au reste, laissons de côté bien des petits détails qui ne doivent pas me regarder, et occupons-nous du moment. Tu es rentré avec l'intention de nous sacrifier ta soirée. Tu soupes avec nous?

THÉVENIN.

Non pas aujourd'hui, mon enfant : j'ai des engagemens que je ne puis rompre.

ÉMILIE.

Tu les rompras, mon bon ami; tu feras cela pour ta fille. Quelque vide que ton absence cause dans ta

SCÈNE VIII. 473

société, tu n'iras pas aujourd'hui. On criera peut-être un peu ; cela te vaudra le plaisir d'un raccommodement.

THÉVENIN.

Je te sais bien bon gré de tes instances; mais on compte sur moi, et il est des procédés auxquels on ne manque jamais; il est des personnes à qui on doit beaucoup.

ÉMILIE, à part.

Mademoiselle Élise, par exemple. (*Haut.*) Eh! mon ami, il est des procédés si peu raisonnables et si peu fondés! Que sont des préjugés comparés à un sentiment? Tu souperas avec ta fille; elle sera près de toi; elle est enjouée, elle est tendre; elle rendra ta soirée agréable. Ce ne sera pas du bruit; ta tête ne sera pas exaltée; mais ton cœur jouira.

THÉVENIN, à part.

Je crois qu'elle a raison : voilà peut-être la philosophie du bonheur. (*Haut.*) Ma chère enfant, demain nous passerons la journée ensemble.

ÉMILIE.

On ne peut donc pas rompre ce malheureux souper?

THÉVENIN.

Non, en vérité; non, cela ne se peut pas.

ÉMILIE.

Hé bien, je t'accompagnerai.

THÉVENIN, à part.

Me voilà pris.

ÉMILIE.

Je ne veux pas te quitter d'aujourd'hui.

THÉVENIN.

Mais, pense donc qu'on ne t'attend pas; qu'on trouverait peut-être étrange....

ÉMILIE.

Tes amis accueilleront ta fille.

THÉVENIN.

C'est que ce ne sont pas précisément des amis.

ÉMILIE, avec une feinte ingénuité.

Ce sont de simples connaissances?

THÉVENIN.

De simples connaissances.

ÉMILIE.

Hé bien, je ferai connaissance aussi. Je m'annoncerai moi-même, et de manière à faire oublier mon inconséquence.

THÉVENIN.

Mais c'est une plaisanterie, mon enfant.

ÉMILIE.

Oui, c'est une plaisanterie; mais je suis décidée.

THÉVENIN.

Tiens, mon Émilie, je t'avoue de bonne foi que tu m'embarrasses beaucoup.

ÉMILIE, à part.

Je le crois. (*Haut.*) Qui peut t'embarrasser? Il me semble avoir levé toutes les difficultés. Tu ne crains pas que ta fille ait à rougir dans une société que fréquente son père?

SCÈNE VIII.

THÉVENIN, vivement.

Oh! non certainement; mais tu te dois à ta mère; tu la dissipes, et tu ne la livreras pas à elle-même.

ÉMILIE.

Nous lui laisserons Durval.

THÉVENIN, vivement.

Non pas, non. (*Se reprenant.*) Il est triste, rêveur; ils s'ennuieraient mutuellement.

ÉMILIE.

Au contraire, il est d'une gaîté folle, surtout auprès de ma mère.

THÉVENIN.

D'ailleurs, Durval soupe avec moi.

ÉMILIE.

Oh! ma mère ne te pardonnera pas cela : Durval lui est devenu nécéssaire.

THÉVENIN, à part.

J'espère au moins que ma fille n'est pas dans leur secret.

ÉMILIE.

Autrefois c'étaient des plaintes, des soupirs, des larmes même... : tu sais bien ce que je veux dire.

THÉVENIN.

Oui, je devine à peu près.

ÉMILIE.

Hé bien, mon ami, Durval a dissipé insensiblement tous ces nuages; ma mère a repris sa santé, son enjouement, son goût pour la parure, son penchant pour le plaisir. Oh! Durval est vraiment un homme étonnant, et tu lui as de grandes obligations.

THÉVENIN, contraint.

Oui, certainement.

ÉMILIE.

Je lui dois beaucoup aussi : il est parvenu à me rendre un peu de liberté. Il n'y a pas long-temps encore que je craignais de m'absenter un moment; il semblait qu'il manquât quelque chose à ma mère quand je n'étais pas avec elle. Maintenant elle m'engage à me dissiper; elle veut que je prenne l'air; que je me promène; que je fréquente les spectacles.

THÉVENIN.

Avec elle?

ÉMILIE.

Non; avec des femmes qu'elle voyait autrefois et que je vois à mon tour.

THÉVENIN, à part.

Ma fille les gêne, c'est clair.

ÉMILIE.

Et c'est Durval qui a opéré ces heureux changemens : c'est une belle chose que l'amitié!

THÉVENIN.

Surtout l'amitié de monsieur Durval.

ÉMILIE.

Oh! ce n'est pas du tout un ami ordinaire.

THÉVENIN.

Je le crois.

ÉMILIE.

Il y a cependant des momens où je lui en veux un peu.

SCÈNE VIII.

THÉVENIN.

Comment donc?

ÉMILIE.

Il m'a enlevé une partie de la confiance de ma mère, cette confiance dont je m'étais fait une si douce habitude. Suis-je chez elle avec Durval? On a toujours quelque chose de particulier à se dire, et on se parle bas; m'arrive-t-il d'entrer lorsqu'ils sont ensemble, ou l'on se tait, tout à coup, ou la conversation change sensiblement d'objet.

THÉVENIN, à part.

Ils sont prudens au moins.

ÉMILIE, à part.

En honneur, je mens avec une incroyable facilité. (*Haut.*) Cette réserve m'afflige quelquefois, car il me semble qu'ils ne devraient pas avoir de secrets pour moi.

THÉVENIN.

Et tu ne soupçonnes pas ce qu'ils peuvent se dire?

ÉMILIE.

Non, et c'est ce qui me pique. Aussi, quand nos soupers prennent cet air de contrainte, je mange sans avoir l'air de m'apercevoir de rien, et je rentre dans ma chambre.

THÉVENIN, vivement.

Et Durval?

ÉMILIE, avec une feinte ingénuité.

Il reste ou se retire; moi, je dors.

THÉVENIN, à part.

Le désordre qui règne ici n'échappera pas long-temps à sa pénétration. Un père sans conduite, une mère qui se contraint à peine, et à qui cependant je ne puis rien reprocher; quel exemple pour cette enfant!

ÉMILIE, à part.

Il réfléchit, nous le tenons.

THÉVENIN.

Ma fille, je soupe ici. Dis à Durval que je ne sors plus, et qu'il est le maître de disposer de sa soirée.

ÉMILIE.

Et tes amis... tes connaissances, veux-je dire?

THÉVENIN.

Il faudra bien trouver les moyens d'arranger cela... Je verrai... j'y penserai. (*A part.*) Que ma femme s'égare, c'est un malheur sans doute; mais cette enfant!.... Il faut rétablir l'ordre dans cette maison. (*Haut.*) Oui, mon Émilie, nous soupons en famille.

ÉMILIE.

Ce sera pour nous tous un plaisir nouveau, et chacun contribuera à le rendre plus vif. Ma mère y mettra le charme de la sensibilité; tu y mettras celui de la raison; j'y joindrai un grain de gaîté. (*Finement.*) Et Durval, quel rôle lui réservons-nous dans tout ceci?

THÉVENIN.

Oh, parbleu! celui qu'il lui plaira.

ÉMILIE.

Vous deviez sortir ensemble; ne convient-il pas de l'engager à rester?

SCÈNE IX.

THÉVENIN.

A la bonne heure; mais qu'il ne se gêne pas cependant : entre amis, liberté entière.

ÉMILIE, à part.

Il est jaloux; il aime encore.

THÉVENIN.

Tu ne te plaindras plus de ton père : il fait tout ce que tu veux.

ÉMILIE, à part.

Du moins cela viendra, je l'espère; un peu malgré lui à la vérité; mais qu'importe comment se fait le bien, pourvu que le bien se fasse!

THÉVENIN.

A quoi rêves-tu, mon Émilie?

ÉMILIE.

A la petite fête de famille que nous allons célébrer ce soir, et je vais tout disposer. (*A part, en sortant.*) Il est préparé à recevoir toutes les impressions qu'on voudra lui communiquer : frappons plus vivement et plus fort.

SCÈNE IX.

THÉVENIN, SEUL.

Ma position est vraiment embarrassante! Parler raison à Durval, c'est m'exposer à des plaisanteries, à des brocards. Leur opposer la dignité qui convient à un chef de famille, et que j'ai perdue sans retour, c'est me rendre, à ses yeux, plus ridicule encore... Ma femme était sensée, réfléchie, vertueuse même ; peut-être est-il plus simple et plus facile de lui faire sentir... Si elle aime, que puis-je en espérer, et comment lui demander le plus faible sacrifice, après l'inconduite affreuse que j'ai publiquement affichée?... Cependant cette passion n'a pas dû jeter encore des racines bien profondes. Je me plais à croire que le mal n'est pas aussi grand que le vaniteux Durval a voulu me le persuader, et c'est là précisément ce qu'il faudrait savoir avant de penser au remède qu'il conviendra d'employer. Cruelle incertitude! Oui, voilà ce qu'il faudrait savoir, et ce qu'ils ne me diront pas.

DURVAL, en dedans.

Vous passez dans le salon?

LA CITOYENNE THÉVENIN, en dedans.

Oui; il fait une chaleur mortelle dans ce cabinet.

THÉVENIN.

Les voici ; cachons-nous et écoutons. (*Il se cache derrière un secrétaire.*) Il leur échappera sans doute quelques mots, qui, en m'éclairant, mettront un terme à mes irrésolutions.

SCÈNE X.

La Citoyenne THÉVENIN, DURVAL, THÉVENIN.

DURVAL, bas.

Voyez-vous, voyez-vous ses jambes? prend-il intérêt à la chose? (*La citoyenne Thévenin prend un fauteuil.*) (*Haut.*) Hé bien, que faites-vous? ce siége n'est fait que pour l'indifférence : voilà une ottomane où nous serons à merveilles.

THÉVENIN, à part.

Monsieur aime ses aises.

DURVAL.

Et j'aurai du moins le plaisir d'être près de vous.

THÉVENIN, bas, en regardant sa femme

Quelle tournure! que de graces!

DURVAL.

En vérité, nous devons beaucoup à l'inventeur de l'ottomane, et son nom devrait être inscrit dans l'histoire du cœur. Je touche ce que j'aime ; je lis ses sentimens dans ses yeux; je respire son haleine; je prends une main qu'on m'abandonne, et que je presse dans les miennes.... (*Bas.*) Allons donc, un peu de courage, ou la conversation va tomber.

LA CITOYENNE THÉVENIN, bas.

Je joue un rôle si neuf pour moi!

DURVAL.

Savez-vous ce que je craignais en passant dans ce salon?

LA CITOYENNE THÉVENIN.

Non; qu'est-ce?

DURVAL.

D'y trouver votre mari, et cela n'eût pas laissé de nous déranger un peu.

LA CITOYENNE THÉVENIN.

Oh, mon dieu! pas du tout. Je lui ai passé vingt fantaisies; il serait plaisant qu'il voulût s'ériger en censeur.

THÉVENIN, à part.

C'est pourtant une plaisanterie que je compte me permettre.

DURVAL.

Savez-vous qu'il a pris très-sérieusement l'aveu que je lui ai fait de mon amour? (*Bas.*) Allons, ferme.

LA CITOYENNE THÉVENIN.

Cela ne m'étonne pas. L'amour-propre, l'orgueil blessés... Mais ne m'a-t-il pas rendu tous mes droits en reprenant les siens? Qu'ai-je besoin de me justifier, et que me fait son opinion? mon cher Durval m'aime.

DURVAL.

Oh! de toute mon ame.

LA CITOYENNE THÉVENIN.

Durval est sûr de moi; que m'importe le reste?

THÉVENIN, à part.

Voilà du positif.

DURVAL, lui baisant les mains avec transport.

Charmante! adorable!

THÉVENIN, à part.

Oh! oui, et je ne m'en étais pas aperçu.

LA CITOYENNE THÉVENIN, bas.

Nous ne sommes pas convenus de tant de gestes, citoyen.

DURVAL, bas.

Ils donnent de la vérité au discours.

LA CITOYENNE THÉVENIN, bas.

A la bonne heure; mais soyez d'une vérité plus calme.

SCÈNE X.

THÉVENIN, à part.

On se parle bas, et de très-près.

DURVAL.

Dites-moi, femme charmante, quand remplirez-vous vos promesses? Elles sont trop flatteuses pour que je n'en presse pas l'exécution.

LA CITOYENNE THÉVENIN.

Eh! mais, quand vous voudrez. Vous savez à quelle condition je me suis rendue.

THÉVENIN, à part.

Comment, rendue!

LA CITOYENNE THÉVENIN.

J'y tiens irrévocablement.

DURVAL.

J'y tiens autant que vous, et l'obligation d'être à jamais heureux doit ajouter à mon bonheur.

THÉVENIN, à part.

Allons, ils sont au mieux.

DURVAL.

Je puis donc faire les démarches nécessaires?

LA CITOYENNE THÉVENIN.

Oui, Durval, et je vous y invite.

DURVAL, bas.

Ferme, donc; ferme.

LA CITOYENNE THÉVENIN.

Ce n'est pas où nous en sommes que je dois rien dissimuler. Je vous avoue que Thévenin me fatigue, m'excède.....

THÉVENIN, à part.

Je n'y tiens plus; je grille.

LA CITOYENNE THÉVENIN.

Et que vous me deviendrez plus cher, s'il est possible, en m'en défaisant promptement.

THÉVENIN, à part.

Se défaire de moi! écoutons encore.

DURVAL.

Oui, je vous en déferai; c'est bien mon intention, et dès aujourd'hui je m'entendrai avec le juge-de-paix.

THÉVENIN, à part.

Le juge-de-paix se mêle d'une telle affaire!

LA CITOYENNE THÉVENIN.

Vous avez ma procuration.

DURVAL.

Et je ferai valoir vos droits.

THÉVENIN, à part.

Quel diable de galimatias?

LA CITOYENNE THÉVENIN.

Pressons donc un divorce dont dépend ma félicité.

THÉVENIN, à part.

Ah! ce n'est qu'un divorce. Le moyen est plus honnête au moins.

DURVAL.

Tout sera terminé dans le plus court délai.

THÉVENIN, à part.

Je l'empêcherai bien, ou je ne le pourrai.

LA CITOYENNE THÉVENIN.

Mon cher ami, vous voyez jusqu'où vont et mon amour et ma confiance en vos sentimens: j'espère ne jamais m'en repentir. Mais revenons aux conditions

SCÈNE X. 485

auxquelles j'ai attaché mon consentement. Rappelez-vous toujours la conduite odieuse de Thévenin ; souvenez-vous que la femme la plus tendre cesse d'aimer enfin quand on l'outrage et qu'on la méprise, et que c'est à l'amour seul qu'on peut conserver son amour. (*Bas.*) C'est cela, n'est-ce pas?

DURVAL, bas.

A merveilles. (*Haut.*) Moi, je négligerais la femme la plus intéressante par ses charmes, son esprit, sa sensibilité! Non, vivre pour l'aimer et lui plaire ; régner sur elle par mille tendres soins, qui seront autant de plaisirs pour mon cœur et d'hommages à sa délicatesse, voilà les sermens que je fais à l'amour et à l'hymen. Recevez-les, femme adorable, et que ce baiser soit le gage de ma sincérité.

(Il l'embrasse.)

LA CITOYENNE THÉVENIN, se levant.

Finissez, Durval, ou j'éclate.

DURVAL, bas.

Paix donc! paix donc! vous oubliez qu'il est là.

LA CITOYENNE THÉVENIN.

Vous vous oubliez vous-même.

DURVAL, bas.

De la vérité, de la vérité, ou nous allons perdre le fruit de nos soins.

LA CITOYENNE THÉVENIN.

Je vous pardonne; mais soyez sage, ou je me brouille avec vous. Souvenez-vous que je ne vous ai encore rien accordé.

THÉVENIN, à part.

Ah! je respire.

LA CITOYENNE THÉVENIN.

Et je n'accorderai rien qu'à mon époux.

THÉVENIN, à part.

Je le suis et ne cesserai pas de l'être. Ah! je n'avais besoin que de t'estimer encore pour revenir entièrement à toi.

DURVAL, bas.

Il se parle, il n'y tient plus : l'explosion va se faire. (*Haut.*) J'ai eu tort, je l'avoue, de vous ravir un baiser; je devrais avoir plus d'empire sur moi-même; mais commande-t-on à l'amour? je sors, je vous quitte à regret; mais c'est pour obtenir plus tôt le titre précieux qui peut seul vous rassurer, et qui sera pour moi le garant de vos bontés.

THÉVENIN, sortant de derrière le secrétaire.

Moins de feu, moins de feu, ami délicat et vrai!

DURVAL, jouant l'étonnement.

O ciel! il était là.

THÉVENIN.

Oui, et je connais maintenant l'homme le plus perfide et le plus cruel. Quand je suis rentré, ne t'ai-je pas exprimé le dégoût que m'inspirent ces jouissances dont tu me fais un crime auprès de mon épouse?

DURVAL.

N'avez-vous pas cent fois tenu le même langage?

THÉVENIN.

En as-tu moins employé toute ton adresse pour

SCÈNE X. 487

me plonger dans de nouvelles erreurs dont tu pusses te prévaloir près cette femme trop facile? Vas, sors; délivre-moi de ta présence. Quelque avenir qui m'attende, j'ai seul le droit de commander ici; seul j'y suis maître encore. Sors, te dis-je, ou crains les effets de mon ressentiment.

DURVAL, riant.

Oui, Thévenin, tu es le maître ici, et tu le seras toujours dans ta maison : on n'a nul dessein sur tes immeubles.

THÉVENIN, lui serrant le bras avec force.

Mais tu en as sur ma femme, bourreau! Toi, tu prétends être à elle! Le vice s'allierait à la vertu; la fausseté à la candeur; le désir grossier à l'amour pur et délicat!

DURVAL.

Ce portrait est celui de bien des hommes, et je n'irais pas loin pour trouver mon pendant.

THÉVENIN.

Ma femme me hait, elle me méprise; je l'ai mérité, et je ne m'en plains pas ; mais, toi, que t'ai-je fait pour me désespérer? Réponds, réponds.

LA CITOYENNE THÉVENIN.

Retirez-vous, Durval; c'est moi qui répondrai à cet homme violent. Allez, mon ami, et sans vous arrêter à sa vaine colère, occupez-vous de nos projets.

THÉVENIN.

Malheur à lui s'il fait une démarche!

DURVAL.

Thévenin, on ne m'intimide pas aisément; mais

ce n'est pas le moment de ces explications orageuses qu'une femme ne doit pas entendre. Je continuerai ce que j'ai si heureusement commencé; je ferai ce que je dois faire, et je vous demanderai plus tard ce que vous pensez de moi.

(Il sort en faisant signe à la citoyenne Thévenin de ne pas faiblir.)

THÉVENIN, à part.

Il me reste un espoir : ma femme peut n'être pas inexorable. Qu'il tremble si elle se montre inflexible.

SCÈNE XI.

THÉVENIN, La Citoyenne THÉVENIN.

LA CITOYENNE THÉVENIN.

Vous me direz, je l'espère, ce que signifie la scène affreuse que vous venez de vous permettre?

THÉVENIN.

Est-il nécessaire de vous le dire? N'avez-vous pas lu dans mon cœur?

LA CITOYENNE THÉVENIN, froidement.

Il m'importe peu de savoir ce qui s'y passe; mais mon repos m'est cher, et j'ignore de quel droit vous y portez atteinte. Ai-je fatigué de mes plaintes, de mes fureurs ces femmes qui, méprisant les mœurs et même les bienséances, s'étudiaient à vous les faire oublier, et savaient cependant que vous aviez une épouse qui souffrait de vos erreurs? Me suis-je permis envers vous des emportemens que ma situation eût peut-être rendus excusables, quand vous m'avez abandonnée au sentiment pénible d'un amour dédai-

SCÈNE XI.

gné? J'ai souffert en silence; j'ai dévoré mes larmes; j'ai porté la vertu jusqu'à ménager un ingrat qui déchirait mon cœur. Ce cœur enfin sentit le besoin d'aimer, et, malgré la plus triste expérience, il connut encore un vainqueur. Fidèle aux lois de la décence, j'invoque le divorce que mon nouvel amour me rend nécessaire, et que vos procédés justifient pleinement. Quels reproches maintenant avez-vous à me faire? Quels torts pourrez-vous me supposer?

THÉVENIN.

Continuez, ne m'épargnez point; accablez-moi, vengez-vous; mais laissez-moi espérer que ce cruel divorce ne s'accomplira pas.

LA CITOYENNE THÉVENIN.

Je suis incapable de vous tromper.

THÉVENIN.

Ainsi donc vous oubliez sans retour les premières années de l'union la plus heureuse? Mes fautes ont effacé de votre souvenir ces momens délicieux que je me rappelle aujourd'hui pour en regretter plus vivement la perte?

LA CITOYENNE THÉVENIN.

Vous avez tout oublié avant moi.

THÉVENIN.

Je suis un malheureux indigne de pardon. Cependant, ces jours fortunés peuvent renaître encore.

LA CITOYENNE THÉVENIN.

N'y pensez plus; il est trop tard.

THÉVENIN.

Cruelle, que dis-tu? Vois ma peine, mon repentir;

oublie le mal que je t'ai fait : ce dernier triomphe est digne de ta vertu.

LA CITOYENNE THÉVENIN.

Je vous plains : je ne vous aime plus.

THÉVENIN.

Et tu te donnes à Durval?

LA CITOYENNE THÉVENIN.

Ah! je suis toute à lui.

THÉVENIN.

C'est un homme sans moralité.

LA CITOYENNE THÉVENIN.

Vous le jugez avec prévention.

THÉVENIN.

Tu gémiras de l'avoir écouté.

LA CITOYENNE THÉVENIN.

Me traitera-t-il plus mal que vous?

THÉVENIN.

Ainsi tu veux passer ta vie en proie aux douleurs et aux regrets?

LA CITOYENNE THÉVENIN.

Dès long-temps je vous en dois l'habitude.

THÉVENIN.

Tu m'assassines avec le sang-froid d'une cruauté réfléchie. J'ai perdu tous mes droits à ton amour, à ton estime, et même à ta pitié ; mais, cruelle, tu as une fille, et je suis son père. Crois-tu la ravir à ma tendresse? Prétends-tu m'en séparer, ou pourras-tu t'en séparer toi-même? C'est au nom de cette enfant, qui nous est si chère à tous deux, que je t'implore pour la dernière fois. Lui donneras-tu le spectacle d'une mère qui rompt ses premiers nœuds, au moment où mon retour à la vertu allait répandre sur ses jours le bonheur et la paix? Tu t'attendris.... tu détournes les yeux... ton cœur m'entendrait-il encore? L'ardeur qui pénètre mon ame a-t-elle passé dans la tienne? Vois ton époux; il est à tes pieds. Toi, qui m'as tant aimé, veux-tu me réduire au dernier désespoir?... Regarde-moi, par grace; que ces yeux si séduisans et si doux se tournent encore sur les miens; que j'y lise mon pardon, et que nos premiers feux se rallument, pour ne s'éteindre jamais.

LA CITOYENNE THÉVENIN, attendrie jusqu'aux larmes.

Thévenin, mon cher Thévenin, je souffre de votre douleur: c'est tout ce que je puis.

THÉVENIN. Pendant ce couplet, sa femme lui ouvre insensiblement ses bras.

Ah! ce n'est pas une compassion stérile qui fait couler tes larmes; la plus douce émotion se peint dans tous tes traits.... Non, jamais tu ne me seras étrangère; tu n'en as ni la force ni la volonté; ton ressentiment cède à mes remords; tes bras s'ouvrent encore pour moi, et je retrouve mon épouse.

(Il se jette dans ses bras.)

LA CITOYENNE THÉVENIN.

Elle n'a pas cessé d'être à toi.

THÉVENIN.

Quoi! ce divorce....

LA CITOYENNE THÉVENIN.

Il est supposé.

THÉVENIN.

Cet amour de Durval....

LA CITOYENNE THÉVENIN.

Il adore ta fille.

THÉVENIN.

Ah! tout est expliqué. Quel service vous m'avez rendu! Je l'avoue en rougissant, cette leçon est humiliante; mais elle était nécessaire. Je m'en souviendrai, ma chère et tendre amie; ma reconnaissance, mon amour, ma fidélité te prouveront qu'elle est toujours présente à ma mémoire.

LA CITOYENNE THÉVENIN.

Mon ami, je te crois sincère en ce moment: les sentimens que tu exprimes sont ceux d'une ame honnête, rendue à sa pureté première. Jetons un coup-d'œil sur le passé pour n'y jamais revenir. Depuis quelques années, quelle est ton existence? où sont tes amis? Qu'est devenue l'estime publique, sans laquelle un homme ne peut vivre? Incapable de penser, au milieu du tourbillon où t'égaraient tes désirs aveugles, tu n'as pas vu les gens honnêtes s'éloigner insensiblement de toi; tes concitoyens, qui t'accordent des talens, te refuser leur confiance; tu ne t'es pas aperçu que tu vivais seul, isolé, sans considération, sans autre appui qu'une imagination effervescente qui t'étourdissait sur ton état. Un seul être te restait. Victime de tes erreurs, cet être infortuné pleurait son propre abandon, ta nullité profonde; suivait tous tes mouvemens, et attendait, en silence, le moment où des passions tumultueuses te permettraient

SCÈNE XI.

de réfléchir... (*Thévenin fait un mouvement.*) Je t'afflige; pardon, mon bon ami, pardon. C'est malgré moi; c'est la première fois, ce sera la dernière; mais je veux te rendre à la vertu, à la vertu sans laquelle il n'est pas de société, et qui repose sur les mœurs. Oui, les mœurs sont à la vertu ce qu'est la vie à la nature.

THÉVENIN.

Poursuis, poursuis, femme étonnante et trop long-temps méconnue.

LA CITOYENNE THÉVENIN.

Compare ton existence passée aux jouissances pures et simples qui te sont réservées. Le lien conjugal n'est doux, l'amitié n'a de charmes qu'autant qu'ils associent des êtres vertueux, animés du désir sincère de contribuer à leur bonheur réciproque. Quel plaisir de se rendre heureux soi-même de la félicité des autres; de jouir des bienfaits que l'on répand sur eux ! Ce plaisir se renouvelle à chaque instant de la vie pour le bon époux, le bon père, le bon ami; il lit le contentement et la joie dans les yeux de sa femme, de ses enfans, de ses amis; tout ce qui l'environne partage ses plaisirs et ses peines, et lui présente l'aspect touchant de la paix et du bonheur. Chéri, considéré, respecté, tout le ramène agréablement sur lui-même. Heureux par ses mœurs, fort par sa vertu, sa félicité est indépendante des orages; elle est établie sur des bases inaltérables. Mon ami, nous nous sommes tout dit : jetons un voile épais sur des souvenirs fâcheux que nous avons intérêt d'éloigner l'un et l'autre; que le sentiment soit désormais notre guide; ne regardons plus derrière nous, et vivons dans l'avenir. Reprens cette gaîté franche et naïve, cet air riant et ouvert qui annoncent un homme content de lui. Tu parais timide, embarrassé. Allons, mon ami, du courage. Prouve à ta femme, à ta meilleure amie que tu l'aimes encore, en oubliant tout, comme elle a tout oublié.

(Ils s'embrassent.)

THÉVENIN.

Dispense-moi de parler; mon ame, repliée sur elle-même, suffit à peine à ses sensations.

LA CITOYENNE THÉVENIN, souriant et le conduisant à l'ottomane.

Une chose m'inquiète, maintenant : ces enfans me feront peut-être une querelle, mais une querelle!

THÉVENIN.

Comment donc?

LA CITOYENNE THÉVENIN.

J'avais promis de me taire encore, de prolonger une épreuve..... (*Thévenin fait un geste.*) J'ai senti qu'elle était inutile. Tu souffrais; je t'aime; pouvais-je garder le silence? Les voici.

SCÈNE XII.

THÉVENIN, La citoyenne THÉVENIN, ÉMILIE, DURVAL.

LA CITOYENNE THÉVENIN, souriant.

Le joli meuble qu'une ottomane! on touche ce

SCÈNE XII.

qu'on aime; on lit ses sentimens dans ses yeux; on presse sa main dans les siennes......

ÉMILIE.

C'est-à-dire que le citoyen sait tout. Mon cher Durval, nous sommes joués à notre tour; mais on ne peut l'être plus agréablement. Ma mère a retrouvé son époux; c'est à présent que je retrouve mon père.

(Elle l'embrasse et s'assied sur l'ottomane.)

LA CITOYENNE THÉVENIN.

Durval, il reste encore une place qui vous plaira bien autant que celle que vous occupiez tantôt.

DURVAL, s'asséyant.

Mon cher Thévenin me pardonne-t-il l'inquiétude que je lui ai causée?

THÉVENIN.

Il n'y pensera jamais que pour vous aimer davantage.

DURVAL, tirant ses tablettes et lisant.

« Tenez votre promesse, et comptez sur ma générosité. » (*A Thévenin.*) Mon ami, approuvez-vous...

THÉVENIN, prenant les tablettes et se dictant.

« J'ordonne à ma fille d'être juste. »

ÉMILIE, donnant sa main à Durval.

Et ta fille obéit.

LA CITOYENNE THÉVENIN.

Mon ami! mes enfans! que le tableau de ce moment soit celui de toute notre vie!

(On finit la pièce assis.)

FIN DU DIVORCE.

LES EMPIRIQUES,

COMÉDIE

EN TROIS ACTES ET EN PROSE.

PERSONNAGES.   ACTEURS.

Le CORRÉGIDOR d'Urgel.	MM. Beaulieu.
ALVAR, amant de Léonore.	Vallienne.
MICHEL, lieutenant.	Villeneuve.
ROBERT, soldat.	Frogères.
DUBREUIL, *id.*	Tautin.
DUVAL, *id.*	Charpentier.
LECOURT, *id.*	Doucet.
CARLOS, empirique.	Pélicier.
Un OFFICIER de la Sainte-Hermandad.	Roseville.
LÉONORE, fille du Corrégidor.	Mmes Douté.
MARGUERITE, gouvernante de Léonore.	Pélicier.
Une AUBERGISTE d'Urgel.	Hénault.

MICHEL, ROBERT, DUBREUIL, DUVAL, LECOURT : Français échappés des prisons d'Espagne.

Personnages muets.

Cavaliers de la Sainte-Hermandad.
Soldats espagnols.
Les gens de Carlos.

La scène est dans les Pyrénées.

Représentée pour la première fois, à Paris, sur le théâtre de la Cité-Variétés, le 1er nivôse, l'an troisième de la République.

LES EMPIRIQUES,

COMÉDIE.

ACTE PREMIER.

Le théâtre représente des rochers escarpés qui le traversent, dans le fond, sur toute sa largeur, au bas desquels se trouve une chute d'eau. Les côtés sont également garnis de rochers et d'arbustes. A la droite du spectateur, à l'avant-scène, est l'entrée d'une caverne, près de laquelle sont quelques arbres qui en masquent l'entrée.

SCÈNE I.

ALVAR, LÉONORE, MARGUERITE, paraissant dans le fond, sur le haut des rochers, à droite.

LÉONORE, appuyée sur le bras d'Alvar.

Descendons dans cet endroit écarté, mon cher Alvar, et respirons un moment.

ALVAR, descendant avec elle.

Il est vrai que nous avons marché....

MARGUERITE.

Comme deux amans qui n'ont pas de temps à perdre.

LÉONORE.

Je suis excédée de fatigue.

MARGUERITE.

C'est bien le moment de penser à cela!

LÉONORE.

A quoi ne pensé-je point, et que n'ai-je point à craindre?

ALVAR.

Il me semble au contraire que tout doit vous rassurer : ma délicatesse égale mon amour, et votre vertu....

LÉONORE.

Est sous la sauve-garde de l'honneur. Ce n'est pas vous que je redoute : vous seul me restez ; je serais trop malheureuse si je pouvais vous soupçonner.

MARGUERITE.

Comptez sur sa probité, même avec les femmes : je me connais en hommes, et je suis sa caution.

LÉONORE.

Mais, ma bonne, vous voyez et vous faites des choses extraordinaires avec une gaîté....

MARGUERITE.

Je vous donne l'exemple de la confiance, et d'une aimable folie. Comment, vous, jeune et belle, vous semblez vous complaire dans la douleur et les regrets! Eh! morbleu, la mélancolie ne va pas à cette figure : la beauté est faite pour le plaisir comme pour l'amour. Jouissons du présent; laissons les doléances, et vive la joie!

LÉONORE.

Le présent n'a rien de bien flatteur.

MARGUERITE.

Quelle idée! mais, réfléchissez donc. Une promenade avec son amant dans ces rochers impraticables; une fatigue horrible; des pieds meurtris et écorchés, par conséquent un prétexte tout naturel de prendre et de serrer de toute sa force le bras d'un cavalier charmant; le plaisir inexprimable de laisser derrière soi un futur haï et haïssable, tout cela n'est pas délicieux? Allons, allons, vous n'avez pas de philosophie.

LÉONORE.

Est-ce un bien? est-ce un mal?

MARGUERITE.

Quel sang-froid! quelle nonchalance! Et vous aimez, vous?

LÉONORE.

Serais-je ici, si je n'aimais pas?

ALVAR.

Prouvez-le-moi donc, ma Léonore.

LÉONORE.

Je suis vos pas; que puis-je davantage?

ALVAR.

Ne plus vous affliger d'une démarche qui était indispensable, qui ne peut être suivie d'aucun évènement fâcheux, qui assure mon bonheur, et peut-être le vôtre.

MARGUERITE.

Il a raison : croyez-vous qu'il soit agréable pour lui de vous entendre sans cesse soupirer et gémir?

LÉONORE.

Croyez-vous qu'une fille qui se respecte puisse ajouter à l'oubli de ses devoirs le tort, plus impardonnable encore, de les mépriser?

ALVAR.

Vous repentez-vous de ce que vous avez fait pour moi?

LÉONORE.

Je ne sais; mais....

MARGUERITE.

Mais.... mais.... où voulez-vous en venir? Récapitulons les circonstances du roman, et voyons si nous pouvions nous conduire autrement. Votre père, corrégidor d'Urgel, veut vous marier à un homme qui lui ressemble, c'est-à-dire, à un vieillard avare, grondeur et exigeant; vous balancez entre l'obéissance, et le dégoût qu'inspire nécessairement un futur de cette étoffe. Alvar se présente; il a pour lui les avantages que la nature a refusés à l'autre, ou qu'un grand demi-siècle lui a ravis. Tous deux jeunes, sensibles, vous deviez vous plaire et vous aimer; le mariage arrêté vous désole; pour le retarder au moins, Léonore feint une maladie. Touchée de vos douleurs, je ne vois qu'un moyen de vous tirer d'embarras, c'est de la tuer. Pendant que le corrégidor est à ses fonctions, j'ensevelis ses vieilles bottes fortes, et je vous fais sortir par la petite porte du jardin qui donne hors la ville. Le papa rentre; je pleure, je crie, je lui apprends la fatale nouvelle. Il se désespère; il veut revoir sa fille, et, selon l'usage, l'embrasser pour la dernière fois. Je l'arrête; je le dissuade; je lui représente les dangers où l'exposerait à son âge un excès de sensibilité; il se rend à mes raisons; enfin, pendant qu'il se désole à vos funérailles, je m'échappe à mon tour pour savoir ce que vous êtes devenue, et je vous trouve avec Alvar, qui sait qu'une fille d'un certain genre ne court pas les Pyrénées sans compagnon, et qui vous conduit chez sa tante, femme vertueuse et indulgente, ce qui est rare. Vous y resterez jusqu'à ce qu'il nous plaise vous ressusciter, ce que nous ferons quand le corrégidor aura bien senti sa sottise. Vous conviendrez, signora, qu'il n'y a rien dans tout ceci que de très-simple et de très-naturel.

LÉONORE.

S'échapper de chez un père!

MARGUERITE.

Qui vous y a contrainte.

LÉONORE.

Voyager avec un homme qui n'est pas mon mari!

MARGUERITE.

Mais qui le sera bientôt, si vous avez du caractère.

LÉONORE.

Affliger mon père par cette mort supposée!

MARGUERITE.

Oh! que de raisons! Aimez-vous mieux l'affliger réellement? Retournons sur nos pas; épousez votre amant suranné, et bientôt, après la noce, on vous enterrera en personne. Allons, marchons.

LÉONORE, *avec quelque vivacité.*

Non pas, non.

ALVAR.

Il faut pourtant prendre un parti.

LÉONORE.

Tenons-nous-en à celui que nous avons choisi d'abord.

MARGUERITE.

Ah! nous y voilà : le cœur parle à la fin, et c'est lui qu'il faut écouter. Suivez donc le projet que vous avez formé, sans crainte, sans scrupule....

LÉONORE.

Ah! sans scrupule, ma bonne!

MARGUERITE.

Hé bien! avec scrupule si vous voulez; mais, laissez-vous conduire, et prêtez-vous un peu à la circonstance : aidez-vous, l'amour vous aidera.

LÉONORE.

Quel heureux caractère!

ALVAR.

Eh! n'a-t-elle pas raison? Pourquoi se créer des chimères pour le plaisir de les combattre?

MARGUERITE.

Ah, parbleu! si je lui ressemblais, je ne vivrais pas un quart d'heure. Je me représenterais des voisins qui se sont aperçus de votre fuite, et qui la publient partout; un père irrité me traduisant devant son tribunal, et, juge et partie dans cette affaire, m'envoyant je ne sais où, aux galères peut-être. Ajoutez à cela la très-sainte inquisition, scandalisée de ce nouveau genre de funérailles, criant à la profanation, au sacrilége.... Vous riez? De l'eau bénite sur des bottes fortes ! c'est sérieux cela, et enfin la justice ecclésiastique disputant mon individu à la justice séculière, et toutes deux travaillant de concert à me mettre hors d'état de me mêler jamais d'aucune intrigue, tel est le tableau récréatif qui me suivrait sans cesse, si l'habitude de rire de tout ne me rendait aussi inaccessible au chagrin qu'aux idées noires qui le produisent. Mais c'est assez jaser. Adieu, aimables jeunes gens ; je retourne chez le papa faire naître des circonstances heureuses, ou profiter au moins de celles qui se présenteront.

LÉONORE.

Quoi ! ma bonne, vous m'abandonnez ?

MARGUERITE.

Puis-je m'absenter plus long-temps sans m'exposer à mille questions, qui finiraient peut-être par m'embarrasser ? Il est plus court et plus sûr que j'aille vous pleurer avec les autres.

LÉONORE.

Tout cela est fort bien ; mais, la décence....

MARGUERITE.

Les morts en sont dispensés. (*A Alvar, à demi voix.*) Ne vous arrêtez pas ici davantage.

ALVAR.

Non, sans doute; nous partons à l'instant.

MARGUERITE.

Je n'aime pas les petits coins, et celui-ci peut être dangereux.

ALVAR.

Quoi! tu pourrais penser....

MARGUERITE.

Je ne pense à rien; je ne sais rien; mais je prévois tout. Je vous tue aussi de mon autorité privée, et je vous défends de ressusciter sans mes ordres. (*Sortant.*) Point de résurrection, entendez-vous, Seigneur Alvar.

SCÈNE II.

ALVAR, LÉONORE.

ALVAR.

L'aimable fille! le bon cœur!

LÉONORE.

Elle cherche à m'étourdir sur ma position. Je me résigne; mais mon amour ne m'empêche pas de sentir les dangers qui m'environnent. Chaque pas rendra mon état plus pénible encore. Nous allons chez votre tante : que pensera-t-elle de moi? Comment oser paraître à ses yeux?

ALVAR.

Ma tante a été jeune et sensible. Elle a perdu la jeunesse; son cœur lui reste, et elle vous recevra comme un présent que l'amour fait à l'amitié.

LÉONORE.

Il est dur d'implorer l'indulgence; il est plus dur encore d'en avoir besoin; mais laissons ces idées qui vous attristent. Je ne veux plus vous affliger de ma peine; d'ailleurs, mes réflexions sont inutiles, puisque nous n'avons pas le choix des moyens.

ALVAR.

Ma tante vous plaira au premier coup d'œil. Sa figure franche et ouverte vous inspirera la confiance. Sa maison isolée, la retraite où elle vit depuis long-temps, assurent notre secret, et vous ne sortirez de cet asyle respectable que pour me donner le titre précieux d'époux.

LÉONORE.

Ah! c'est le seul qui puisse effacer, même à vos yeux, l'inconséquence de ma conduite. Vous ne m'en punirez pas, mon cher Alvar? n'est-il pas vrai? Vous ne m'en punirez pas?

ALVAR.

Vous punir d'avoir cédé à mes instances, de m'avoir prodigué votre confiance!.....

LÉONORE.

Et mon amour.

ALVAR.

Non, ce cœur n'aura pas un désir dont vous ne soyez l'objet; pas une jouissance qui ne se rapporte à vous; j'en jure par..... (*bien tendrement*) par vous-même, qui êtes ce que j'ai de plus cher, et ce que je connais de plus respectable.

LÉONORE.

Ah, mon ami! tu me rassures. Mes craintes s'évanouissent à ta voix; j'éprouve un calme que je n'espérais pas goûter hors de la maison paternelle. Mais, encore une fois, laissons tout cela pour n'y revenir jamais. Je vois en toi mon ami, mon amant, mon époux; ta tante sera la mienne. Hâtons-nous de l'aller trouver.

ALVAR.

A peine serez-vous entre ses bras que je retournerai à Urgel, où je saisirai toutes les occasions de m'établir dans l'esprit de votre père.

LÉONORE, fait un pas avec peine.

En honneur, j'ai les pieds dans un état affreux, et encore une lieue à faire sur des pierres si dures, si inégales !

ALVAR.

Je vous aiderai ; je vous soutiendrai ; je vous porterai, s'il le faut.

LÉONORE.

J'espère au moins que nous ne serons pas rencontrés.

ALVAR.

Par qui?

LÉONORE.

Que sais-je? peut-être un parti français.....

ALVAR.

Pensez donc que leurs avant-postes sont à dix lieues d'ici; que nous nous enfonçons dans le pays, et qu'il est impossible que des Français....

LÉONORE.

Eh, mon dieu! ne les trouve-t-on pas partout ?

ALVAR.

L'armée espagnole nous en sépare.

ACTE I, SCÈNE III.

LÉONORE.

A la bonne heure ; mais je ne suis pas tranquille. Si des brigands, des voleurs.....

ALVAR.

Que chercheraient-ils ici ? Ces rochers ne sont fréquentés de personne ; d'ailleurs, j'ai mes pistolets.

LÉONORE.

Ne me parlez pas de cela, je vous en prie : la seule idée d'un combat me ferait mourir réellement. Mais nous perdons un temps précieux ; nous causerons en marchant. Donnez-moi votre bras. Malgré les plaisanteries de ma bonne, il faut vraiment que je m'appuie, et très-fort.

ALVAR.

Et que vous me serriez surtout ; cela aide singulièment.

LÉONORE, souriant.

Vous croyez ? (*Elle aperçoit le premier Français, entraîne Alvar du côté de la caverne, en s'écriant avec effroi :*) Ah, mon ami !

SCÈNE III.

ALVAR, LÉONORE, ROBERT, DUBREUIL, MICHEL, LECOURT, DUVAL, paraissant successivement par la gauche du spectateur, dans les rochers du fond.

ALVAR.

Qu'avez-vous ?

LÉONORE.

Un soldat.... deux.... trois....

ALVAR.

Ce sont des Français! Comment ont-ils pénétré?....

LÉONORE.

A quel sort dois-je m'attendre?

ALVAR.

Ils sont généreux; d'ailleurs, ils ne font pas la guerre aux femmes.

LÉONORE.

Mais... on dit qu'ils les aiment beaucoup.

ALVAR.

Ils savent aussi les respecter.

LÉONORE.

Voici une caverne que le hasard nous présente. Dérobons-nous au malheur qui nous menace.

ALVAR.

C'est le parti le plus prudent.

LÉONORE, entrant dans la caverne avec Alvar.

Que le ciel veille sur nous!

SCÈNE IV.

ROBERT, MICHEL, DUBREUIL, LECOURT, DUVAL.

MICHEL, à demi-voix.

Doucement donc, Robert; ne nous exposons pas inconsidérément.

ROBERT.

Je suis aux tirailleurs; je vais à la découverte. Tenez, voici un petit endroit charmant; un bouquet d'arbres où nous pourrons, peut-être, laisser passer la

ACTE I, SCÈNE IV.

chaleur et nous cacher jusqu'à la nuit. Il ne reste plus qu'à voir si quelque Espagnol ne se serait pas avisé de la même envie.

MICHEL.

Demeurez; je vais m'en assurer.

ROBERT.

Je suis en avant, mon lieutenant, et je n'ai plus qu'un saut à faire....

MICHEL.

Partout où il y a du danger, j'ai le droit de marcher à votre tête. Mon devoir me l'ordonne, et je lui serai fidèle, ainsi qu'à l'amitié. Attendez-moi ici, je l'exige.

(Il descend avec précaution.)

ROBERT.

Toujours brave.

DUBREUIL.

Toujours bon.

ROBERT.

Toujours prêt à se sacrifier pour nous.

DUBREUIL.

Et nous pour lui.

ROBERT.

Par la mort, c'est bien la moindre chose.

MICHEL, qui a regardé partout, s'écrie:

De l'eau, mes amis! de l'eau!

(Il boit avidement.)

ROBERT, DUBREUIL, DUVAL, LECOURT.

De l'eau! de l'eau!

(Ils descendent précipitamment, et boivent.)

MICHEL, après avoir bu.

O mon Dieu! je te remercie. Sans cette source nous périsssions de soif.

DUBREUIL.

Dans un moment comme celui-ci, cette eau vaut le meilleur vin d'Espagne.

ROBERT.

Pas tout-à-fait, mon camarade; mais on prend ce qu'on trouve.

MICHEL.

Ce lieu semble tout-à-fait sauvage. Les voyageurs ne paraissent pas même se détourner pour s'y reposer. Je ne vois aucune trace sur le sable.....

ROBERT.

Oui, sauvage, absolument sauvage, mon lieutenant. Nous ne pouvions pas mieux trouver.

MICHEL.

Prenons cependant les précautions qu'exige la prudence. Il faut qu'un de nous monte sur le plus haut de ces rochers, s'y tapisse, et veille exactement à ce que nous ne soyons pas surpris.

LECOURT.

J'y vais, mon lieutenant.

MICHEL.

Dans une heure, à peu près, on te relevera.

ROBERT.

Ma foi, je n'en puis plus: douze heures de marche, sans repos, sans alimens.

DUVAL.

Sans armes.

ROBERT.

Sans argent, et Dieu sait où nous en trouverons.

DUBREUIL.

Pas un fruit sauvage pour ranimer nos forces épuisées.

MICHEL.

Poursuivons jusqu'au bout : le génie des Français préside à notre entreprise. Nous avons voulu fuir, et nous avons fui ; nous avons craint d'être découverts, et nous n'avons été vus de personne. La faim commence à se faire sentir? Ne perdons pas courage. Nous rencontrerons cette nuit quelque cabane où la pauvreté sera hospitalière.

DUBREUIL.

Quand on saura que nous sommes prisonniers de guerre.....

MICHEL.

Quand les préjugés n'étouffent pas la nature, le malheureux trouve bientôt des frères.

ROBERT.

Ce que tu dis-là, mon lieutenant, est très-philosophique et très-beau ; mais, il y a long-temps que la nature est muette en Espagne, et que les préjugés y ont usurpé son empire.

MICHEL.

Mon ami, il ne nous faut qu'un homme sensible qui ait du pain, et nous le trouverons. D'ailleurs, la liberté serait bien peu de chose si on ne pouvait se décider à la payer par quelques sacrifices.

ROBERT.

Mais il faut vivre pour en jouir.

DUBREUIL.

Silence; le lieutenant a raison.

ROBERT.

Eh! je sais bien qu'il a raison; mais j'aime à voir dans l'avenir : il m'a toujours consolé du présent. Nous passerons ici le reste du jour; nous souperons chez un homme sensible qui aura du pain et peut-être un morceau de lard. Après, que deviendrons-nous?

MICHEL.

Nous nous remettrons en route.

ROBERT.

Et où irons-nous?

MICHEL.

Joindre l'armée française.

ROBERT.

Eh oui, c'est convenu; mais par où passerons-nous?

MICHEL, impatienté.

Eh! parbleu, par où nous pourrons.

ROBERT.

J'ai fait autrefois au collége un cours de géographie....

MICHEL.

Oui, tu es très-savant (*souriant*); mais tu ne sais pas encore te passer de dîner.

ROBERT.

Laisse-moi donc finir. J'ai fait un cours de géographie, et, d'après mes observations, nous devons être dans les gorges d'Aguilar, bordées, d'un côté, par des ravins qui reçoivent les eaux des torrens, et de l'autre, par des rochers qui s'élèvent à pic jusque dans les nues. Nous ne pouvons sortir de ce défilé qu'en traversant la petite ville d'Urgel.

MICHEL.

Hé bien, nous la traverserons cette nuit.

ROBERT.

Et si nous y trouvons un détachement ennemi?

MICHEL.

Nous tomberons sur la sentinelle, et nous l'étoufferons; nous surprendrons la garde, nous l'égorgerons, et....

ROBERT.

Avec quoi?

MICHEL.

Avec ses propres armes, et nous sortirons de cette bourgade, après avoir coupé les oreilles à qui aura voulu nous résister.

ROBERT.

Superbe dénouement!

MICHEL.

Dénouement à la française.

DUBREUIL, s'écriant:

Eh, voici une caverne qui paraît avoir de la profondeur.

ROBERT.

Entrons-y. Nous y serons plus fraîchement et plus en sûreté qu'ici.

MICHEL.

Entrons, soit.

ROBERT.

Dormons-y, si nous pouvons dormir, et, au réveil, nous dirons avec le proverbe : Qui dort dîne.

(Il entre avec Duval.)

MICHEL, regardant le soleil.

A peu près six heures de jour encore!

DUBREUIL.

C'est-à-dire, encore six heures d'impatience et d'inquiétudes.

MICHEL.

Non, mon ami, six heures de repos. Nous avons dormi sur le champ de bataille; nous nous trouverons au mieux dans cet enfoncement.

SCÈNE V.

MICHEL, LECOURT, DUBREUIL, DUVAL, LÉONORE, ROBERT, entraînant Léonore; ALVAR, se tenant à l'entrée de la caverne.

ROBERT.

Une femme, mes amis, une femme!

LÉONORE.

Laissez-moi, de grace, laissez-moi.

DUBREUIL.

Elle est bien.

ROBERT.

Comment, bien? elle est charmante!

(Il lui prend la main. Alvar fait un geste de fureur, tire un pistolet, qu'il remet dans sa poche pendant le couplet suivant.)

ACTE I, SCÈNE V.

MICHEL.

Camarades, arrêtez. Cette femme est seule dans ce désert: raison de plus pour la respecter. Elle est peut-être infortunée; nous devons la plaindre et la consoler. Des Français n'abusent pas de la faiblesse et du malheur.

ALVAR, s'approchant.

Non, dignes Français, vous n'abuserez pas de notre situation.

(Lecourt apercevant Alvar, descend précipitamment.)

MICHEL.

Nous en sommes incapables. Mais étiez-vous seuls dans cette caverne?

ALVAR.

Seuls.

ROBERT.

A la bonne heure.

ALVAR.

Vous voyez une jeune personne d'Urgel qui fuit les persécutions d'un père injuste, et que je conduis chez une parente à une lieue d'ici.

MICHEL.

Vous voyez des Français qui combattaient pour leur liberté. La trahison les a fait tomber dans les fers, et ils brisent leurs fers par amour de la liberté.

ALVAR.

Puissiez-vous réussir, braves soldats! Continuez votre route; nous allons reprendre la nôtre.

ROBERT.

Non pas, s'il vous plaît. Vous resterez avec nous, de peur d'accident.

MICHEL.

Nous sommes Français; vous êtes Espagnols, et une indiscrétion....

ALVAR.

Les vertus sont de tous les climats. Il est partout des hommes qui savent compâtir au malheur.

MICHEL.

Jeune homme, votre âge est celui de la franchise, et je vous crois incapable de dissimuler. Cependant vous avez notre secret, et si nous vous laissons partir, notre sort est entre vos mains.

ROBERT, DUBREUIL, DUVAL, LECOURT.

Non, non, ils ne partiront pas.

LÉONORE.

De grace, ayez pitié de nous!

ALVAR.

Voyez l'état affreux où vous la réduisez.

LÉONORE, à Michel.

Je ne rougis pas d'embrasser vos genoux. Épargnez une infortunée que vous ne pouvez craindre, et dont vous allez faire le malheur.

DUBREUIL, d'un ton d'amateur.

Qu'elle est touchante dans les larmes!

MICHEL, avec sévérité.

Soldats français, quelles idées vous occupent en ce moment?

LÉONORE, avec timidité.

Ce jeune homme est mon amant.

ROBERT.

Cela va sans dire.

ACTE, I, SCÈNE V.

LÉONORE.

Si vous m'en séparez, vous m'ôtez plus que la vie.

ALVAR.

Et c'est nous arracher l'un à l'autre que nous contraindre à vous accompagner. Sa faiblesse, sa douleur ne lui permettront pas de vous suivre.

LÉONORE.

Laissez-vous toucher par les amans les plus tendres et les plus malheureux. Nous avons assez de nos maux sans chercher à aggraver les vôtres.

MICHEL.

Ainsi que vous, fugitifs et malheureux, nous ne sommes pas dans un état à inspirer la crainte. (*A Léonore.*) Remettez-vous, mon enfant; nous sommes sensibles aussi, et nous ne connaissons d'ennemis que ceux qui ont les armes à la main.

LÉONORE.

Nous pouvons donc partir?

ROBERT.

Non pas, non.

MICHEL.

Vous m'intéressez, je l'avoue. Cependant, je ne conseillerai rien à mes camarades qui ne soit dicté par la prudence. Rentrez dans la caverne; nous allons délibérer.

ROBERT.

Oui, délibérons, délibérons.

DUBREUIL.

Rentrez, rentrez.

ALVAR, à Michel.

Le malheur inspire la défiance, et je ne me plains pas de celle que vous me marquez. Je crois pourtant avoir quelques droits à votre estime, et vous allez en juger : connaissez-moi. J'ai employé jusqu'ici les voies de la conciliation, les seules qui conviennent à mon caractère. Cependant (*tirant ses pistolets*) voici des armes qui pourraient abréger votre délibération, et me rendre maître de mon sort; je vous les remets (*Michel les prend*) comme un gage de ma franchise, et parce qu'elles vous seront plus utiles qu'à moi. Délibérez maintenant, et abusez de ma confiance, si vous l'osez.

(Il prend la main de Léonore pour la reconduire à la caverne.)

MICHEL, les arrêtant.

Tout est vu, tout est jugé : ce trait atteste votre candeur, et je me plais à la reconnaître.

ROBERT, à Michel, à demi-voix.

Pas d'étourderie, mon lieutenant : celle-ci serait difficile à réparer.

MICHEL.

Ce jeune homme est au-dessus du soupçon.

ROBERT.

Faites-lui au moins quelques questions sur les localités : sa manière de répondre peut encore nous éclairer sur sa sincérité.

MICHEL.

Soit. (*A Alvar.*) Où sommes-nous?

ALVAR.

Dans les gorges d'Aguilar.

ROBERT, à part.

Je ne me suis pas trompé.

MICHEL.

Par où peut-on en sortir?

ALVAR.

Par la ville d'Urgel.

MICHEL.

Pas d'autre issue?

ALVAR.

Non.

ROBERT.

Il dit vrai.

MICHEL.

Y a-t-il des troupes dans cette ville?

ALVAR.

Tout un régiment d'infanterie.

ROBERT, à Michel.

Couperons-nous les oreilles à tout le régiment?

MICHEL.

Fâcheux contre-temps! Si du moins nous étions bien armés!...

ALVAR.

Eh! que peuvent cinq hommes?....

MICHEL.

Se faire jour ou mourir.

ALVAR.

Il y a sans cesse du mouvement dans les troupes. Ce régiment peut partir demain, ce soir.

ROBERT.

Oui; mais il peut aussi y être dans un mois.

ALVAR.

Cette caverne vous offre un asyle à peu près sûr : restez-y jusqu'à ce que vous puissiez vous remettre en route avec quelque sûreté.

ROBERT.

Je m'aperçois que le citoyen a dîné.

ALVAR.

Je vous entends, seigneur Français. Voilà ma bourse; elle est légère, mais je vous l'offre de bon cœur. (*A Michel.*) Que ce faible don ne vous humilie pas : (*souriant.*) nous devons nourrir nos prisonniers de guerre. (*A Robert.*) Du haut de ce rocher, vous découvrirez une petite esplanade, couverte d'un bouquet d'arbres; ils cachent une chaumière où s'arrêtent quelquefois des muletiers; vous y trouverez des provisions.

ROBERT, *quitte son habit et son bonnet, les jette dans la caverne, et prend les pistolets et la bourse.*

Je pars, je vole et je reviens.

SCÈNE VI.

DUBREUIL, DUVAL, LECOURT, MICHEL, LÉONORE, ALVAR.

MICHEL, présentant la main à Alvar.

Jeune homme, vous avez acquis mon estime, et mes camarades partagent sans doute ma confiance et ma sécurité. Je ne crois pas que personne s'oppose à votre départ.

LECOURT, DUVAL, DUBREUIL.

Personne, personne.

ALVAR.

Adieu, braves gens. Soyez heureux; je crois que vous méritez de l'être; calmez surtout vos inquiétudes. Les Français ont des amis à la frontière: dès qu'on a pu les bien connaître, on a appris à les aimer.

(Il soutient Léonore, monte avec elle les rochers, et ils sortent par la gauche.)

SCÈNE VII.

DUVAL, DUBREUIL, MICHEL, LECOURT.

MICHEL.

Mes amis, je vous remercie.

DUBREUIL.

Et de quoi, mon lieutenant?

MICHEL.

De m'avoir donné lieu de vous chérir davantage. Vous avez respecté la décence et les graces; vous avez rejeté une pénible défiance; vous avez honoré, dans ce jeune homme, des vertus qui lui sont communes avec vous, et votre sagesse, votre modération en ont fait votre ami. Tel est le soldat français : brave dans l'action, partout ailleurs bon et compatissant, il force ses ennemis mêmes à lui rendre justice.

DUBREUIL.

Dans le fond, qu'aurions-nous fait de ces jeunes gens?

MICHEL.

Des victimes sacrifiées à une crainte puérile. Ce jeune homme m'a prévenu d'abord en sa faveur, et mes pressentimens ne m'ont jamais trompé. Il est Espagnol, nous sommes Français. Eh! qu'importe? les bons cœurs sont de tous les pays; partout où ils se rencontrent, ils se rapprochent et s'unissent. (*On entend plusieurs coups de pistolets sur la droite.*) Qu'entends-je? Attaquerait-on Robert? Courons, voyons.

(On entend une seconde décharge.)

DUBREUIL, grimpant sur le haut des rochers.

Ce n'est rien, ce n'est rien : le voilà seul au milieu de trois mules pesamment chargées.

MICHEL.

Ce ne sont pas les mules qui ont fait feu.

DUBREUIL.

A la bonne heure; mais je ne vois personne.

MICHEL.

Enfin, il est seul?

DUBREUIL.

Seul. Il prend les mules, et les conduit de ce côté.

MICHEL.

Oh! à cet égard-là, je m'en rapporte bien à lui.

DUBREUIL.

Le voilà arrêté par une fondrière. Il attache les trois bêtes à un arbre et s'avance fièrement, une énorme valise sur l'épaule.

MICHEL.

En effet, le voilà.

SCÈNE VIII.

DUVAL, DUBREUIL, MICHEL, LECOURT, ROBERT.

MICHEL, allant à Robert.

Eh, mon ami! n'es-tu pas blessé?

ROBERT.

Ils ont fui comme des coquins.

MICHEL.

Qui?

ROBERT.

Ceux qui attaquaient les ci-devant propriétaires de nos trois mules.

MICHEL.

De nos trois mules!

ROBERT.

Sans doute. Ce qu'on trouve en pays ennemi n'est-il pas de bonne prise? Je suis accouru aux premiers coups, un pistolet à chaque poing. Les assaillans ont cru qu'il venait du secours aux assaillis; les assaillis, qu'il arrivait du renfort aux assaillans; tout a disparu et je suis resté maître du champ de bataille. (*Il jette la valise à terre.*) Mais faisons un petit inventaire de nos propriétés. Lecourt, un coup-d'œil à nos bêtes, mon garçon. S'il passait quelque amateur...

LECOURT.

Je ne les perdrai pas de vue.

ROBERT.

Dans tous les cas, j'ai encore mes deux coups à

tirer : ce n'est pas tout de conquérir, il faut savoir conserver ses conquêtes. Or sus, instrumentons. (*Il ouvre la valise; ses camarades la vident avec lui.*) — Un cordon rouge, un cordon vert, un cordon bigarré. Plus, un crachat d'or, et un d'argent.

MICHEL.

Peste! cela promet.

ROBERT.

Je le crois bien, parbleu! C'est l'équipage de quelque petit grand d'Espagne. Un rouleau de toile grise! Que diable y a-t-il là-dedans?

(*Il le déploie, et lit.*)

Carlos traite les incurables,
Et guérit leurs maux divers.
De ses succès presque incroyables
Il a rempli l'univers.

Je faisais déja un rêve agréable; le réveil n'est pas gai. Allons, c'est tout bonnement l'écriteau d'un charlatan, fait en méchans vers, pour rendre la chose plus touchante.

MICHEL.

Ce qu'il y a de remarquable, c'est la rare modestie du docteur.

ROBERT.

Présomptueux comme un médecin. Au reste, c'est de la même famille; on se ressemble de plus loin. — Une liasse de papiers? il faut voir cela. Si c'étaient des billets à ordre.

MICHEL.

Oh! sans doute, une rame de billets à ordre!

ACTE I, SCÈNE VIII.

ROBERT, *feuilletant.*

« Certificat de bonne vie et mœurs du corrégidor
« d'Aguilar, daté d'avant-hier. (*Il lit.*) Guéri le chien
« de la princesse des Asturies d'un dépôt au scrotum.
« Guéri les révérends pères Jacobins de Séville d'une
« fièvre chaude avec transport au cerveau. Guéri une
« chanteuse de Madrid de.... »

MICHEL.

Eh! laisse-là ces sottises : tu n'aurais pas fini demain.

ROBERT.

A la bonne heure; nous verrons le reste dans un autre moment. Voici le beau, l'intéressant, le solide : nous en sommes à la vaisselle. — Un habit chamarré d'or, un autre chargé d'argent! C'est le Pérou que cette valise. Des livrées neuves légèrement galonnées; mais enfin c'est du galon. (*Frottant la dorure avec sa main, et la sentant.*) Oh, le coquin! oh, le voleur!

MICHEL.

Hé bien! qu'as-tu donc?

ROBERT.

Tout cela est faux, faux comme la médecine : ma main sent le cuivre à pleine bouche. En jetant tout cela au feu, nous en avions chacun pour dix pistoles. Oh! le scélérat! Si du moins sa bourse était au fond de la valise! — Pillules pour l'épilepsie. C'est bien restaurant. Pillules pour la goutte..... Encore des pillules, et voilà tout. Que le diable t'emporte et te remporte, chien de charlatan!

LECOURT, riant.

La belle capture! Ha, ha, ha!

DUVAL, riant.

La superbe trouvaille! Ha, ha, ha!

DUBREUIL, avec ironie.

C'est le Pérou que cette valise.

(Tous quatre rient aux éclats.)

ROBERT.

Vous avez beau rire; je n'ai pas perdu mes pas, et c'est ce qui me console. Les trois mules valent leur prix : grandes, bien prises, la tête haute....

MICHEL, souriant.

Prends garde que les mules ne soient fausses aussi.

ROBERT, se frappant le front et sautant.

Je l'ai trouvé! je l'ai trouvé!

DUBREUIL.

Le Pérou?

ROBERT.

Je l'ai trouvé, vous dis-je. Vive Robert! vivent les gens d'esprit!

MICHEL.

Je crois qu'il devient fou. Qu'as-tu trouvé enfin?

ROBERT.

Un moyen sûr de nous tirer d'embarras. Ah! vous riez! Ah! vous faites les mauvais plaisans! Humiliez-vous devant l'idée sublime que je vais vous communiquer.

MICHEL.

Quelle est-elle? Voyons.

ROBERT, à Michel.

Tu vas prendre ton grand sérieux; te répandre en

ACTE I, SCÈNE VIII.

sentences, en maximes; ce n'est pas le moment. Prête-toi à la nécessité; jouons la comédie, et sortons du mauvais pas où nous sommes, sans battre tout un régiment, et nous faire échiner.

MICHEL.

Comment cela?

ROBERT.

J'endosse l'habit du docteur; vous prenez ceux de ses gens. Je monte la meilleure mule; vous chassez les autres devant vous. Nous entrons tranquillement dans Urgel; nous nous logeons dans la meilleure auberge; bon vin, bonne chère, grand étalage : cela provoque à la confiance. Nous tuons les malades; nous rendons malades ceux qui se portent bien; nous empochons les pistoles des uns et des autres, et nous poussons plus loin, à l'aide des certificats du docteur.

MICHEL.

Tu te feras médecin?

ROBERT.

Comme un autre : c'est la plus petite chose du monde que cela.

MICHEL.

Je n'en reviens pas; toi, médecin!

ROBERT.

Eh! sans doute. De l'effronterie et de la vogue, voilà le fond de la médecine.

MICHEL.

Tu en veux furieusement à la faculté; cependant, quand tu es malade....

ROBERT, riant.

Je ressemble à ceux qui connaissent les femmes, et qui ne savent pas s'en passer.

DUBREUIL.

Laissons-là les femmes pour le moment, et revenons à nos affaires : te voilà médecin....

MICHEL.

Et nous nous bornons au rôle modeste de valets du docteur.

ROBERT.

C'est un genre qui a son mérite. D'ailleurs, puis-je faire de vous autre chose? Savez-vous le latin? Connaissez-vous les racines grecques? Pourriez-vous citer à propos, déraisonner gravement pendant une heure, et renvoyer, contens et émerveillés, des gens qui ne vous ont point entendus? Oui, vous serez mes gens, et rien que mes gens. Allons faire une visite exacte de nos ballots, et prendre chacun un habit à notre taille.

MICHEL.

Camarades, qu'en dites-vous?

DUBREUIL.

Cela me paraît plus sûr que d'attendre ici les évènemens.

DUVAL, LECOURT.

Et à nous aussi.

MICHEL.

Voilà qui est arrangé, monsieur le médecin. Nous sommes à vos ordres.

(Duval et Lecourt remettent les effets dans la valise.)

ACTE I, SCÈNE VIII.

ROBERT, d'un ton tragique.

Paraissez, Navarrois, Maures et Castillans.

Seul, avec la médecine, je vous défie au combat; seul, avec la médecine, je vaux toute une armée, et je fais marcher sur mes pas la dévastation et la mort.

MICHEL, souriant.

Tu ne feras pas mal de communiquer à notre gouvernement la découverte de cette arme si meurtrière et si sûre : ce que nos physiciens cherchent en vain, tu l'as trouvé dans un moment d'enthousiasme.

ROBERT.

Ton idée est bonne, lumineuse, et nouvelle surtout. Oui, mes amis, qu'un bataillon de médecins français se répande chez les coalisés. Partout ils feront des prodiges, sans frais et sans danger, et nous nous porterons mieux. Pour moi, je vois déja la renommée saisissant son burin immortel, et gravant mon nom en tête de ceux des vengeurs de la liberté. Cette pensée me transporte, m'enflamme, et fait de moi un homme nouveau. Mais ne perdons pas, comme le héros d'Homère, un temps précieux en discours superflus; marchons, étonnons, et frappons.

FIN DU PREMIER ACTE.

ACTE SECOND.

Le théâtre représente une chambre d'auberge; des portes dans le fond, et un cabinet de chaque côté. Un alambic, sous lequel il y a du feu; une terrine, des mortiers, tamis à double fond, bouteilles étiquetées, fioles, boîtes à pillules, etc.

SCÈNE I.

ROBERT, très-richement et ridiculement vêtu; MICHEL, LECOURT, DUBREUIL, DUVAL, couverts d'une livrée superbe.

ROBERT.

Nous voilà donc dans cette ville dont nous n'osions approcher. Nous y voilà tranquilles, libres de tous soucis, et nous avons un air d'opulence qui, dans certains cas, vaut seul une fortune.

MICHEL.

Il est vrai que jusqu'à présent tout a parfaitement réussi; mais, prends bien garde à ce que tu feras : une étourderie nous serait funeste, et tu t'en permets de temps en temps....

ROBERT.

Jamais dans les occasions importantes. C'est sur moi que roule l'expédition. Vous me verrez, tantôt adroit, tantôt profond, déployer les qualités d'un chef habile et entreprenant; employer, tour à tour, toutes les ressources de mon imagination vive et féconde, et laisser les fausses manœuvres, les opérations incertaines aux généraux espagnols.

MICHEL.

Tu promets beaucoup.

ROBERT.

Et je tiendrai tout.

MICHEL.

Souviens-toi que ma prudence, qui t'a guidé quelquefois, te devient inutile ici. Mon nouvel emploi m'ôte la parole en public, et je ne peux avoir d'avis qu'en particulier.

ROBERT.

Mais, je crois que tu me prends pour un écolier. Qui peut, dis-moi, exécuter un plan hardi comme celui qui l'a conçu? Qui peut, comme lui, prévoir les inconvéniens, surmonter les obstacles, et tirer, même d'un revers, des avantages inattendus?

DUBREUIL, souriant.

Oh! la présomption, la présomption....

ROBERT.

Ne messied pas à un homme de génie.

DUBREUIL, ironiquement.

Comme toi?

ROBERT.

Comme moi. Mais, laissons ce langage familier qui nous trahirait tôt ou tard. Prenez dès ce moment l'habitude du respect qui convient à la circonstance, et....

DUBREUIL.

Oh! du respect!

ROBERT.

Oui, monsieur, du respect. Vous êtes mon valet; je le crois du moins, et je vous prie de vous en souvenir. C'est en répétant, entre nous, les scènes que nous méditons, que nous y mettrons en public l'ensemble et la vérité qui produisent l'illusion. Commençons donc à remplir nos différentes fonctions. Que signifie le désordre qui règne dans ce laboratoire? Il ne fait honneur ni à votre activité, ni à votre intelligence. (*A Michel.*) Allons, monsieur, un peu de vivacité: vous êtes paresseux comme un laquais de grand seigneur. Que tout cela soit rangé symétriquement; que tout soit mis en évidence, jusqu'à la moindre boîte: apprenez à faire valoir les plus petites choses.

(On range.)

MICHEL.

Vraiment, ce ton-là lui va à merveilles.

ROBERT.

N'est-il pas vrai, mon lieutenant?

MICHEL.

Oh! son lieutenant! voilà déjà l'homme à la tête.

ROBERT.

C'est la force de l'habitude....

MICHEL.

Qui t'emportera malgré toi.

ROBERT.

Qui prouve au moins la nécessité de nous observer

continuellement. Dubreuil, Duval, Lecourt, je vous condamne tous trois au silence, de peur d'accident. Vous ne parlerez que dans les cas d'un extrême besoin, et, selon le précepte d'un sage, vous tournerez sept fois la langue dans la bouche avant de dire un mot.

DUBREUIL.

Le seigneur Carlos nous fait bien de l'honneur, en vérité.

ROBERT, à Michel.

Pour toi, qui ne perds jamais ton sang-froid, je te fais mon factotum, et toi seul pourras m'adresser la parole.

MICHEL, d'un grand sérieux.

Je tâcherai, seigneur docteur, de justifier cette préférence.

ROBERT.

C'est cela, mon ami; voilà le ton qui convient. Je suis assez content de ce début; il promet.

MICHEL.

Votre laboratoire est en ordre. Avez-vous quelque chose à nous ordonner?

ROBERT.

Lisez soigneusement les étiquettes; classez tout cela dans votre mémoire, et, quand je vous demanderai quelque chose, sachez où le prendre à la minute. Il est toujours très-bon de paraître au courant de son état, lors même qu'on ne sait ce qu'on fait.

MICHEL.

L'alambic commence à rendre. Faut-il placer le récipient?

ROBERT.

Eh! sans doute. Cela devrait déja être fait; mais il faut tout vous dire. Qu'on se garde bien d'en laisser répandre une goutte : j'ai fait jeter là-dedans douze bouteilles de vin de Madère....

DUBREUIL.

Du vin de Madère!

ROBERT.

Soyez sans inquiétude : il y en a encore cent bouteilles à la cave. Celles-ci nous produiront d'excellente eau-de-vie, très-propre à chasser le mauvais air du matin.

MICHEL.

Votre seigneurie pense à tout.

ROBERT.

Quand elle sera faite, vous mettrez un paquet de camphre à côté, seulement pour la forme.

MICHEL.

Comment du camphre! Le seigneur Carlos compte-t-il exercer aussi la chirurgie?

ROBERT.

Le ciel m'en garde! La chirurgie est un art respectable, établi sur des principes certains, et j'ai pour elle la plus haute vénération, n'en déplaise à mes confrères les médecins.

MICHEL.

J'entends quelqu'un.

ROBERT.

A vos postes. Attention à la manœuvre.

SCÈNE II.

MICHEL, ROBERT, DUBREUIL, LECOURT, DUVAL, L'AUBERGISTE.

L'AUBERGISTE.

Le seigneur Carlos soupe-t-il?

ROBERT.

Certainement. Ai-je l'air d'un homme qui ne soupe pas?

MICHEL.

Vous ne connaissez pas le docteur. Il n'est pas partisan de la diette; il fait très-exactement ses quatre repas.

ROBERT, à Michel.

Allez, mon ami; retournez à votre ouvrage, et perdez l'habitude de vous mêler ainsi à la conversation. Vous répondrez quand je vous interrogerai, entendez-vous, Domingo?

MICHEL, à part.

Ah! je m'appelle Domingo; je tâcherai de m'en souvenir.

ROBERT.

Dites-moi, ma bonne, fait-on grande chère chez vous? Ce que vous nous avez servi n'avait rien que de très-ordinaire.

L'AUBERGISTE.

Vous ne vouliez que vous rafraîchir. D'ailleurs, on ne vous attendait pas; mais vous serez content du souper.

ROBERT.

A la bonne heure. Je ne regarde pas à l'argent; mais je veux être bien servi. Cuisine à la française?

L'AUBERGISTE.

A la française. Vous n'avez personne? Il ne faut qu'un couvert?

ROBERT, embarrassé.

Qu'un couvert?.... Pardonnez-moi.... je.... j'admets mes gens à ma table.

L'AUBERGISTE.

A votre table!

ROBERT.

Tous nos momens sont consacrés à l'art. Nous travaillons à une découverte importante, et nos repas sont autant de dissertations qui tournent au profit de l'humanité. Cinq couverts. Pensons maintenant au coucher.

L'AUBERGISTE.

Je loge votre seigneurie dans cette chambre. (*Montrant la porte à sa droite.*) L'ameublement n'est pas très-frais; mais il est de la plus grande richesse. Il vient du duc d'Olivarès.

ROBERT.

Allons, je m'arrangerai du lit du duc d'Olivarès. Et mes gens? Vous les mettez dans cette autre chambre?

L'AUBERGISTE.

Non pas. C'est la chambre du seigneur Alvar, jeune homme de Guipuscoa, qui était retenu ici par l'amour, et dont la maîtresse a été enterrée ce matin.

Il promène sans doute sa douleur dans les rochers voisins de la ville; mais je crois qu'il rentrera ce soir. C'est une histoire touchante; je vais vous la raconter.

ROBERT.

Je vous en dispense. Au reste, ne dérangeons pas le seigneur Alvar : respectons son domicile. Cependant, il faut que mes gens soient couchés convenablement.

L'AUBERGISTE.

Je les mettrai aux mansardes.

ROBERT.

Aux mansardes! c'est bien mesquin.

L'AUBERGISTE.

Les gens du général Rabbi y ont couché il y a huit jours.

ROBERT.

Il a donc passé ici pour s'aller faire battre par les Français?

L'AUBERGISTE.

Non pas; il en revenait, et faisait sa retraite en poste.

ROBERT.

Va donc pour les mansardes. A propos, avez-vous mis mon tableau à la porte?

L'AUBERGISTE.

Vingt personnes l'ont déja lu.

ROBERT.

C'est bien; c'est fort bien; c'est au mieux. J'ai vu le corrégidor, et j'ai obtenu son agrément pour exercer impunément la médecine dans Urgel. Il n'est pas mal bête votre corrégidor.

L'AUBERGISTE.

C'est ce que tout le monde dit ; mais il est riche.

ROBERT.

Et avec de l'or on s'affuble d'une grande charge qu'on remplit petitement.

L'AUBERGISTE.

C'est cela.

ROBERT.

C'est un moyen à peu près sûr de mettre les sots en place, car, ordinairement, le mérite n'est pas opulent. Ah ça, dites-moi, le pays est-il abondant ?

L'AUBERGISTE.

En denrées ?

ROBERT.

En maladies.

L'AUBERGISTE.

Autrefois on s'y portait à merveille ; mais depuis que les armées sont dans les environs, toute la ville a la fièvre.

ROBERT.

C'est charmant. Je traiterai toute la ville. Fièvres continues, fièvres intermittentes, fièvres putrides, fièvres inflammatoires, n'est-il pas vrai ?

L'AUBERGISTE.

Mais il y en a de toutes les façons.

ROBERT.

C'est à merveilles. Et sans doute vous avez beaucoup de médecins ?

L'AUBERGISTE.

Nous n'en avons qu'un.

ROBERT.

C'est trop heureux. Jeune ?

L'AUBERGISTE.

Au contraire.

ROBERT.

C'est admirable. Les jeunes médecins ne savent que parler métier, et je n'aime pas cela.

MICHEL, à part.

Je le crois.

ROBERT.

Ainsi, votre médecin est vieux ?

L'AUBERGISTE.

Impotent et goutteux.

ROBERT.

On ne meurt donc pas à Urgel ?

L'AUBERGISTE.

On guérit tout naturellement.

ROBERT.

C'est le plus sûr; mais c'est le plus long. J'ai une méthode tout-à-fait expéditive, et qui vous étonnera. Domingo, voyez s'il nous reste des pillules pour les fièvres épidémiques.

MICHEL.

Nous avons tout épuisé à Aguilar.

ROBERT.

Il faut en refaire, Domingo, et sans perdre un moment. Ma gomme orientale en tiers avec la rhubarbe et le quinquina, dans une décoction de vinaigre des quatre voleurs.

MICHEL.

Oui, seigneur.

(Ils fabriquent des pillules avec ce qu'ils trouvent sous la main.)

DUBREUIL, à part.

Un médecin de profession ne raisonnerait pas mieux.

ROBERT, à l'aubergiste.

Je vous réponds que ceux que je traiterai ne souffriront pas long-temps. Vous pouvez m'annoncer.

L'AUBERGISTE.

Je n'y manquerai pas. Vous n'avez plus rien à m'ordonner?

ROBERT.

Non, ma bonne amie. Retournez promptement à la cuisine, et n'en sortez que pour me servir. Qu'on pense à mes mules : le boisseau d'avoine, et de la litière jusqu'au ventre.

SCÈNE III.

ROBERT, MICHEL, DUBREUIL, LECOURT, DUVAL.

MICHEL.

Y penses-tu de donner de semblables ordres? Il n'y a que dix pistoles dans la bourse du jeune homme : ce soir, il n'en restera rien.

ACTE II, SCÈNE III.

ROBERT.

Il n'en restera rien! Je compte bien tout garder. On ne paie qu'en sortant : c'est un vieux rébus que tout le monde connaît.

MICHEL.

Mais avec quoi paieras-tu, si tu fais cette dépense infernale?

ROBERT.

N'allons-nous pas lever des contributions sur la crédulité et la faiblesse humaine? Toute une ville, qui a la fièvre, où il n'y a qu'un médecin, et où le corrégidor est un sot qui ne s'oppose à rien; c'est une moisson abondante et certaine que cela. D'ailleurs, la nécessité de payer ne me paraît pas démontrée.

MICHEL.

Je ne crois pas qu'on puisse en douter.

ROBERT.

Ne s'établit-on pas chez l'ennemi à discrétion? Mais, mettons les choses au pis. Supposons que la médecine ne rapporte rien, et qu'il faille enfin payer; hé bien! les mules paieront, et nous reprendrons l'habitude modeste de voyager à pied.

MICHEL.

Manger les mules! Mais tu crois donc rester ici six semaines?

ROBERT.

Écoutez, monsieur le raisonneur: on vit très-mal dans les prisons d'Espagne. Un ordinaire réglé, et quelques jours de repos nous feront le plus grand bien, et nous donneront des forces pour aller plus loin.

MICHEL.

Mais je n'entends pas que nous perdions ici un temps précieux.

ROBERT.

Tu n'entends pas!... tu n'entends pas!... Je te reconnais au bataillon; tu dois me reconnaître ici : je suis le maître, je crois?

MICHEL.

Il n'y a qu'à te laisser faire; nous verrons de belles choses.

ROBERT.

Quatre jours, mon lieutenant ; rien que quatre jours. Tu vois que je suis de bonne composition.

DUBREUIL.

Oh! il n'y a rien à dire à cela.

DUVAL.

C'est raisonnable.

DUBREUIL.

Très-raisonnable.

MICHEL.

Allons donc, quatre jours, puisque vous le voulez; mais pas une heure de plus.

ROBERT.

Pas une heure de plus, foi de médecin. Ah ça, il est bon que vous fassiez un tour par la ville : il convient de montrer ma livrée. D'ailleurs, des Français dans une ville d'Espagne font toujours quelques petites observations, qu'on retrouve plus tard.

MICHEL.

Il a raison.

####### ROBERT.

Allez, et n'oubliez pas le souper : vous sentez que je ne puis décemment vous attendre.

####### MICHEL.

Sa seigneurie n'a pas d'autres instructions à nous donner?

####### ROBERT.

Si fait, si fait. Marchez le nez au vent, le jarret tendu, l'air insolent et bête des laquais de l'ancien régime : cela donne une haute idée du maître. Partez, faquins.

(Ils sortent en riant.)

SCÈNE IV.

####### ROBERT, SEUL.

En vérité, je suis étonné du personnage que je joue. Moi, médecin! c'est trop plaisant, en vérité. Mais, qui n'est pas un peu charlatan dans ce monde? La jeune personne qui renchérit sur les leçons de sa mère, pour accrocher un mari ; l'austère magistrat, sévère observateur des moindres bienséances, et qui jette son masque dans un petit souper; cet intrigant qui court un emploi sous le manteau du patriotisme; cet amant prétendu de la gloire qui entre à l'ambulance la veille d'une bataille, et tant d'autres que je pourrais citer, ne sont-ils pas des charlatans bien prononcés? Ma foi, que chacun s'examine scrupuleusement, et peut-être personne n'aura rien à me reprocher.

SCÈNE V.

ROBERT, CARLOS.

CARLOS.

Est-ce au seigneur Carlos que j'ai l'honneur de tirer ma révérence?

ROBERT.

A lui-même, seigneur. (*A part.*) C'est une pratique. (*Haut.*) Asséyez-vous, s'il vous plaît.

(Ils s'asseyent.)

CARLOS.

Il y a trois heures au moins que je vous cherche avec le plus vif empressement.

ROBERT.

Ma réputation m'a donc précédé dans cette ville, car il y a tout au plus trois heures que j'y suis arrivé. Au reste, seigneur, le public m'a partout témoigné l'empressement que vous me marquez, et partout j'ai justifié sa confiance.

CARLOS.

Enfin, après avoir parcouru toutes les rues d'Urgel, votre tableau m'a frappé; je vous rencontre, et j'en rends grace à mon heureuse étoile.

ROBERT.

C'est trop honnête, en vérité.

CARLOS.

J'aurais pu m'épargner bien des recherches en m'adressant d'abord à cette hôtellerie; elle est connue, et sans doute vous descendez partout à la meilleure auberge?

ROBERT.

C'est ma coutume.

CARLOS.

Elle est toute naturelle : un homme comme vous doit aimer ses aises.

ROBERT.

Au-delà de toute expression.

CARLOS.

La bonne chère?

ROBERT.

Et le bon vin. Nous autres savans, nous nous dédommageons de nos travaux par les plaisirs de la table....

CARLOS.

Et de l'amour?

ROBERT.

C'est cela, c'est cela.

CARLOS.

Ah! c'est trop juste. Mais, revenons. Je lisais votre tableau, lorsque vos quatre laquais sont sortis; ils sont lestes et bien tournés.

ROBERT.

N'est-ce pas?

CARLOS.

Superbement vêtus.

ROBERT.

C'est une livrée neuve que je me suis donnée à Aguilar.

CARLOS.

A Aguilar?

ROBERT.

A Aguilar.

CARLOS.

Je les soupçonne d'aimer aussi leurs aises, et c'est de droit : ils vous aident sans doute dans vos travaux?

ROBERT.

Chimistes profonds.

CARLOS.

Ils en ont l'air.

ROBERT.

Tout cela, est le mieux du monde; mais, vous me direz sans doute ce qui me procure l'honneur de votre visite?

CARLOS.

Un moment. Vous avez trois mules magnifiques que j'ai aperçues en traversant la cour; au reste, vos équipages sont considérables, à ce que m'a dit l'hôtellière.

ROBERT.

Mais, seigneur, seriez-vous par hasard un officier public? Il me semble que vous avez le grand usage des inventaires.

CARLOS.

Pour vous, vous voilà au milieu de vos productions chimiques, mis comme le duc d'Alcudia, et on jurerait que cet habit a été fait pour vous.

ROBERT.

Au fait, seigneur. Êtes-vous malade, et puis-je vous être utile?

ACTE II, SCÈNE V.

CARLOS.

Très-malade, sous un certain rapport; mais, comme je suis aussi un homme de l'art, je viens paisiblement consulter avec vous.

ROBERT.

Je ne parle que par mes cures, et depuis que j'ai quitté l'université de Salamanque, je ne m'amuse pas à raisonner métier : c'est la ressource des commençans.

CARLOS.

Ah! vous avez étudié à Salamanque! En êtes-vous bien sûr? N'est-ce pas plutôt sur la route d'Aguilar que vous avez pris aujourd'hui vos licences?

ROBERT, à part.

Voilà un drôle qui va furieusement m'embarrasser.

CARLOS.

Allons, avouez que vous êtes un peu novice en médecine, quoique très-expert en l'art de vous approprier le bien d'autrui.

ROBERT, à part.

Où diable en veut-il venir?

CARLOS.

Mon cher ami, mettez la main sur la conscience, et convenez tout bonnement que vous êtes un fripon.

ROBERT.

Faquin!

CARLOS.

Des injures ne sont pas des raisons. Vous savez à merveilles que rien de tout cela n'est à vous. C'est moi qui suis le vrai Carlos ; ainsi, rendez-moi mes propriétés, sans bruit et sans délai.

ROBERT, à part.

Chienne de rencontre! Restituer, c'est nous perdre.

CARLOS.

Vous n'avez pas encore une grande habitude de la prospérité : exécutez-vous galamment.

ROBERT.

Écoute : on t'a attaqué aujourd'hui ; la frayeur t'a saisi, tu as tout abandonné, et je veux bien convenir, puisque nous sommes seuls, que je me suis arrangé de tes équipages et de ton nom ; mais, je ne rends rien.

CARLOS.

Comment, tu ne rends rien !

ROBERT.

Rien.

CARLOS.

Par Notre-Dame du Rosaire, je te traduis devant le corrégidor.

ROBERT.

Je l'ai dans ma manche ; d'ailleurs, que lui diras-tu? Tes papiers sont en règle, et j'en suis possesseur. Tiens, voilà dix pistoles ; tire-toi d'affaire comme tu l'entendras, et ne m'échauffe pas les oreilles.

CARLOS.

Me voler deux mille piastres, et m'offrir dix pistoles!

ROBERT.

Tu n'en veux pas?

ACTE II, SCÈNE V.

CARLOS.

Non.

ROBERT, remettant la bourse dans sa poche.

Je garde tout.

CARLOS, s'écriant.

Ma fortune!... mon sang!... mes entrailles! Je suis assassiné; je suis mort!

ROBERT.

Veux-tu te taire?

CARLOS.

Je veux crier.

ROBERT, le poussant dehors.

Eh! va-t'en donc, maudit bavard.

CARLOS.

Je veux rester.

ROBERT.

Je veux que tu sortes.

CARLOS.

Abandonner mes mules, mes habits, mes pillules!... Tu me les rendras, ou, par saint Pancrace, je vais t'arracher les yeux.

ROBERT.

Toi?

CARLOS.

Moi.

ROBERT.

Toi? (*Il prend un bâton et le rosse.*) Tiens, maladroit, tiens... Apprends qu'il ne sert de rien d'avoir raison quand on a les apparences contre soi.

SCÈNE VI.

ROBERT, L'AUBERGISTE, CARLOS.

L'AUBERGISTE.

Quel carillon infernal fait-on dans cette chambre?

ROBERT, se jetant sur un siége.

C'est un fou qui, dans un accès de fureur, m'a roué de coups. Voyez à quoi on est exposé dans votre maison.

CARLOS.

Je suis volé, battu, et je suis fou! Ah! je le deviendrai, de par tous les saints.

L'AUBERGISTE.

Diégo, Juan, accourez, accourez. (*Ils entrent.*) Mettez cet homme dehors, et veillez à ce qu'il ne rentre pas ici.

CARLOS, se débattant.

Mes pauvres mules! mes chers habits!... Ah, coquin! double coquin!

ROBERT.

Vous voyez bien qu'il est fou.

L'AUBERGISTE.

Fou à lier.

CARLOS, qu'on entraîne.

Par Saint Dominique, je me vengerai. Dans peu tu auras de mes nouvelles.

SCÈNE VII.

ROBERT, L'AUBERGISTE.

ROBERT, *s'essuyant le visage.*

Ah! je suis excédé, anéanti. Cet homme m'a mis dans un état affreux.

L'AUBERGISTE.

Que d'excuses j'ai à vous faire!

ROBERT.

Eh! que m'importent vos excuses? Faire la dépense d'un prince, et être exposé aux insultes d'un goujat!

L'AUBERGISTE.

Il s'est dit malade, et a demandé à vous voir.

(*Elle cherche dans les fioles.*)

ROBERT.

Je crains bien que sa maladie ne me soit funeste. (*Il veut se tourner sur sa chaise.*) Aïe! aïe!

L'AUBERGISTE.

Tenez, voilà qui vous remettra. (*Elle lit l'étiquette.*) Gouttes balsamiques pour les contusions.

ROBERT.

Eh! que le diable emporte les gouttes balsamiques!

L'AUBERGISTE.

Quoi, seigneur, votre propre remède!...

ROBERT, *se reprenant vivement.*

Vous avez raison; je n'étais pas à ce que je disais. Voyons ce remède merveilleux. (*A part.*) Je suis enferré; il faut en tâter, au hasard de m'empoisonner. (*Il boit, fait d'abord la grimace, puis vide la fiole.*) C'est de l'eau-de-vie tout bonnement. Aussi charlatans l'un que l'autre.

L'AUBERGISTE.

Hé bien, seigneur, comment vous trouvez-vous?

ROBERT, se levant.

Les douleurs sont tout-à-fait dissipées.

L'AUBERGISTE.

Effet étonnant du remède! Voulez-vous que je reste près de vous?

ROBERT.

Non. Allez, sans perdre un moment, faire votre plainte à la police; faites-moi serrer ce maraud entre quatre murailles : vous devez cela à l'honneur de votre maison.

L'AUBERGISTE.

Le conseil est excellent; mon mari va l'exécuter.

ROBERT.

Eh! allez donc, et surtout que ce chien d'homme ne rentre pas ici.

SCÈNE VIII.

ROBERT, SEUL.

Voilà bien le cas de faire d'amères réflexions sur l'instabilité des choses humaines. L'orage se forme; il gronde; il éclate lorsque nous commençons à goûter les douceurs du repos. Roidissons-nous contre les évènements : un homme de courage ne doit désespérer de rien, pas même à l'instant du naufrage.

SCÈNE IX.

DUVAL, DUBREUIL, ROBERT, MICHEL, LECOURT.

MICHEL.

Nous avons parcouru toute la ville sans avoir appris de nouvelles.

ROBERT.

J'en ai de jolies à vous conter.

MICHEL.

Nous avons tâté l'esprit de la garnison.

ROBERT.

Eh, que nous fait la garnison !

MICHEL.

Comment, morbleu ! nos ennemis !

ROBERT.

Il vient d'en arriver un plus à craindre qu'une armée.

MICHEL, souriant.

Qui donc ? un médecin ?

ROBERT.

Un diable ; mon Sosie ; le vrai Carlos.

DUBREUIL.

Tu l'as vu ?

ROBERT.

Et battu.

MICHEL.

Pourquoi cette violence?

ROBERT.

Pourquoi fait-il l'insolent?

MICHEL.

Mais je crois qu'il a lieu de se plaindre.

DUBREUIL.

Et même de crier un peu.

ROBERT.

Un peu? Il fait un vacarme épouvantable; il redemande ses effets à grands cris.

MICHEL.

Il faut tout rendre.

ROBERT.

Je m'attendais à cette conclusion.

MICHEL, appuyant.

Il faut tout rendre, vous dis-je. Voulez-vous ruiner un particulier?

ROBERT.

Voulez-vous que nous nous perdions tous cinq? Irons-nous nous déclarer au commandant et supplier sa seigneurie de nous remettre en prison? Je veux voir jusqu'au bout. Je ne me démonte pas aisément; j'ai du caractère.

DUBREUIL.

Mais comment n'as-tu pas prévu que cet homme irait à la recherche de ses effets?

ROBERT.

Eh! comment à vous quatre n'en avez-vous pas fait la réflexion? est-il possible de penser à tout?

DUBREUIL.

Je me roidis aussi contre les obstacles. Cherchons les moyens de surmonter celui-ci.

ROBERT.

Je n'en vois qu'un : il faut partir ce soir, tout à l'heure, à l'instant, de peur d'une nouvelle algarade de cet animal-là.

DUBREUIL.

Il a raison; partons.

DUVAL, LECOURT.

Partons.

MICHEL.

J'y consens, mais à une condition.

ROBERT.

Quelle est-elle?

MICHEL.

Nous sommes tous aisés; engageons-nous à indemniser Carlos quand nous serons rentrés en France.

TOUS.

C'est trop juste; mais partons.

MICHEL.

Partons, et gardons-nous à l'avenir d'écouter les gens à projets.

SCÈNE X.

DUVAL, DUBREUIL, LECOURT, MICHEL, ROBERT, L'AUBERGISTE, entrant par la chambre de Robert, apportant des lumières.

L'AUBERGISTE.

Seigneur, vous êtes servi.

ROBERT.

Faites la carte; qu'on arrange nos valises; qu'on prépare mes mules, et qu'on les charge : je pars dans une demi-heure.

L'AUBERGISTE.

Quoi! seigneur...

ROBERT.

Je reviens demain.

L'AUBERGISTE.

En ce cas, vous pouvez laisser ici une partie de vos équipages.

ROBERT.

Point de réplique; obéissez. (*A ses camarades.*) Allons, à table, un morceau sous le pouce, une bouteille à la régalade, et en route.

(Ils sortent.)

SCÈNE XI.

L'AUBERGISTE, SEULE.

Il y a quelque chose d'extraordinaire dans la con-

ACTE II, SCÈNE XII. 559

duite du docteur. Ce départ précipité m'étonne ; n'importe, il faut suivre ses ordres. Diégo ! Juan ! (*Ils entrent.*) enlevez tout cela et préparez les mules du docteur. (*Elle se met à une table et écrit.*) Faisons donc la carte. Il revient, dit-il ; traitons-le doucement.

(Diégo et Juan enlèvent tout excepté la terrine.)

SCÈNE XII.
L'AUBERGISTE, ALVAR.

L'AUBERGISTE.

Eh ! voilà le seigneur Alvar !

ALVAR, jouant la douleur.

Ah ! ne me parlez pas : vous voyez un homme au désespoir.

L'AUBERGISTE.

Votre douleur est bien fondée : perdre une maîtresse aussi jolie !

ALVAR.

De grace, laissez-moi ; vous rouvrez ma blessure.

L'AUBERGISTE.

Et la perdre par la faute d'un père imbécille et absolu ! Il pleurait à ses funérailles : il était bien temps !

ALVAR, à part.

Il paraît qu'on ne soupçonne rien.

L'AUBERGISTE.

Au reste, pour un avare, il a bien fait les choses : le convoi était superbe, et votre douleur se fût calmée en le voyant.

ALVAR.

Je serais mort sur sa tombe.

L'AUBERGISTE.

Oh! avec votre permission, ce serait duperie. On pleure sa maîtresse, c'est tout naturel; mais à votre âge, l'amour est un besoin, et bientôt de nouvelles chaînes....

ALVAR.

Qu'osez-vous dire? Ah! qui pourrais-je aimer après Léonore? (*A part.*) Décidément, on ne se doute de rien.

L'AUBERGISTE.

Il est vrai que c'était une fille comme on en voit peu. Que le bon saint Nicolas protége son ame! Ah ça, laissons ces tristes idées; pensons au solide. Vous allez souper?

ALVAR.

Cela m'est impossible. (*A part.*) J'ai dîné à sept heures.

L'AUBERGISTE.

Perdre l'appétit! oh! c'est trop fort; je ne le souffrirai pas. On mettra deux couverts; je vous tiendrai compagnie; je vous ferai des contes; cela vous dissipera.

ALVAR.

Non pas, non pas; je me plais dans la solitude. (*A part, allant à sa chambre.*) Elle n'en finirait pas, et je veux voir cette nuit la gouvernante de Léonore: j'ai besoin de me concerter avec elle.

L'AUBERGISTE.

Quoi! décidément, vous me refusez?

ALVAR, entrant chez lui.

Oh! très-décidément.

SCÈNE XIII.

L'AUBERGISTE, SEULE.

Voilà pourtant où mène l'avarice des pères. La plus jolie fille d'Urgel raffolait de cet aimable cavalier; le père n'entend pas raison, et veut la marier à un vieux fou de son espèce. Crac, la fille meurt; son amant se désespère, et ne mange plus, qui pis est. Maudit corrégidor! maudit corrégidor!

SCÈNE XIV.

L'AUBERGISTE, ROBERT, MICHEL, DUVAL, DUBREUIL, LECOURT.

ROBERT, à l'aubergiste.

La carte.

L'AUBERGISTE.

La voilà.

ROBERT.

Huit pistoles! C'est diablement cher.

L'AUBERGISTE.

Vous ne regardez pas à l'argent; d'ailleurs, je vous ai traité en grand seigneur.

ROBERT.

Et vous m'étrillez en conséquence. Voilà votre argent : au revoir.

L'AUBERGISTE.

Bon voyage, seigneur docteur.

SCÈNE XV.

L'AUBERGISTE, ROBERT, MICHEL, DUVAL, DUBREUIL, LECOURT, DIÉGO.

DIÉGO, accourant.

Notre maîtresse! notre maîtresse! voilà le corrégidor avec ce fou de tantôt, et au moins une vingtaine de soldats. Ils entourent déja la maison.

L'AUBERGISTE, sortant précipitamment.

Sainte Marie-Madeleine! Qu'est-ce que cela veut dire? Voyons, voyons.

SCÈNE XVI.

ROBERT, DUBREUIL, MICHEL, DUVAL, LECOURT.

MICHEL.

Hé bien! Robert, est-il possible de cacher plus long-temps qui nous sommes?

ROBERT.

Cela n'est pas aisé, je l'avoue; mais, je n'en désespère pas. Entrez tous quatre dans cette chambre.

ACTE II, SCÈNE XVIII.

Vos gestes, vos mines, et surtout les scrupules du lieutenant me donneraient des distractions, et, ma foi, j'ai besoin de toute ma tête.

MICHEL.

Eh! que feras-tu?

ROBERT.

Je n'en sais rien. Entrez provisoirement.

MICHEL.

Surtout point de bas détours, de ruses avilissantes; je te désavouerais. Je me déclare prisonnier de guerre, si tu oublies que tu es Français.

ROBERT.

Eh! entrez donc, entrez. (*A Dubreuil.*) Quelque chose qui arrive, empêchez-le de sortir.

SCÈNE XVII.

ROBERT, SEUL.

Voici le moment d'éventer la mine, ou de sauter avec elle. Les paris sont ouverts; mais, franchement, je ne parierais pas pour moi. Au reste, attendons l'ennemi de pied ferme, et faisons bonne mine à mauvais jeu.

SCÈNE XVIII.

ROBERT, LE CORRÉGIDOR, CARLOS, L'AUBERGISTE, LA GARDE.

LE CORRÉGIDOR.

De la modération, et qu'on parle à son tour, car

si vous parlez tous deux ensemble, je n'entendrai rien à votre affaire.

ROBERT, à part.

C'est clair.

LE CORRÉGIDOR, à Carlos.

Vous dites donc que cet homme.... Hé bien! que dites-vous? Voyons.

CARLOS.

Je dis que des voleurs m'ont attaqué ce matin; que je me suis enfui, et que cet homme a trouvé mes équipages dont il s'est emparé.

ROBERT.

Je nie le fait.

CARLOS.

Je le soutiens véritable.

ROBERT.

La preuve.

CARLOS.

La preuve?

ROBERT.

Oui, la preuve. Il faut des preuves en justice.

LE CORRÉGIDOR.

Sans doute il faut des preuves. Voyons vos preuves.

CARLOS.

Il les a dans son porte-feuille.

LE CORRÉGIDOR.

Je n'entends pas, je n'entends pas. Parlez sans figures; de la clarté, de la précision. Qu'a-t-il dans son porte-feuille?

CARLOS.

Tous mes certificats.

ROBERT.

Ce sont les miens, et ils sont en règle. Mais je me rends accusateur à mon tour, et je vous prie, seigneur, de recevoir ma plainte.

LE CORRÉGIDOR.

Voilà un procès qui s'embrouille furieusement. Tous deux accusateurs, c'est contre les principes; cela ne s'est jamais vu. Il faut au moins un défendeur.

CARLOS.

C'est moi qui accuse.

ROBERT.

C'est moi.

CARLOS.

Je soutiens....

ROBERT.

Je prétends....

CARLOS.

Que c'est à tort....

ROBERT.

Que c'est malignement....

LE CORRÉGIDOR.

Paix donc! paix donc! Toute une cour souveraine n'y suffirait pas. Et mon greffier qui est dans ses vignes! il prend bien son temps. Il y a de quoi perdre la tête. (*A Carlos.*) Vous l'accusez de s'être approprié vos effets? (*A Robert.*) Et vous?

ROBERT.

Je l'accuse de calomnie et de voies de fait. (*D'un ton pathétique.*) De calomnie, en voulant inculper ma probité pour s'approprier un bien acquis par mon travail, et je le prouve par les pièces que voici. (*feuilletant.*) Certificats de la princesse des Asturies, d'un ex-gouverneur de Lima, d'un greffier du Saint-Office, du corrégidor d'Aguilar, ce dernier daté d'hier. Vous le voyez, seigneur, je ne viens pas surprendre votre religion par des inculpations hasardées; je n'avance rien que je ne l'appuie par des pièces probantes et authentiques.

LE CORRÉGIDOR.

Mais cela me paraît fort en règle.

CARLOS.

Mais tout cela est à moi, vous dis-je.

ROBERT.

Je l'accuse de voies de fait, comme étant venu dans cette maison, dans cette chambre même, avec l'intention de me dépouiller à force ouverte, lequel dessein il a manifesté en me frappant violemment avec le bâton que voilà, et j'invoque le témoignage de l'hôtesse, qui est accourue à mes cris, et qui m'a trouvé dans un état à faire pitié.

L'AUBERGISTE.

Il est vrai que sans moi ce malheureux assommait le docteur.

(L'aubergiste sort dans le courant de la scène.)

CARLOS.

Ils s'entendent, c'est clair.

ROBERT.

Les faits prouvés, je me résume, et je dis que les demandes et la conduite de cet homme sont tellement extravagantes, qu'on ne peut les attribuer qu'à un cerveau dérangé. Je conclus à ce qu'il soit renfermé dans l'hôpital des fous, où les saignées et les douches le rendront peut-être à lui-même; c'est ce que je lui souhaite.

CARLOS.

Je n'y tiens plus; je suffoque.

LE CORRÉGIDOR.

Vraiment, il parle bien. Docteur, avez-vous été avocat?

ROBERT.

Non, seigneur.

LE CORRÉGIDOR.

C'est donc pour cela que vous êtes si bref et si clair. La cour, vu les pièces et ouï les témoins, faisant droit sur les conclusions....

CARLOS.

Un moment, un moment, seigneur corrégidor; je n'ai pas encore parlé.

ROBERT.

Il est inutile de l'entendre; les faits sont prouvés.

LE CORRÉGIDOR.

Les faits sont prouvés.

CARLOS.

Rien n'est prouvé, pas même les coups, puisqu'il n'y a qu'un témoin; mais, c'est une question incidente. Venons d'abord au fond de l'affaire. Il veut prouver qu'il est le vrai Carlos par la preuve même de son vol, car il ne m'oppose que des pièces qu'il m'a escroquées, et je prouverai, moi....

LE CORRÉGIDOR.

Vous prouverez.... vous ne prouverez pas que vous soyez double, peut-être?

CARLOS.

Non; je prouverai que je suis simple par cette lettre que j'écris à Aguilar. Qu'on y envoie un exprès à mes frais, et vingt personnes dignes de foi viendront aussitôt me reconnaître, et mettront votre seigneurie en état de prononcer. En attendant, qu'on nous garde l'un et l'autre en prison, et qu'enfin l'imposteur soit confondu.

ROBERT, à part.

Voilà une botte de longueur à laquelle je ne m'attendais pas.

LE CORRÉGIDOR.

L'expédient est fort de saison, et je ne crois pas devoir le rejeter : ce serait sûrement l'avis de mon greffier.

ROBERT, à part, au corrégidor.

Votre monture est vieille et malade, et un corrégidor d'Urgel doit être bien monté : demain matin je vous envoie la plus belle de mes mules. (*Haut.*) J'observe à la justice que ce fou ou ce fripon qui veut me faire arrêter, ne peut avoir d'autre but que d'inquiéter un honnête homme qui n'a rien de commun avec lui, et, comme les formes sont en ma faveur, il serait souverainement injuste de me priver de ma liberté, à la demande d'un homme que ces mêmes formes condamnent.

CARLOS.

Seigneur corrégidor, il ne faut qu'un jour et demi pour avoir des nouvelles d'Aguilar, et, si je vous en impose, vous ferez de moi ce que vous voudrez.

LE CORRÉGIDOR.

Je le crois bien, parbleu! je suis corrégidor pour quelque chose peut-être. J'ai bien affaire de vos avis.

ROBERT.

C'est un vagabond.

LE CORRÉGIDOR.

Qui n'a point de certificats.

ROBERT, d'un air d'intelligence.

Point de mules.

CARLOS.

Je le crois bien; le drôle m'a tout pris.

ROBERT.

Et qui se mêle de donner des avis à un magistrat dont la pénétration, le profond savoir, l'austère intégrité sont connus de toute l'Espagne.

LE CORRÉGIDOR, se gonflant.

Un magistrat qui possède une charge de quatre mille pistoles!

CARLOS.

Voilà pourquoi la justice est si chère et si rare.

ROBERT.

Il injurie le magistrat lui-même.

LE CORRÉGIDOR.

Vous croyez, docteur, qu'il m'a injurié?

ROBERT.

Et grièvement : oser dire que vous vendez la justice!

LE CORRÉGIDOR.

Sans doute je la vends. Ne faut-il pas que ma charge me rapporte l'intérêt de mon argent?

ROBERT, à part.

Il est de bonne foi au moins.

CARLOS.

Faut-il se voir ainsi mener par un fripon fieffé, un empoisonneur public!...

ROBERT, s'écriant.

Dommages et intérêts.

CARLOS.

Oui, un empoisonneur public, qui ne connaît rien en médecine, et qui (*au corrégidor*), grace à vous, tuera impunément ses malades. Leurs mânes crient déja vengeance, et leur sang retombera sur vous.

LE CORRÉGIDOR.

Comment des mânes qui tombent sur moi, du sang qui crie! Qu'est-ce que cela veut dire?

ROBERT, à part.

Ses gouttes balsamiques prouvent qu'il n'en sait pas plus que moi. Poussons-le à bout; s'il avoue son ignorance, il est capot.

CARLOS.

Ah! vous êtes interdit, l'homme aux expédiens!

Vous qui prouvez tout si facilement, vous prouverez aussi que vous êtes médecin.

ROBERT.

Je suis interdit! Prostituons, puisqu'il le faut, le langage de l'art à ces oreilles béotiennes.

LE CORRÉGIDOR.

Deux Carlos, deux avocats, deux médecins... Mais, vous êtes donc six en deux personnes?

ROBERT.

Je vais parler anatomie, ostéologie, physiologie, étiologie, nosologie, pirétologie, pathologie, séméiologie, et j'entre en matière.

CARLOS, à part.

Mais, vraiment, y entendrait-il quelque chose? Je crains de m'être trop avancé.

LE CORRÉGIDOR.

Allons, docteur de fraîche date; parlez minéralogie, mythologie; parlez, parlez.

CARLOS.

Au reste, il importe peu qu'il soit instruit ou non. Il ne s'agit pas de soutenir thèse; mais de savoir à qui appartiennent les équipages et les mules.

ROBERT.

Voyez-vous, voyez-vous comme il veut éluder la question? Ignorant avéré....

LE CORRÉGIDOR.

Ignorant, ignorantissime.

ROBERT.

Et calomniateur sur nouveaux frais.

LE CORRÉGIDOR.

Oh! je l'arrangerai, je l'arrangerai.

ROBERT, au corrégidor.

La mule est belle, et marche bien.

LE CORRÉGIDOR.

Nous verrons cela.

ROBERT, se gonflant.

Savez-vous que j'ai découvert le tissu cellulaire qui couvre les houpes nerveuses de la crête de l'omoplate? (*A part.*) Il ne me rit pas au nez : il ne sait rien. Il va en convenir.

CARLOS, à part.

Mais, ce fripon ne paierait-il pas d'effronterie? Hasardons quelque chose. (*Haut.*) Savez-vous, vous qui prétendez être l'homme par excellence, que j'ai guéri nombre de malades abandonnés des médecins?

ROBERT.

Le grand miracle! J'en ai guéri moi que les médecins ne voulaient pas quitter.

Ensemble et vivement.

CARLOS.

J'ai guéri des gouttes, des apoplexies, des pulmonies, des paralysies.

ROBERT.

J'ai guéri des épileptiques, des pestiférés, des vaporeux, des enragés.

CARLOS, très-chaudement.

J'ai guéri un léthargique qui n'avait respiré de quatre jours.

ROBERT, étourdiment.

Moi, j'ai ressuscité des morts.

ACTE II, SCÈNE XVIII.

CARLOS, riant; LE CORRÉGIDOR, stupéfait.

Il a ressuscité des morts!

ROBERT.

Oui, j'ai ressuscité des morts.

LE CORRÉGIDOR.

J'ai la plus haute vénération pour la médecine; cependant, ressusciter des morts, c'est un peu fort, seigneur docteur. Vos discours ne seraient-ils pas hyper.... hyper..... hyperbo....

ROBERT.

Hyperboliques?

LE CORRÉGIDOR.

C'est ce que je disais, hyperboliques.

ROBERT.

Pas du tout. Jamais je ne parle de mes talens; mais on m'attaque, et il a fallu se montrer médecin, et plus que médecin.

LE CORRÉGIDOR.

Oh! je me suis aperçu d'abord que cette espèce de filou n'est qu'un bavard, et rien de plus; mais, docteur, ressusciter des morts!

ROBERT.

Cela vous étonne? Il n'y a rien de si simple. Qu'est-ce que la vie? un souffle. Qu'est-ce que la mort? l'absence de ce souffle. Qu'est-ce que la résurrection? le retour de ce souffle.

LE CORRÉGIDOR.

Cela me paraît très-clairement expliqué.

CARLOS.

Vous ne voyez pas que c'est un charlatan qui veut se tirer d'affaire avec de mauvaises plaisanteries!

LE CORRÉGIDOR.

Mauvais plaisant vous-même, entendez-vous, mon ami.

CARLOS.

Et, pendant qu'il vous débite des fadaises, nous perdons de vue l'objet principal, mes équipages, mes mules.

LE CORRÉGIDOR.

Si tu m'interromps encore, je te fais mettre en prison.

ROBERT.

Cela devrait déja être fait.

LE CORRÉGIDOR, à part, à Robert.

Cela ne tardera pas. (*Haut.*) Mais, revenons. Vous êtes donc bien sûr, docteur, d'avoir ressuscité des morts?

ROBERT.

Comment, si j'en suis sûr!

LE CORRÉGIDOR.

En vérité?

ROBERT.

En vérité.

LE CORRÉGIDOR.

Parole d'honneur?

ROBERT.

Parole d'honneur.

ACTE II, SCÈNE XVIII.

LE CORRÉGIDOR, lui présentant la main.

Touchez-là, homme étonnant. Le ciel a guidé vos pas : vous releverez.....

ROBERT.

Quoi?

LE CORRÉGIDOR.

Ma famille, en ressuscitant.....

ROBERT, effrayé.

Qui?

LE CORRÉGIDOR.

Ma fille unique, décédée hier au soir.

CARLOS.

Par Notre-Dame de Lorette, le voilà pris !

LE CORRÉGIDOR.

C'est ma dureté qui l'a mise au tombeau ; mais je réparerai mes torts.

ROBERT, anéanti.

Comment! votre fille est morte, et vous me le dites si tard?

LE CORRÉGIDOR.

Qu'aurais-je gagné à vous le dire plus tôt?

ROBERT.

Oh! rien du tout. (*A part.*) Nous voilà jolis garçons!

CARLOS.

Allons, docteur, ressuscitez, ressuscitez.

LE CORRÉGIDOR.

Certainement il la ressuscitera.

CARLOS.

A peine de passer pour le fourbe le plus effronté....

LE CORRÉGIDOR.

Paix!

ROBERT, balbutiant.

Oui, je crois que.... j'espère parvenir.... (*A part.*) Je ne sais plus où j'en suis, ou le diable m'emporte.

CARLOS.

Voyez-vous, voyez-vous comme il est embarrassé?

LE CORRÉGIDOR.

Non, monsieur, non; c'est qu'il réfléchit.....

CARLOS.

Oui, aux moyens de nous tromper.

SCÈNE XIX.

ROBERT, LE CORRÉGIDOR, CARLOS, LA GARDE, LA SAINTE-HERMANDAD, LES GENS DE CARLOS, en habit de route uniforme.

L'OFFICIER, au corrégidor.

Nous vous amenons d'honnêtes, de braves gens qui nous ont aidé à prendre trois voleurs qui voulaient dépouiller leur maître.

LES GENS DE CARLOS.

Eh! voilà le seigneur Carlos!

CARLOS.

C'est vous, mes bons amis! Je vous croyais écrasés dans les précipices.

ROBERT, à part.

L'enfer est déchaîné contre nous.

L'OFFICIER.

Ils ont abandonné les équipages pour suivre ces trois coquins; mais quand nous avons voulu reprendre les mules, elles étaient disparues, et un paysan nous a dit que des passans avaient tout emmené.

CARLOS, ivre de joie.

Tout est ici, tout est ici! Nous touchons au dénoûment. Voyez-vous cet homme-là? Il a pris mon nom avec tout ce qui m'appartient, et il y a une heure que je sue sang et eau pour le faire restituer.

LE CORRÉGIDOR.

Il y a une heure que je sue sang et eau pour éclaircir cette affaire. Oh! je ne prononce pas légèrement. (*A part.*) Adieu la mule.

L'OFFICIER.

Croyez ces fidèles domestiques: je vous réponds d'eux.

CARLOS, montrant Robert à ses gens.

Reconnaissez-vous Carlos?

LES GENS DE CARLOS, riant au nez de Robert.

Lui, Carlos, lui! Ha! ha! ha!

ROBERT, à part.

Tout est perdu sans ressources.

LE CORRÉGIDOR, à Robert.

C'est donc vous, monsieur l'aventurier, qui venez mentir à la justice, et me berner, moi, avec vos contes saugrenus?

ROBERT.

J'avoue que je ne suis médecin que par occasion; mais il n'en sait pas plus que moi, je vous en avertis.

LE CORRÉGIDOR.

Disputer les dépouilles de cet honnête homme avec une opiniâtreté sans égale! finir par insulter à la douleur paternelle, en me disant qu'il ressuscitera ma fille!

TOUS, bernant Robert.

Oh, l'homme aux miracles! oh, le ressusciteur! Ha! ha! ha!

ROBERT, avec force.

Oui, je la ressusciterai; je la ressusciterai devant vous tous, fût-elle morte depuis six mois. Je suis las d'être ainsi traité, et je veux vous forcer au silence et au respect.

CARLOS.

Tu la ressusciteras! Quand?

ROBERT.

Demain.

LE CORRÉGIDOR.

Tout à l'heure.

ROBERT.

Fait-on de ces opérations en un tour de main? Je demande quatre heures.

CARLOS.

Pour t'échapper.

ROBERT, d'un ton d'assurance.

Qu'on me laisse des gardes.

LE CORRÉGIDOR.

On n'y manquera pas. Qu'on le dépouille provisoirement.

ACTE II, SCÈNE XIX.

CARLOS.

Lui et quatre estafiers, d'assez mauvaise mine, qui doivent être dans cette chambre.

LE CORRÉGIDOR.

Et qu'on restitue tout au vrai Carlos.

ROBERT.

Nous avons laissé nos souguenilles dans une haie. Voulez-vous que je fasse une résurrection comme une partie de paume?

L'OFFICIER.

Laissez-leur le plaisir d'être ainsi vêtus quatre heures encore.

CARLOS.

Oui, pourvu qu'ils soient gardés à vue.

L'OFFICIER.

Il y a des factionnaires en dehors.

CARLOS.

Dans quatre heures donc, la grande opération.

LE CORRÉGIDOR.

Ou livrés à la justice criminelle.

ROBERT, à part.

Ni l'un, ni l'autre.

L'OFFICIER, sortant avec les autres.

Et ils nous diront ensuite qui ils sont, et d'où ils viennent.

ROBERT, à part.

Oui, compte là-dessus.

SCÈNE XX.

ROBERT, seul; LA GARDE dans le fond.

Allons, allons, il nous reste quatre heures; profitons-en. C'est assez faire le médecin; faisons un peu le soldat français. (*Montrant la garde.*) Il faut faire boire cette canaille, l'enivrer, prendre ses habits et ses armes, sortir en fausse patrouille, et s'il se trouve des récalcitrans, la baïonnette en avant, et vive la république!

SCÈNE XXI.

MICHEL, DUBREUIL, ROBERT, LECOURT, DUVAL; LA GARDE, dans le fond.

MICHEL, s'échappant.

Je n'écoute plus rien : vous ne me retiendrez pas davantage. Si dans ce moment-ci je n'ai pas d'autorité sur vous, j'ai du moins le droit de vous faire entendre le langage de l'honneur et de la raison. Des Français se soumettre au rôle avilissant que nous jouons! être traités comme des aventuriers et des escrocs! Non, il est temps de nous donner pour ce que nous sommes.

ROBERT.

Eh! tout est déclaré, tout est restitué. Il n'y a plus

qu'à rentrer en prison, si le projet que je vais vous communiquer ne réussit pas.

MICHEL.

Je ne veux rien entendre.

SCÈNE XXII.

MICHEL, DUBREUIL, ROBERT, LECOURT, DUVAL, ALVAR; LA GARDE, dans le fond

ALVAR.

Voici l'heure où je pourrai entretenir la gouvernante de Léonore.

ROBERT.

Je connais cet homme-là.

DUBREUIL.

C'est celui qui accompagnait cette jeune personne....

ALVAR.

Eh! c'est vous, mes braves Français! Que veut-dire ce travestissement?

ROBERT.

Travestissement de malheur.

DUBREUIL.

Nous avons trouvé l'équipage d'un empirique.....

ALVAR.

Et vous vous en êtes servis pour entrer dans Urgel?

ROBERT.

Où le propriétaire nous a suivis, et à qui il a fallu tout rendre.

ALVAR.

Fâcheux contre-temps!

ROBERT.

Et pour terminer l'aventure, votre imbécille corrégidor, que j'ai étourdi avec mes sornettes, ne me donne que quatre heures pour ressusciter sa fille.

ALVAR, ivre de joie, et sautant au cou de Robert.

Bonheur inattendu! hasard inconcevable! Vous la ressusciterez, vous la ressusciterez.

ROBERT, le contrefaisant.

Non, non; je ne la ressusciterai pas. Nous profiterons du temps qui nous reste pour décamper *incognito*.

ALVAR.

Vous la ressusciterez, vous dis-je, et je réglerai d'avance les conditions avec le beau-père.

ROBERT.

Tout le monde ici a la manie de la résurrection.

ALVAR.

Mais vous savez bien qu'elle n'est pas morte.

ROBERT.

Elle n'est pas morte! qui?

ALVAR.

Eh, parbleu! celle que je conduisais ce matin....

MICHEL.

Cette jeune personne serait....

ALVAR.

La fille du corrégidor.

ROBERT, hors de lui.

Oui, je la ressusciterai, et avec éclat, je vous en réponds. (*A la cantonnade.*) Ah! vous m'avez fait passer par de cruelles transes; mais je suis en fonds pour prendre ma revanche.

ALVAR, sortant précipitamment.

Je ne veux que deux heures pour faire mes dispositions.

SCÈNE XXIII.

MICHEL, DUBREUIL, ROBERT, LECOURT, DUVAL.

ROBERT sonne; l'aubergiste entre.

Du sucre.

(Elle sort.)

MICHEL.

A quoi nous mènera cette prétendue résurrection? Quel est le but de cette nouvelle crânerie?

ROBERT.

De nous remettre dans les bonnes graces du corrégidor, et d'obtenir au moins la permission de sortir de la ville.

L'AUBERGISTE, apportant du sucre.

En voilà pour une pistole.

ROBERT.

C'est trop juste; je dois payer d'avance: il est convenu qu'on ne doit plus d'égards à un homme ruiné.

(Il paie; l'aubergiste sort, et il prend la terrine qui était sous l'alambic.)

MICHEL.

Que veux-tu faire de cela?

ROBERT.

De l'eau-de-vie brûlée : cela monte l'imagination.

MICHEL.

Quoi! dans l'état où nous sommes....

ROBERT.

Qui m'aime me suive. La meilleure idée est souvent au fond de la terrine.

(Il entre dans la chambre; ses camarades le suivent, et entraînent le lieutenant. Le rideau tombe.)

FIN DU SECOND ACTE.

ACTE TROISIÈME.

La scène est chez le Corrégidor; des lumières sur une table.

SCÈNE I.

MARGUERITE, ALVAR.

MARGUERITE.

Enfin, l'étonnante, l'importante opération se fait en ce moment.

ALVAR.

Je brûlais d'y être présent, et tu m'as retenu.

MARGUERITE.

Je connais les amoureux; ils sont vifs, et un mot inconsidéré pouvait, en éclairant les spectateurs, détruire le charme magique et nos espérances. Mais, comment une jeune personne si timide s'est-elle laissée persuader?

ALVAR.

Elle a marqué d'abord une forte répugnance à s'approcher de si près de ses vénérables ancêtres.

MARGUERITE.

Je le crois : pour moi, j'en serais morte de frayeur.

ALVAR.

Mais, l'aspect du lieu, qui n'a rien que de très-ordinaire, le calme qui y règne, la certitude de n'y rester qu'un moment, et plus encore le désir de faire mon bonheur, tout cela a dissipé ses dégoûts et ses craintes.

MARGUERITE.

Ainsi, contre les apparences, et au moment où nous l'espérions le moins, le corrégidor s'est laissé attendrir pour la première fois de sa vie.

ALVAR.

Et il a signé d'avance un contrat en bonnes formes, portant un dédit de quatre mille pistoles.

MARGUERITE.

Vous ferez très-bien de ne pas vous en dessaisir, car je doute que vous l'eussiez trouvé si facile, s'il eût bien décidément compté sur cette résurrection.

ALVAR.

En vérité, ce dénouement précipité me ravit et m'étourdit à un point....

MARGUERITE.

Je conçois cela; et je partage votre joie. J'ai toujours beaucoup aimé les dénouemens précipités.

ALVAR.

Va, ma chère Marguerite, il n'est pas d'obstacles qu'un tendre amant ne surmonte tôt ou tard.

MARGUERITE.

C'est ce que j'ai toujours dit. La vieillesse a l'expérience; la jeunesse a les graces et l'activité.

ALVAR.

Aussi, les pères, les tuteurs feront toujours des efforts impuissans. L'humeur, la défiance, la contrainte sont de leur côté....

MARGUERITE.

On en rit : l'amour est du nôtre.

ALVAR.

Avouons cependant que le hasard m'a bien servi. Il fallait que je rencontrasse ces Français, qu'ils trouvassent l'équipage d'un empirique....

MARGUERITE.

Et que le beau-père futur fût disposé à croire aux miracles. Ah ça, vous voilà hors d'embarras ; mais, ces malheureux Français, que deviendront-ils? Vous sentez bien qu'il y a dans Urgel des gens qui voient plus clair que le corrégidor, et qui ne manqueront pas de dissiper le prestige. Le corrégidor, outré d'avoir été joué, ne ménagera pas ces infortunés, et je serais très-fâchée qu'il leur arrivât quelque chose, car j'aime beaucoup les Français, soit dit entre nous.

ALVAR.

J'ai eu avec eux des rapports d'infortune, et le service qu'ils me rendent en ce moment m'y attache véritablement. Je penserai aux moyens de les tirer de là.

MARGUERITE.

Vous y penserez! Mais, il faut y penser à l'instant : il n'y a pas de temps à perdre.

ALVAR.

Je le sens bien.

MARGUERITE.

Les donner pour physiciens, tout le monde sait que la physique n'a pas encore étendu ses découvertes aussi loin; les faire passer pour sorciers, c'est les exposer à la fureur du Saint-Office. Ces bons Français!.. ces chers Français!.. Mais, cherchez; cherchez donc quelque expédient....

ALVAR.

J'avoue que je n'en vois aucun qui soit satisfaisant; mais, souvent un mot, une circonstance imprévue nous éclaire et nous détermine.

MARGUERITE.

Surtout, n'allez pas vous compromettre.

ALVAR.

Où serait le mérite de faire le bien, si on le faisait toujours sans inconvéniens pour soi-même? Mais, j'entends du bruit.

MARGUERITE, courant à la croisée.

Les voilà, les voilà qui entrent. En tête du cortége est Léonore appuyée sur son père; puis viennent les ressusciteurs, qui s'avancent fièrement, environnés de flambeaux, et suivis des enfans, des femmes à rosaire, et des nigauds de la ville.

SCÈNE II.

MARGUERITE, ALVAR, LÉONORE, LE COR-RÉGIDOR, ROBERT, MICHEL, DUBREUIL, DUVAL, LECOURT.

ALVAR, courant à Léonore.

Ma chère Léonore!

LE CORRÉGIDOR, avec emphase.

Voilà un triomphe aussi éclatant que celui d'un grand inquisiteur à un auto-dafé.

ROBERT, avec une dignité comique.

On m'a avili. Maintenant on m'élève aux nues : voilà bien le peuple espagnol. Toujours au-delà du vrai, et ne suivant que l'impulsion du moment; au reste, je sais convaincre et pardonner. Grand dans les revers, modeste dans la prospérité, je suis également au-dessus des injures et des éloges.

MARGUERITE.

C'est ce que vous pouvez faire de mieux.

LE CORRÉGIDOR.

Mais, dites-moi, cependant, n'y aurait-il pas un peu de diablerie dans cette aventure? C'est que vous êtes vraiment un homme incompréhensible, inconcevable, impénétrable, inexplicable.

ROBERT.

Eh non! je suis un aventurier, un escroc, un imposteur, un conteur de sornettes, un homme qui insulte à la douleur paternelle, un homme à livrer à la justice.

LE CORRÉGIDOR.

Dame, on le disait; moi, je l'ai cru.

ROBERT, emphatiquement.

Un homme de poids, un homme de génie comme vous, prononcer sur les apparences! Mais, je vous pardonne comme aux autres. Amnistie générale.

LE CORRÉGIDOR.

Au reste, vous m'avez rendu un service signalé, et je vous en remercie.

ROBERT.

C'est trop honnête, en vérité.

MICHEL.

Nous ne voulons d'autre récompense que la liberté de sortir à l'instant de la ville.

LE CORRÉGIDOR.

Ah! c'est trop juste. Sortez, sortez.

LÉONORE.

Quoi! mon père, sans la moindre marque de votre reconnaissance?

LE CORRÉGIDOR.

J'ai remercié.

LÉONORE, à demi-voix.

Mais, cela ne suffit pas : un cadeau....

LE CORRÉGIDOR.

Alvar, j'ai remercié, et cela ne suffit pas : chargez-vous du cadeau.

ALVAR.

Oh! bien volontiers.

MARGUERITE, au corrégidor.

Voilà comme on fait les bonnes maisons.

LE CORRÉGIDOR.

N'est-ce pas?

ALVAR, mettant une bourse dans la main de Michel.

Je ne désire pas vous revoir; mais, si le sort des armes vous ramène à Urgel, souvenez-vous que vous y avez laissé un ami.

MICHEL.

Quoi! vous voulez que je reçoive encore....

ALVAR.

Les dons de l'amitié n'humilient jamais.

MARGUERITE, à Alvar.

Mais, ils sont perdus, si vous les laissez partir : ils ne feront pas une lieue sans tomber dans un détachement espagnol. (*A Michel.*) Attendez un moment.

ALVAR.

On ne saurait pourtant les garder ici.

MARGUERITE.

Sans doute : la ruse ne peut manquer de se découvrir.

ALVAR.

Et, tôt ou tard, ils seraient reconnus.

MARGUERITE, à Michel.

Un peu de patience.

ALVAR.

Il me vient une excellente idée. (*Aux Français.*) Demain vous serez avec les Français.

LE CORRÉGIDOR.

Que marmotez-vous donc depuis un quart-d'heure ? Quand on parle bas, je n'entends rien.

ALVAR.

Nous parlons de la position de ces cinq hommes, et de la vôtre. Il faut qu'ils sortent de chez vous, parce que l'inquisition pourrait se mêler de cette affaire : l'église n'aime pas les miracles qui ne sont pas de sa façon.

LE CORRÉGIDOR.

Oui, oui, certainement; il faut qu'ils sortent de chez moi.

ALVAR.

Ils ne peuvent pas non plus partir sans passe-ports, et vous n'en donnerez pas à des inconnus, cela vous compromettrait.

LE CORRÉGIDOR.

Certainement, cela me compromettrait, et je ne veux pas être compromis; d'ailleurs, qu'ils s'arrangent. Pourquoi n'ont-ils pas de passe-ports?

ROBERT.

Nous les avons oubliés dans nos souguenilles.

LE CORRÉGIDOR.

Tout cela est bel et bon; mais je n'en donnerai pas. Diable!

ALVAR, tirant le corrégidor à l'écart.

Écoutez.

LE CORRÉGIDOR.

Voyons, mon gendre; vous qui avez de l'esprit, à ce qu'on dit, arrangez cela.

LÉONORE, à Marguerite.

Les sauvera-t-il?

MARGUERITE.

Il l'espère.

LÉONORE.

Sans exposer mon père?

MARGUERITE.

Soyez tranquille, il saura tout concilier.

ACTE III, SCÈNE II.

LÉONORE, aux Français.

Vous m'avez cruellement effrayée ce matin; mais, vous m'en avez bien dédommagée. Croyez que notre reconnaissance et nos vœux vous suivront partout.

ALVAR, à part.

Je ne vois pas d'inconvénient à s'en défaire ainsi. (*Haut.*) Définitivement ce sont des intrigans, des aventuriers.

LE CORRÉGIDOR.

C'est très-bien; c'est au mieux. Voilà un jugement qui fera du bruit. Écrivez, mon gendre, écrivez. (*Alvar écrit, puis le corrégidor signe.*)

MICHEL.

Je te jure, Robert, que si nous nous tirons de là, je ne suivrai jamais tes conseils. J'aimerais mieux attaquer seul une batterie que de rien entreprendre avec toi.

ROBERT.

Et si le seigneur Alvar tient sa parole; si demain nous revoyons nos frères, que diras-tu?

MICHEL.

Que tu nous auras conduits au port à force d'imprudences.

ROBERT.

Je conviens que je pouvais me dispenser de ressusciter personne. Cependant, sans cette résurrection, où en étions-nous?

LE CORRÉGIDOR.

—Marguerite, faites monter le piquet de la Sainte-Hermandad qui est de planton chez moi.

SCÈNE III.

Les PRÉCÉDENS, *excepté* MARGUERITE.

ROBERT.

Comment, la Sainte-Hermandad! Ce jeune homme nous trahirait-il?

LÉONORE.

Il sera fidèle à l'amitié comme à l'amour.

DUBREUIL.

C'est que cela n'est pas très-clair.

MICHEL.

Je croirais m'avilir en le soupçonnant.

LÉONORE.

Brave Français, vous lui rendez justice.

SCÈNE IV.

Les PRÉCÉDENS, MARGUERITE, LA SAINTE HERMANDAD.

LE CORRÉGIDOR, à l'officier.

Exécutez à l'instant le jugement que vous allez entendre.

ROBERT, effrayé.

Comment, un jugement!

MICHEL.

Que veut dire ceci?

LE CORRÉGIDOR, lit.

« L'an, *et cœtera*. Le corrégidor d'Urgel ayant à....

ACTE III, SCÈNE IV.

« ayant à.... ayant à.... » Ma foi, Alvar, lisez vous-même. Vous avez une écriture de bureau qui est indéchiffrable.

ALVAR, prend le papier et lit.

« Le corrégidor d'Urgel ayant à prononcer sur le sort de cinq hommes sans aveu, qui ne sont porteurs d'aucuns papiers; qui paraissent avoir voulu s'approprier des effets trouvés, et qui se sont mêlés d'exercer, sans caractère, la médecine, et peut-être la magie; considérant qu'ils n'ont sur eux aucun signe qui atteste leur catholicisme; n'ayant cependant à leur reprocher aucune faute grave qui autorise à sévir contre eux, arrête que, par mesure de sûreté et de prudence, ils seront déportés. En conséquence, la Sainte-Hermandad les conduira jusqu'aux avant-postes français, et il est enjoint auxdits individus de ne plus reparaître sur les terres de la domination espagnole, à peine d'être poursuivis extraordinairement. »

ROBERT, à part.

J'espère que nous nous y présenterons de manière à ne pas craindre la justice.

LE CORRÉGIDOR, à la Sainte-Hermandad.

Vous avez entendu, messieurs. Vous ne les perdrez pas de vue qu'ils ne soient entrés dans les lignes françaises, et, s'ils s'avisent de vouloir rétrograder, si même ils tournent la tête, vous ferez feu sur eux.

MARGUERITE, LÉONORE.

Supérieurement jugé!

MICHEL.

Raison, prudence, clarté, tout est réuni dans ce jugement.

ROBERT.

Jugement sublime! et j'en suis enchanté.

DUREUIL, DUVAL ET LECOURT.

Oui, enchantés!

ROBERT, se reprenant, au corrégidor.

Parce que nous sommes soumis et résignés.

LE CORRÉGIDOR.

Ils sont enchantés? c'est singulier! Au reste, si cela vous arrange, j'en suis bien aise. Partez toujours sans différer.

ROBERT.

Oh! à la minute. Allons, messieurs de la Sainte-Hermandad, marchez; nous vous suivons.

SCÈNE V.

ALVAR, LE CORRÉGIDOR, LÉONORE, MARGUERITE.

LE CORRÉGIDOR.

En effet, mon gendre, je viens de prononcer comme un petit Salomon... C'est que je suis quelquefois embarrassé quand je n'ai pas mon greffier. C'est un homme de mérite, mon greffier.

MARGUERITE, à part.

Il faut bien qu'il en ait pour deux.

LÉONORE, à Alvar.

Ah! mon ami, qu'il m'en coûte d'abuser ainsi de sa crédulité!

ALVAR.

Il m'en coûte autant qu'à vous.

LÉONORE.

Ces Français sont en sûreté. Prévenons les bruits publics, et obtenons le pardon de notre supercherie.

LE CORRÉGIDOR.

Mais parlez donc plus haut, si vous voulez que je vous entende.

ALVAR.

De grace, écoutez-nous.

LE CORRÉGIDOR.

Je le veux bien, moi; parlez.

ALVAR.

Je ne sais par où commencer.

LE CORRÉGIDOR.

Eh, parbleu! par le commencement. Parlez donc! qu'est-ce que tout cela signifie?

MARGUERITE.

Cela signifie que votre fille n'est pas morte; qu'elle n'a pas même été malade, et que c'est moi qui ai tout conduit.

LE CORRÉGIDOR.

Qu'est-ce que c'est que ces fariboles? N'ai-je pas été à son enterrement? N'étais-je pas à sa résurrection? Prétend-on m'en faire accroire? Me prend-on pour un imbécille?

MARGUERITE.

Allons, il n'en démordra pas.

ALVAR.

On vous a dit l'exacte vérité. Confirmez le consentement que je vous ai surpris.

LE CORRÉGIDOR.

C'est-à-dire que vous voulez absolument que ma fille ne soit pas morte! En ce cas, le contrat est nul : son rival la prenait sans dot, diable!

MARGUERITE.

Et si je vous donne un moyen de la doter sans rien débourser?

LE CORRÉGIDOR.

Je l'adopte, foi de magistrat.

MARGUERITE.

Donnez-lui votre charge; le public y gagnera, et vous vous reposerez.

LE CORRÉGIDOR.

Le public y gagnera!... Je crois que vous me manquez, ma mie.

LÉONORE.

Elle veut dire qu'Alvar, plus jeune, suivra les affaires avec plus d'activité.

LE CORRÉGIDOR.

A la bonne heure. Allons, je donne ma charge, sur laquelle je me réserve une pension.

MARGUERITE.

Eh, morbleu! faites les choses de bonne grace. Les évènemens de cette journée nous rappelleront que nous avons été un peu empiriques : mais qui ne l'est pas quelquefois en sa vie?

ACTE III, SCÈNE V.

VAUDEVILLE.

Air : *De la croisée.*

MARGUERITE.

Je m'en aperçois à regret,
En charlatans la terre abonde,
Et chacun prétend en secret
Éblouir ou tromper le monde.
Amis, ne prouverait-on pas,
Par mille témoins authentiques,
Qu'il est peu d'êtres ici-bas
    Qui ne soient empiriques? (*bis.*)

ALVAR.

Rosine, à la fleur de ses ans,
Jure d'être toujours fidèle,
Et se flatte que vingt amans,
Déja trompés, comptent sur elle.

Amis, ne prouverait-on pas, *etc.*

MARGUERITE.

Alceste, au déclin de ses jours,
Prétend encore à la tendresse,
Et veut cacher, même aux Amours,
Son ridicule et sa faiblesse.

Amis, ne prouverait-on pas, *etc.*

ALVAR.

Je vois de graves magistrats,
Qu'un devoir austère gouverne,
Passer en secret des contrats
Aux pieds d'un tendron qui les berne.

Amis, ne prouverait-on pas, *etc.*

LÉONORE.

Ici l'intrépide guerrier,
Amant déclaré de la gloire,
Préfère le myrte au laurier,
Et veut pourtant vivre en l'histoire.

Amis, ne prouverait-on pas, *etc.*

LE CORRÉGIDOR.

L'esprit, dit-on, fait des progrès,
Et partout sa flamme étincelle.
Une sentence de palais
Est plus lucrative et plus belle.
Toujours j'évitai le fracas,
Le brillant et les mots caustiques ;
Aussi ne me place-t-on pas
 Au rang des empiriques. (*bis.*)

FIN DES EMPIRIQUES,
ET DU TOME X.

TABLE

DES PIÈCES CONTENUES DANS CE VOLUME.

La Mère Rivale, comédie en un acte et en prose... 5
Dédicace à ma mère.......................... 7
Contre-temps sur Contre-temps, comédie en trois actes et en prose........................... 45
Les Dragons et les Bénédictines, comédie en un acte et en prose.............................. 153
Les Dragons en Cantonnement, ou la suite des Bénédictines................................. 217
Les Memnon Français, ou la Manie de la Sagesse, comédie en un acte et en prose.............. 287
L'Orphelin, comédie en trois actes et en prose....... 345
Les Moeurs, ou le Divorce, comédie en un acte et en prose...................................... 439
Les Empiriques, comédie en trois actes et en prose... 497

FIN DE LA TABLE.

www.ingramcontent.com/pod-product-compliance
Lightning Source LLC
Chambersburg PA
CBHW070402230426
43665CB00012B/1211